Herausforderung Zusammenleben

Arbeitsbuch für den Ethikunterricht

Teil 1 ab 7. Schuljahr

Herausgegeben von Philipp Wiesehöfer

Cornelsen
HIRSCHGRABEN

2. Auflage 1986
Alle Drucke dieser Auflage können, weil untereinander unverändert, im Unterricht nebeneinander verwendet werden.

Satz: Parzeller, Fulda
Druck: Saladruck, Berlin
ISBN 3-454-12931-1
Vertrieb: Cornelsen Verlagsgesellschaft, Bielefeld
Bestellnummer 129311

Einführung*

Liebe Schüler!

Liebe Lehrer!

Der alternative Ethikunterricht soll dazu dienen, Fragen und Probleme des menschlichen Zusammenlebens gemeinsam zu diskutieren und nach Antworten und Lösungen zu suchen, die auch im alltäglichen Miteinander, in der Schule, zu Hause, unter Freunden usw., ganz unmittelbar angewendet werden können. Leben und Lernen sollen hier eine Einheit bilden.

Damit das gelingt, ist es sinnvoll und notwendig, die eigenen Erfahrungen und das tägliche Miteinander in der Schule mit einzubeziehen. Über Verhaltensweisen, Schuld, Konflikte, Glück, Vorbilder oder Freundschaft können wir doch nur ernsthaft sprechen, wenn wir gleichzeitig unsere eigenen Standpunkte und Erlebnisse mit berücksichtigen und bedenken.

Die Themen dieses Arbeitsbuches sind so ausgewählt, daß sie die Vielfalt unseres Alltagslebens erfassen. Gleichzeitig orientieren sie sich an den Vorschlägen, die für diesen Unterricht in Rahmenrichtlinien erarbeitet worden sind. Gewiß sind auch manche Themen dabei, die dem eigenen Erfahrungshorizont ein wenig fern zu liegen scheinen. Aber sie gehören gleichwohl zur Alltagswirklichkeit unseres Lebens. Deshalb sollten wir darüber rechtzeitig nachdenken. Auch sind einige Themen sicherlich problematischer als andere.

Der erste Schritt sollte daher sein, daß im gemeinsamen Gespräch die angebotenen Themen daraufhin besprochen werden, welche besonders interessieren und folglich vorrangig behandelt werden sollen. Auf diese Weise kann eine mögliche Reihenfolge der Themen selbständig festgelegt werden.

Dieses Arbeitsbuch enthält mancherlei Anregungen für einen partnerschaftlichen Unterricht, an dem Schüler und Lehrer gemeinsam beteiligt sein können. Dazu gehören Phasen eigenständiger Gruppenarbeit, Interviews, Rollenspiele, Streitgespräche. Das alles sind Vorschläge, die auf Wunsch selbstverständlich verändert werden können. Wichtig ist nur, daß die Themen so behandelt werden, daß alle sich mit beteiligen können und auf diese Weise der Unterricht zu einer gemeinsamen Sache wird, bei der sich keiner zu langweilen braucht. Daher ist es auch nötig, daß immer dann, wenn eine Unzufriedenheit über den Unterrichtsverlauf auftaucht, darüber gesprochen wird. Denn das gehört doch unmittelbar zu solchen Themen wie Konflikt, Umgangsformen, Glück dazu, oder?

Noch ein Wort zu den ausgewählten Texten. Sie wollen die Themen inhaltlich an Fallbeispielen verdeutlichen und problematisieren. Das gilt sowohl für die literarischen Texte wie auch für die Sachtexte. Es ist zu hoffen, daß sie anregend wirken zur Diskussion und zum Nachdenken über das eigene Leben. Jedenfalls sollen sie Gesprächsanlässe bieten. Wenn freilich ein Text nicht zusagt, dann sollte darüber kurz gesprochen werden, um ihn möglichst rasch auf sich beruhen zu lassen. Um aber die Texte einzuführen, sollte neben eigener Lektüre das Vorlesen im Sitzkreis wieder entdeckt werden. Zuhören und sich beim Lesen schon Gedanken machen können, solches Vorgehen ist zwar altbewährt, aber heute oft vergessen.

Die mit einem Sternchen (*) versehenen Texte und Arbeitsaufträge können ausgelassen werden.

Im übrigen ist zu hoffen, daß, bevor ein Thema in Angriff genommen wird, alle gemeinsam sich darüber informieren, welche Vorgehensweise in diesem Arbeitsbuch vorgeschlagen wird. Dazu mögen die Überschriften und Arbeitshinweise hilfreich sein. Diese geben beim Durchblättern sicherlich rasch einen Überblick. Zu hoffen ist schließlich auch, daß über das angebotene Material hinaus manche eigene Anregung und Idee hinzukommt.

Und jetzt viel Spaß bei der Auswahl und viel Freude bei einem hoffentlich gemeinsamen, partnerschaftlichen Unterricht.

Die Verfasser

* Zur gemeinsamen Lektüre empfohlen.

Inhaltsübersicht

Hinweis:
Die im Buch angegebenen Filmnummern beziehen sich auf den AV-Medienkatalog des Instituts für Film und Bild in Wissenschaft und Unterricht (FWU), Bavaria-Film-Platz 3, 8022 Grünwald.

A. Unser persönliches Leben

1. Verhaltensweisen und Umgangsformen

1. Protokoll eines Tagesablaufes

Aufstehen, Waschen, Zähneputzen.

Jeans und Pullover kann ich noch einmal anziehen. Hoffentlich meckert Mutter nicht wieder über meine Kleidung. Was hat sie bloß gegen meine alten Klamotten. Hauptsache ich fühle mich wohl.

Ein Blick auf den Stundenplan. Ein Lichtblick: Sport und Deutsch – meine Lieblingsfächer. Sachen zusammenpacken. Ein Blick auf die Uhr. Ich muß mich mal wieder beeilen. Daß man auch immer pünktlich sein muß in der Schule. Mutter wird schon nervös. Kaum noch Zeit zum Frühstück.

„Wie du wieder herumläufst! Dabei hast du noch fast neue Sachen im Schrank. Immer dasselbe. Wann wirst du endlich vernünftig!" – Jeden Morgen dieselbe Leier. Ich kann es fast nicht mehr hören.

Schnell ein paar Bissen im Stehen. Ein Blick zur Uhr. Ich muß weg. Der Schulweg mit dem Fahrrad ist direkt eine Erholung. Unterwegs Fred getroffen. Kaum ein Wort mit ihm gesprochen. Er ist immer so still. Was er bloß hat? Man müßte sich mal um ihn kümmern.

In der Schule wie immer Gedränge. Diese Hektik. Warum eigentlich?

Der Unterricht wie üblich. Einiges war sogar ganz interessant heute. Besonders der Versuch in Physik hat mir gefallen. Was den Lehrern so immer alles einfällt. Na ja, ist auch ihr Beruf. Sie werden ja dafür bezahlt.

Nach 6 Stunden ganz schön kaputt nach Hause gekommen. Ist doch anstrengend so ein Vormittag, obwohl man die meiste Zeit herumsitzt. Aber man muß schon aufpassen, sich konzentrieren. Sonst verliert man den Anschluß. Frage mich manchmal, wofür man das alles braucht, was man da lernt.

Mittagessen. Die üblichen Fragen: wie war's? Habt ihr Schulaufgaben auf? Ich weiß nicht, ob sich Mutter wirklich dafür interessiert. Vielleicht.

Eine Stunde Musik gehört. Meine Musik. Am liebsten hätte ich volle Lautstärke gehabt. Geht natürlich nicht. Mutters Nerven. Die Nachbarn. Immer diese verdammte Rücksichtnahme.

Schulaufgaben schnell erledigt. Ging alles glatt. Waren bloß Wiederholungen. Hätte man sich eigentlich sparen können. Warum läßt man Schulaufgaben nicht grundsätzlich freiwillig machen? Na ja, geht wohl nicht anders.

Nachmittags mit Florian zum Schwimmen gegangen. Jutta und Jens getroffen. Die sind fast immer da. Ich glaube, die mögen sich. Ich weiß gar nicht, ob ich auch so einen richtigen Freund habe.

Pünktlich zum Abendessen zurückgewesen. Vater war so fröhlich. Fiel richtig auf. Er ist oft so abgespannt, abends. Na, kein Wunder. Der ist eben auch den ganzen Tag eingespannt. Haben uns noch lange unterhalten. Sollte man viel öfter tun.

Abends Fernsehen. Hat mich eigentlich nicht interessiert. Vielleicht hätte ich doch lieber Musik hören sollen. Komisch: Wenn ich jetzt so nachdenke, war das ein Tag wie jeder andere. Alles läuft so schematisch ab, beinahe wie vorgeplant. Ich weiß plötzlich gar nicht mehr, ob ich wirklich so lebe, wie ich es selbst möchte. Wieso eigentlich?

Mario, 13 Jahre.

Ja, wieso eigentlich?
Wenn Mario uns das fragen würde, was würden wir ihm antworten?
Was hätte Mario an diesem Tag anders machen können?
Vielleicht finden wir gemeinsam den Grund, weshalb er plötzlich so unzufrieden ist mit sich selbst.

2. Wie lebe ich eigentlich?

Wie Mario sollten wir selbst einmal darüber nachdenken, wie unser Alltag abläuft.

1 Am besten nehmen wir uns den gestrigen Tag vor und notieren in einer Tabelle in unserem Arbeitsheft alles, was geschehen ist.

Uhrzeit	Tagesablauf
...	...

Wenn wir jetzt unseren gestrigen Tagesablauf überblicken, können wir Zeiträume festellen, über die wir nicht selbst verfügen und solche, die wir selbständig gestalten konnten.

2 Wir wollen die Zeiten jetzt zusammenstellen.

vorbestimmte Zeit von – bis	Stunden
. . . . . .	. . . . . .
insgesamt:	. . . Std.

freie Zeit von – bis	Stunden
. . . . . .	. . . . . .
insgesamt:	. . . Std.

3 Vergleichen wir die Tabellen. Was fällt uns auf? Können wir die Zeiträume verändern? Haben wir die freie Zeit selbständig gestaltet oder haben wir uns auch darin von außen bestimmen lassen? *Leben wir eigentlich selbständig oder werden wir gelebt?*

***4** Wir könnten den Tagesablauf unserer Eltern und Freunde notieren und mit ihnen diskutieren.

***5** Wir könnten zum Vergleich den Ablauf eines Sonntages notieren.

***6** Vorschlag für ein Filmbeispiel:

Ein Leben in der Schachtel (7 min) Nr. 3231507

Zeichentrickfilm über die menschliche Existenz, die sich in grauen Schachteln vollzieht und nur manchmal durch Farben echtes Leben bekommt. (Nicht bei allen Landesbildstellen aber in einigen kirchlichen Bildstellen zu bekommen.)

3. Sich selbst besser kennenlernen

Jeder von uns ist anders. Wir unterscheiden uns durch Interessen und Fähigkeiten, durch unsere Lebensweise und Lebenseinstellung. Wir alle haben unsere Eigenheiten, unsere Stärken und Schwächen, unsere ganz persönlichen Gewohnheiten. Das zeigt sich alltäglich an unserem Verhalten, wie wir miteinander umgehen, an unseren Hobbys, wie wir unsere freie Zeit verbringen, an unseren Umgangsformen, wie wir einander begegnen, oder auch daran, wie wir uns kleiden, welche Lieblingsspeisen wir haben, ob wir tierliebend sind oder welche Musik wir bevorzugen.

Gewiß kennt sich jeder von uns ziemlich gut. Auch gegenseitig meinen wir, genügend voneinander zu wissen, uns einigermaßen zu verstehen und uns richtig einschätzen zu können. Aber kennen wir uns gut genug? Wie genau wissen wir wirklich über uns Bescheid?

Und noch ein zweites sollte uns zu denken geben. Wir haben festgestellt, wie sehr wir schon rein zeitlich von außen beeinflußt werden. Sollten da nicht unsere Verhaltensweisen, unsere Eigenheiten, Gewohnheiten und Umgangsformen vielleicht auch von außen mitbestimmt werden? Wie Mario in seinem Tagesprotokoll müssen wir uns fragen: Lebe ich eigentlich selbständig oder werde ich gelebt?

Wenn wir uns hier Klarheit verschaffen, kann es gelingen, daß wir uns selbst besser kennenlernen.

1 Dazu wollen wir uns jetzt gegenseitig in einem kurzen Interview befragen, um mehr über uns und den anderen zu erfahren. Nach 3 MInuten wechseln wir den Partner, bis wir vier oder fünf Interviews durchgeführt haben.

Folgende Fragen können wir uns gegenseitig stellen:
- Wie verbringst du am liebsten deine Freizeit?
- Welche Hobbys hast du? Hast du dafür Zeit genug?
- Hast du den Eindruck, daß du noch andere Interessen und Fähigkeiten hast, die du gerne verwirklichen möchtest?
- Was würdest du als deine größte Stärke ansehen?
- Worüber ärgerst du dich am meisten?

2 Auswertung: Im Sitzkreis kann jeder einen Interviewpartner vorstellen. Wird jemand nicht vorgestellt, sind alle gefragt, wer über ihn etwas aussagen kann.

4. Wie selbständig können wir sein?

Von Geburt an bestimmen andere über uns. Durch die Erziehung unserer Eltern lernen wir, wie wir uns zu verhalten haben, was erlaubt oder verboten ist, was gut oder schlecht ist. Wir sprechen, denken und fühlen, wie wir es aus unserer Umgebung erfahren haben. Andere Menschen in anderer Umgebung, in einem anderen Land, verhalten sich anders, sprechen, denken und fühlen anders.

Was wir in der Schule lernen müssen, wird uns vorgeschrieben. Wieviel Taschengeld wir brauchen, wird uns vorgeschrieben. Was wir glauben sollen, wird uns vorgeschrieben. Wo und wann wir spielen dürfen, wird uns vorgeschrieben.

Man hat uns Vorurteile eingeimpft. Man hat uns Rollen zugewiesen, nach denen wir uns verhalten müssen. Man hat uns Umgangsformen beigebracht.

„Wir sind, was andere aus uns gemacht haben." Dieser Satz klingt erschreckend. Und doch enthält er viel Wahres. Ist nicht unser ganzes Leben mitbestimmt durch den Einfluß anderer, durch unsere Umwelt?

Andererseits müssen wir uns fragen: Könnten wir leben, wenn wir nicht gelernt hätten, wie wir miteinander umgehen sollen?

Helfen uns nicht Sprache, Gewohnheiten, Rollen, Gebote, Verbote, daß wir uns orientieren und zurechtfinden können, oder daß wir einander verstehen?

Wie beurteilt ihr die beiden folgenden Verhaltensweisen?

Schöne Buchstaben

„Setz dich, Stefan, und schreib schön! Als ich sieben war" sagt Stefans Mutter, „schrieb ich jeden Tag eine Seite voll Buchstaben, einen Buchstaben schöner als den anderen. Zur Belohnung durfte ich zum Kaufmann gehen und für den Lehrer Zigaretten holen."

Stefan schreibt Buchstaben, einen schlechter als den anderen, eine ganze Seite voll.

„Was soll das heißen?" fragt Stefans Mutter. „Das sind meine Buchstaben. Und ich hole auch keine Zigaretten."

Irmela Wendt

Sollen wir Stefan recht geben? Ist er nicht ungezogen?

In den 10 Geboten der Bibel steht: „Du sollst Vater und Mutter ehren und achten!"

Die Vereinbarung

Für den Nachmittag ist geplant, für ein bevorstehendes Familienfest gemeinsam Kuchen und Plätzchen zu backen. Die 13jährige Tochter kommt zum vereinbarten Termin nicht von einem Treffen mit ihrer Freundin zurück, sondern trifft erst eine Stunde später ein. Auf die Frage der Eltern und Geschwister, warum sie nicht rechtzeitig gekommen sei, antwortet sie, sie habe den Nachbarjungen getroffen und lieber mit ihm zusammen seine Ponys gestriegelt. Sie begründet ihr Verhalten damit, daß sie doch Pferde gern habe und es daher vorgezogen habe, sich mit ihnen zu beschäftigen, anstatt zu backen.

Wie würdet ihr in diesem Fall reagieren? Was sagt Ihr zu der Begründung?

5. Von dir habe ich schon gehört

1. Ich will euch erzählen, wie es damals um mich stand, als ich noch ein Junge war. Ich war schwarzhaarig, schaute meistens recht finster drein und war groß für mein Alter. Alle sagten, daß ich nichts taugte.

2. Seltsam wie sie in der Schule vom ersten Tag an alles über einen wissen. So war es jedenfalls, als ich mit elf Jahren in die Sekundarschule von Barnton kam. Das war damals noch eine ganz neue Schule aus roten Ziegelsteinen mit viel Glas, und Omnibusse holten die Schüler meilenweit aus der Umgebung zusammen. Schon am ersten Tag wußten die Lehrer über mich Bescheid. Kaum zehn Minuten waren wir in der Klasse, als Herr Rigger mich ansah und sagte: „Du mußt Butch sein. Von dir habe ich schon gehört."

Die anderen Kinder drehten sich grinsend nach mir um, doch sie grinsten nicht lange, als sie mein finsteres Gesicht sahen. Damals konnte ich ein so finsteres Gesicht ziehen, daß niemand lange zu grinsen wagte. Bald merkte ich, daß auch die anderen Lehrer mich kannten. Es mußte wohl so etwas wie Polizeiakten geben, die von der Grundschule mitgeschickt werden. Bestimmt sogar mit Fingerabdrücken.

3. Ich bin Butch Reece. Mein richtiger Name ist Bernhard, aber nur meine Mutter wagt manchmal, mich so zu nennen. Bernhard erinnert an einen Hund. Gegen Butch habe ich nichts. So nannten mich alle, seit ich eine Zeitlang bei Richard Dahl gearbeitet hatte, dem der einzige Fleischerladen in Barnton gehörte. Für den arbeitete ich, bis ihm einmal Geld aus der Kasse fehlte und er behauptete, ich hätte es genommen. Dann ging ich nicht mehr hin. Ich hatte das Geld nicht gestohlen. Das war sein eigener Sohn gewesen. Aber der gehörte nicht zu denen, die etwas zugeben, was sie ausgefressen haben. Und ich petze nicht. Petzen konnte ich nicht ausstehen.

4. So war es bei mir immer. Irgend jemand stellte etwas an, und ich sollte schuld daran sein. Wahrscheinlich lag es daran, daß ich ziemlich verwahrlost aussah. Gegen die Verwahrlosten hatte man etwas in der Schule. Ich wurde für viele Dinge gescholten, die ich gar nicht getan hatte. Es gab andere Jungen, die genauso schlimm waren wie ich, aber die trugen Schuluniformen und putzten ihre Schuhe. Selbst wenn ich meine auch hätte putzen wollen – bei uns zu Hause hätte ich bestimmt keine Schuhcreme gefunden. Und woher sollte ich eine Schuluniform nehmen?

5. Wir lebten seit Jahren von der öffentlichen Fürsorge, und von der bekommt man keine Schuluniform. Ich fand zwar, daß die anderen Jungen gut darin aussahen, aber das sagte ich nie, sondern ich nannte sie verächtlich Puppen.

6. Ich kam aus dem schlechtesten Hause von ganz Barnton. Es stand in einer Reihe alter Hütten am Ende der Cronton Straße und unsere Hütte war die einzige, die fast auseinanderfiel. Es war also ein schlechtes Haus.

7. Mein Vater sorgte dafür, daß es auch ein schlechtes Zuhause war. Er blieb niemals lange bei einer Arbeit, und was er verdiente, vertrank er. Ich weiß nicht, wie meine Mutter zurechtkam, aber sie schaffte es. Mein Vater taugte nichts. Jeder in Barnton sagte das. Die Leute behaupteten, mein Vater sei immer ein Taugenichts gewesen.

8. Die Leute sagten, ich würde auch nicht anders. Das stimmte nicht. Erstens würde ich bestimmt ein ganzes Stück größer als er. Außerdem war ich nicht schlecht, weil ich schlecht sein wollte. Ich war schlecht, weil die Leute es von mir erwarteten; und wenn ich mich anständig benahm, dann guckten sie mißtrauisch und meinten, ich hätte bestimmt irgendeine Bosheit im Sinn. Man wird leicht schlecht, wenn man verwahrlost ist und der Vater nichts taugt.

Hans Helmut Beiersdorf

1a Ist Butch wirklich schlecht? Warum wird er zum Außenseiter gestempelt?

b Wie können wir Butch helfen, aus seiner „Rolle" als Außenseiter herauszukommen?

***2** Wir könnten ein Rollenspiel versuchen, in dem wir darstellen, wie wir Butch aus seiner Rolle als Außenseiter befreien.
Dazu bilden wir Gruppen (etwa je 5 Personen). Jede Gruppe überlegt sich vorher, wie sie Butch helfen kann. Dann spielen wir unsere Lösungen vor. Dabei spielt einer den Butch, die anderen seine Klassenkameraden.

***3** Wir wollen überlegen, ob wir selbst Situationen kennen, in denen einer ein Außenseiter ist. Auch dazu bilden wir wieder Gruppen und bereiten ein Rollenspiel vor, das wir anschließend vorspielen.

6. Maßstäbe, die unser Verhalten bestimmen

Wie wir mit anderen Menschen umgehen, wie wir uns benehmen, hängt ab von unseren Grundeinstellungen. Diese können wir beurteilen und erkennen, wenn wir sie mit verschiedenen Maßstäben vergleichen. Überprüft und bewertet die nachfolgenden Aussagen, inwieweit sie euer Verhalten bestimmen. Wo könnt ihr zustimmen? Wo müßt ihr ablehnen? Wo seid ihr unentschieden?

- Jeder ist sich selbst der Nächste. Man muß auf seinen eigenen Vorteil bedacht sein.
- Liebe deinen Nächsten.
- Es ist besser Unrecht zu erleiden als Unrecht zu tun.
- Jeder ist seines Glückes Schmied. Wer Pech hat, ist selber Schuld.
- Man soll seinen Eltern und Vorgesetzten immer gehorchen.
- Ehrlich währt am längsten.
- Man soll immer höflich und zuvorkommend sein.
- Vorschriften muß man einhalten.
- Man soll jeden Menschen gleich achten.
- Jeder kann tun und lassen, was er für gut hält.

7. Die Entdeckung

Alle sagen, man solle sich vor Ismael in acht nehmen. Er sei jähzornig und unberechenbar. Türken sind eben hitzig. Bei denen weiß man nie . . .

Auch Malte ist von seinen Eltern gewarnt worden. Er soll sich nur nicht mit Ismael einlassen. Im übrigen wisse man ja, daß Türken unsauber seien und manches Ungeziefer mit sich herumschleppen.

Eines Tages passiert es, daß Malte mit seinem Rad stürzt. Er verletzt sich dabei den Fuß so sehr, daß er kaum auftreten kann. Zufällig ist Ismael in der Nähe. Er eilt sofort herbei, hebt das Rad hoch und greift nach Malte, um ihm aufzuhelfen. Erschreckt wehrt dieser ab. Doch Ismael läßt sich nicht beirren. Er faßt Malte unter die Arme, hebt ihn hoch und stützt ihn beim Laufen. Am Straßenrand setzen sie sich nieder. „Ist es schlimm?“ fragt Ismael. „Laß mal sehen.“ Und sogleich zieht er Malte Schuh und Strumpf aus. Mißtrauisch schaut dieser zu. Er kann sich nicht wehren. Der Knöchel ist ganz geschwollen. „Du kannst nicht mehr laufen,“ sagt Ismael, „Moment“. Er läuft zu Maltes Rad, biegt den verbogenen Lenker gerade, schwingt sich auf den Sattel und fährt davon. Malte ist entsetzt. „Er nützt die Gelegenheit, um mit meinem Rad abzuhauen“, denkt er. „Recht haben sie, wenn sie sagen, er sei hinterhältig.“

Malte ist verzweifelt. Der Fuß schmerzt immer mehr. Er versucht aufzustehen. Es geht nicht. Plötzlich fährt ein Wagen heran, bremst. Ein dunkelhaariger Mann steigt aus, kommt auf Malte zu. In gebrochenem Deutsch sagt er, er sei der Vater von Ismael. Dieser habe ihm von dem Unfall erzählt. Sofort betastet er den Knöchel, bewegt vorsichtig den Fuß. Malte schreit auf. „Kaputt“, sagt Ismaels Vater. Er hebt Malte vorsichtig hoch und trägt ihn zum Auto, packt Strumpf und Schuh ein und braust los, Richtung Krankenhaus.

Dort stellt sich heraus, daß der Fuß gebrochen ist. Während Malte behandelt wird, benachrichtigt Ismaels Vater dessen Eltern. Ismael hat unterdessen das Rad gebracht.

Als die Eltern später ins Krankenhaus kommen, um Malte zu besuchen, erleben sie eine Überraschung. Auf ihre Fragen, wie alles passiert sei, gibt er keine Antwort. Er starrt auf die weiße Bettdecke. Nach einiger Zeit platzt es aus ihm heraus. „Gemein seid ihr. Was habt ihr mir alles über Ismael und die Türken erzählt. Nichts davon stimmt. Ich glaube euch nichts mehr. Lügner seid ihr. Was habt ihr mir noch alles vorgelogen!“ Die Eltern schweigen betroffen.

Malte und Ismael werden bald Freunde. Sooft er kann, geht Malte zu Ismael nach Hause. Er ist gern dort, fühlt sich wohl. Zu seinen Eltern hat er ein gespanntes Verhältnis. Das bessert sich erst, als diese eines Tages mit einem großen Blumenstrauß und einer Flasche Wein zu Ismaels Eltern kommen, um sich zu bedanken.

1a Fragen wir uns, wie Malte, wie seine Eltern zu ihrer Einstellung kommen?

1b Versuchen wir einmal, uns in Ismael hineinzuversetzen. Welche Empfindung wird er wohl spüren, wenn ihm Malte und vielleicht auch andere so mißtrauisch begegnen?

2 Wodurch ist eigentlich eine Veränderung in der Einstellung von Malte und seinen Eltern eingetreten?

3 Wenn wir diesen Bericht vergleichen mit dem Text Nr. 4, was fällt uns auf?

***4** Rollenspiel: Maltes Eltern am Krankenbett. – Maltes Eltern besuchen Ismaels Eltern. (Vielleicht fällt euch noch eine bessere Situation für ein Rollenspiel aus unserer Geschichte ein.)

8. Wir überprüfen unser eigenes Verhalten

Wir haben bisher einige Beispiele für Verhaltensweisen und Umgangsformen kennengelernt. Dabei konnten wir schon feststellen, wie sehr diese auch durch Einflüsse von außen bestimmt werden.

Jetzt ist es an der Zeit, auch unser eigenes Verhalten, unsere eigenen Umgangsformen zu überprüfen, damit wir uns selbst besser kennenlernen. Vielleicht entdecken wir dabei auch manches, was bei uns verändert werden müßte. Vielleicht haben wir selbst auch Vorurteile, falsche Einstellungen oder einseitige Vorstellungen, die wir bisher unkritisch und fraglos übernommen haben.

Die folgenden Aussagen geben bestimmte Verhaltensweisen wieder. Wir wollen prüfen, wie wir selbst zu ihnen stehen, ob wir ihnen zustimmen oder sie ablehnen. Wichtig dabei ist, daß wir Argumente finden, um unsere jeweilige Antwort zu begründen.
Wir können uns zu dritt oder viert zusammensetzen, um zunächst über diese Aussagen zu diskutieren. Anschließend vergleichen wir unsere Ergebnisse und sprechen gemeinsam darüber.

Verhaltensweisen und Umgangsformen

(1) Ich lasse keinen abschreiben, soll sich doch jeder selbst anstrengen . . .
(2) Wenn ich etwas nicht verstanden habe, gebe ich es nicht zu, ich könnte mich blamieren . . .
(3) Eltern und Lehrern sollte man möglichst nicht widersprechen; es gibt nur Ärger und könnte negative Folgen haben . . .
(4) Wenn ein Mitschüler ungerecht behandelt wird, halte ich mich raus. Was geht's mich an. Soll er sich doch selbst wehren . . .
(5) Man fährt am besten, wenn man nicht auffällt . . .
(6) Was geht mich der schlechte Mitschüler an. Wenn er's nicht schafft, soll er doch abgehen. Nicht jeder kann eben alles . . .
(7) Wenn der Unterricht langweilig ist, muß man es eben ertragen. Protest und Kritik hilft doch nichts und schadet nur . . .
(8) Als Lehrer kann ich doch wohl verlangen, daß die Schüler aufmerksam sind. Sie sind schließlich in der Schule, um etwas zu lernen . . .
(9) Man kann den Unterrichtsstoff nicht beliebig oft behandeln, bis ihn der letzte verstanden hat. So kommen wir ja nie voran . . .
(10) Was gehen mich die Probleme der anderen an, ich habe meine eigenen. Soll jeder sehen, wie er damit klar kommt . . .
(11) Wenn jemand Außenseiter in der Klasse ist, ist er doch selbst schuld. Warum benimmt er sich auch so merkwürdig . . .
(12) Über Fehler anderer spricht man nicht. Petzen ist gemein . . .
(13) In meinem Zimmer kann ich tun und lassen, was ich will . . .
(14) Wenn mir etwas nicht gefällt, sage ich es. Kritik muß jeder vertragen können . . .

Vielleicht fallen uns selbst noch andere Verhaltensweisen ein, die uns wichtig sind oder die wir ablehnen. Wir wollen sie notieren und zur Diskussion stellen.

9. Geht es auch anders?

Erziehung und Umwelt spielen für unsere Verhaltensweisen und Umgangsformen eine große Rolle. Doch wir können selbst unser Verhalten gestalten und – wenn nötig – auch verändern. Vielleicht dürfen wir sagen, je bewußter wir leben, uns selbst und andere beobachten, desto selbständiger und verantwortungsvoller verhalten wir uns. Darum müssen wir uns aber alle bemühen.

Deshalb kann es hilfreich sein, sich bestimmte Alltagssituationen vor Augen zu führen und uns dabei zu überprüfen, wie wir uns in ihnen verhalten. Dazu sollten wir uns jetzt Situationen überlegen, die wir anschließend in kleinen Rollenspielen vorstellen können. Damit es interessanter wird, wollen wir eine gute Lösung vorspielen. Wir bilden wieder Gruppen zu etwa fünf Personen. Jede Gruppe wählt sich ein Beispiel aus, das sie im schlechten wie im guten Sinne vorspielt. D. h. zuerst sollen Verhaltensweisen gezeigt werden, die wir schlecht finden, dann solche, die wir für gut halten.

Damit die Wahl einer Beispielsituation ein wenig leichter fällt, sollen folgende Stichworte hilfreich sein (Ihr könnt aber auch andere Situationen auswählen):
- im Schulbus . . .
- einer stört im Unterricht . . .
- einer ist unbeliebt . . .
- ein Streit . . .
- vor einer Klassenarbeit . . .
- Fernsehverhalten . . .

Hilfen zur Vorgehensweise:
1. Wir einigen uns auf eine Beispielsituation.
2. Wir überlegen, wie wir sie im guten und im schlechten Sinne darstellen können.
3. Wir verteilen verschiedene Rollen untereinander.
4. Wir überlegen uns den Spielverlauf.
5. Wir spielen vor.
6. Wir sprechen gemeinsam über die dargestellten Lösungen und bewerten die gezeigten Verhaltensweisen und Umgangsformen.

2. Arbeit und Freizeit

1. Vorstellungen über Arbeit und Freizeit

Da ihr selbst noch nicht direkt im Arbeitsprozeß steht, habt ihr zumeist noch keine direkten Erfahrungen von dem, was Arbeit für den Menschen bedeuten kann. Allerdings hat eure Schulsituation doch auch etwas mit Arbeit zu tun, so daß ihr euch sicher vergleichsweise eine Vorstellung darüber machen könnt.

Zum Einstieg solltet ihr zusammentragen, was ihr über die Arbeit wißt und was über sie in unserer Gesellschaft gesagt wird.

Dagegen habt ihr sicher alle eine genaue Vorstellung von der Freizeit. Wie aber Freizeit sinnvoll gestaltet werden kann, darüber gehen die Meinungen oft weit auseinander.

1 Erstellt eine Collage zu den Themen:
- Arbeit – Lust oder Last,
- Arbeitslosigkeit und ihre Auswirkungen für die Betroffenen,
- Freizeit, wie sie mir gefällt,

(sammelt dazu Bilder und Berichte aus Zeitungen und Zeitschriften).

2 Fragt zu Hause eure Eltern und Bekannten, was sie über Arbeit und Arbeitslosigkeit denken. Dazu kann euch die nachfolgende Aussagentabelle behilflich sein.

Auffassungen von der Arbeit	stimmt	stimmt manchmal	stimmt nicht
Arbeit muß sein! Meine Arbeit macht mir richtigen Spaß. Ich bin froh, wenn ich Feierabend habe. Man sollte viel weniger arbeiten. Ohne Fleiß kein Preis! Meine Arbeit macht mich krank. Arbeit ist eine Last. Ich gehe richtig auf in meiner Arbeit. Ohne Arbeit hätte das Leben keinen Sinn. Arbeitslosigkeit ist eine Schande. (Wenn euch noch andere Aussagen einfallen, ergänzt sie.)			

3 Beobachtet und stellt fest, wie in eurem Umkreis die Freizeit gestaltet wird.

4 Faßt euch Ergebnisse und Erkenntnisse zusammen, indem ihr folgende Fragen gemeinsam beantwortet:

Welche Bedeutung hat die Arbeit für die Menschen in unserer Gesellschaft?
Welche Rolle spielt die Freizeit für den Menschen in unserer Gesellschaft?
Was bedeutet es, wenn in unserer Gesellschaft jemand arbeitslos wird?

Arbeit nach Maß

Ein deutscher Urlauber trifft am italienischen Strand einen einheimischen Fischer, der behaglich im Schatten seines Bootes seine Muße genießt.

„Warum fährst du nicht hinaus um zu fischen?“ fragt ihn der Deutsche.

„Ich war in der Frühe draußen und habe genug gefangen, um zu leben“, erwiderte der Fischer.

„Wenn du aber zweimal am Tage auf Fischfang gehst, kannst du mehr Fische verkaufen und zusätzlich verdienen“, sagt der Deutsche. „Du kannst dann Geld sparen und dir einen Gehilfen nehmen. Mit ihm wirst du noch mehr Fische fangen und noch mehr verdienen. Bald wirst du ein zweites Boot kaufen und weitere Leute einstellen können. Diese werden dann für dich arbeiten und du kannst in Ruhe dein Leben genießen.“

„Aber das tue ich doch jetzt“, antwortete der Fischer erstaunt.

Welche Einstellung zu Arbeit und Freizeit kommt in dieser Anekdote zum Ausdruck? Überlegt, was geschehen würde, wenn alle so dächten, wie der Fischer.

2. Arbeit – Last und Freude

Wir können jetzt genauer untersuchen, wann Arbeit als Last empfunden wird und wann sie dem Menschen Freude macht. Dazu ist es nötig, die Voraussetzungen und Bedingungen kennenzulernen, unter denen Arbeit stattfindet. Als Schüler müßt ihr zwar noch nicht arbeiten, wie es die Erwachsenen tun, aber ihr habt doch auch eure regelmäßigen Verpflichtungen: Schule, Hausaufgaben, Mithilfe zu Hause. Manches davon ist mit einem Zwang zur Leistung verknüpft. Dabei erfahrt ihr selbst, daß euch einiges Freude macht, anderes belastet.

Wir wollen überlegen, welche Voraussetzungen und Bedingungen dazu beitragen, daß Arbeit zur Last wird oder gern getan wird. Überlegt euch dazu Situationen, die ihr selbst erlebt oder von denen ihr erfahren habt. Notiert eure Stichworte in eurem Arbeitsheft (Gruppenarbeit).

Wann Arbeit Freude macht	Wann Arbeit zur Last wird
Beispiel: . . .	Beispiel: . . .
Begründung: . . .	Begründung: . . .

Hinweis zur Auswertung:
Wenn eine Gruppe fertig ist, kann sie ihr Ergebnis an die Tafel schreiben. Werden einzelne Stichworte von mehreren Gruppen gefunden, erhalten sie an der Tafel so viele Kreuze (x), wie oft sie vorgekommen sind. Dadurch wird deutlich, wie wichtig diese Stichworte sind.

3. Aus der Arbeitswelt

Nachdem wir selbst herausgefunden haben, welche guten und schlechten Voraussetzungen es für die Arbeit gibt, wollen wir einige Berichte aus der Arbeitswelt untersuchen und sie mit unseren Ergebnissen vergleichen.
Die nachstehenden Berichte enthalten Aussagen über Arbeitsbedingungen, die den Menschen Zufriedenheit geben und über solche, die sie belasten. In ihnen wird auch geschildert, welche Einstellungen Menschen zur Arbeit haben, welche Atmosphäre am Arbeitsplatz herrscht und wie die Menschen miteinander umgehen. (Vgl. die unter Nr. 7 genannten Filmbeispiele.)

1 Beschreibt die Arbeitsbedingungen.
2 Wie groß ist der Kontakt unter den Menschen?
3 Welchen Einfluß hat die Technik auf den Arbeitsprozeß?
4 Sind die Arbeiter mit ihrer Situation zufrieden?
5 Wie empfinden die Menschen den technischen Fortschritt an ihren Arbeitsplätzen? Diskutiert die Vor- und Nachteile für den Menschen.

„Arbeit – edle Himmelsgabe“

Der Dichter Oskar Maria Graf wurde 1894 in Berg am Starnberger See als Sohn eines Bäckers und einer Bauerntochter geboren; er erlernte das väterliche Handwerk, floh aber bald aus dem verhaßten Elternhaus nach München. Er entzog sich 1915 dem Kriegsdienst, kam in ein Irrenhaus, beteiligte sich dann an der Novemberrevolution. 1933 emigrierte er; 1967 starb er in New York. „Wir sind Gefangene“ (1927) ist die „schonungslose Chronik“ dreier Lebensjahrzehnte.

Eigentlich war die Keksfabrik eine gewöhnliche Bäckerei gewesen. Der Meister hatte sich sozusagen im Krieg umgestellt. Er war Landtagsabgeordneter und Stadtrat der Zentrumspartei. Die vielen Lazarette brauchten Krankengebäck. Mit Brot war zu jener Zeit kein Geschäft zu machen, also warf sich der Mann auf die Keksfabrikation und hatte bald die ausgedehntesten Lieferungsmöglichkeiten für den Heeresgebrauch erschnappt. Das machte ihn reich.
Jeden Tag – von sechs Uhr früh bis ungefähr halb sieben Uhr abends mit einer zweistündigen Mittagspause – werkelte ich nun in diesen Kellerräumen. Es hieß mit aller Kraft zugreifen, und ich machte schon in den ersten Tagen den Fehler, daß ich zuviel arbeitete. Mein Vorgänger hatte täglich ungefähr 32 Zentner Teig fertiggebracht, ich schaffte weit über 40. Als ich nun nach dem ersten Ansturm etwas nachlassen wollte, ging es nicht mehr. Der Meister beschloß, jetzt auch Lebkuchen zu machen, und hatte außerdem zwei neue Keksmacher angestellt. Ich kam kaum mehr zum Atmen. Mit fast lahmen Gliedern begann ich am Morgen. Es war schon winterkalt auf den Straßen, und wenn ich in den Keller stieg und so vor meiner Teigknetmaschine stand, tat die Hitze wohl. Dann aber wurde sie unerträglich. Es dauerte stets einige Zeit, bis man sich an alles gewöhnte.
Den ganzen Tag brannte das elektrische Licht hier, trotzdem aber war es halbdunkel. Wände und Decke troffen unaufhörlich von geronnenem Dampf. Aufpassen hieß es,

daß man nicht ausrutschte auf dem glitschigen Boden. Alles: Halblicht, Gestank, Dreck, Teig, Staub und Dampf schienen zu guter Letzt zu kochen.

Hitze! Hitze, zehrende Hitze!

Es begann. Ich rannte mit dem Kübel in den Mehlraum. Der war eiskalt. Tür und Fenster waren herausgenommen. Ich füllte den Kübel, rannte zurück in den heißen Backraum, wieder hinaus, wieder hinein, schüttete den Bottich voll, goß flüssig gemachte Trockenmilch und zerlassenes Fett hinein, warf Zucker und zerriebenes Ammonium dazu, riß den gußeisernen Knetarm herunter und schaltete den Motor ein. Dann hinauf in den kalten Hof zum Sirupholen. Vier, fünf Kübel, genug war es. Die Arme taten weh. Beim Herausnehmen der Teigrationen aus dem Bottich glitt ich immer wieder aus. Die Knie schmerzten vom Hinstemmen. Der Körper zitterte. So ging es auch noch beim zweiten und dritten Male. Auf einmal aber packte einen die Wut, eine sinnlos verbissene Wut – und alle Lahmheit war weg. Der Schweiß brach aus allen Poren. Hemd und Hose wurden naß, immer nasser. Alles klebte zuletzt an einem. Die dicken Schweißtropfen rannen aus dem Haar über die Stirn und in die Augen, von den Backen und von der Nase in den Mund, von den Schultern auf die Brust und in den Teig, von den aufgeriebenen Achselhöhlen über die Hüften, die Beine abwärts in die heißen Schuhe. Jetzt war man selber Teig. Jetzt aber war man in der Gleichförmigkeit der Bewegung. Mechanisch schuftete man. Keine Müdigkeit gab es mehr. Aber wenn's Mittag oder Schluß am Abend war, wenn ich den Motor ausschaltete, um mich anzuziehen und zum Essen oder nach Hause zu gehen, dann konnte ich kaum noch die Füße heben. Es tat weh, in die Joppe zu schlüpfen. Am liebsten wäre ich hineingefallen in den klebrigen Dreck und eingeschlafen.

„Im Haus sind die Kinder, in der Fabrik ist die Arbeit . . ."

Für die meisten Frauen war die Berufstätigkeit „Durchgangsstadium zur Ehe". Ihre Hoffnung, durch die Heirat „vom notwendigen Übel der Erwerbsarbeit befreit zu werden", erwies sich jedoch als trügerisch! Immer mehr verheiratete Frauen mußten hinzuverdienen, da das Einkommen des Mannes zum Überleben nicht ausreichte. Rund 32 Prozent der erwerbstätigen Frauen waren 1925 verheiratet, neun Prozent verwitwet oder geschieden. Die Not drängte diese Frauen so sehr, daß sie gezwungen waren, die ungesundesten, dreckigsten und schlechtbezahltesten Tätigkeiten zu übernehmen: Sie arbeiten in der Metallbearbeitung, der Jutesacknäherei, der Asbestspinnerei, in Darmzubereitungsfabriken, Wäschereien, Kaffeeröstereien und der Fischindustrie der Hansestadt. Dagegen waren nur 15 Prozent der Angestellten verheiratet.

Die Lebensbedingungen der verheirateten Arbeiterin waren noch viel schlechter als die der ledigen Arbeiterin oder Angestellten. Sie mußte neben der acht- bis zehnstündigen Arbeitszeit noch Haushalt und Kinder versorgen. Ein exemplarischer Tagesablauf: Morgens früh zwischen fünf und sechs Uhr stand sie auf, bereitete das Frühstück, kochte das Essen vor; dann wurden Mann und Kinder geweckt. Ein Fußweg von einer halben bis einer Stunde zur Arbeit – z. B. von Eimsbüttel nach Landungsbrücken – war die Regel, öffentliche Verkehrsmittel waren zu teuer. Von acht bis 18 Uhr in der Fabrik, dazwischen eine Stunde Mittagspause. Schnell hastete sie nach der Arbeit zurück: Einkäufe, nur das allernotwendigste, Mann und Kinder warteten ja schon auf das Essen, das die älteste Tochter bereits aufgesetzt hatte. Sie mußte der Mutter nach der Schule im Haushalt helfen und auf die kleineren Geschwister aufpassen. Ihr älterer Bruder hatte es da besser: Er durfte sich – wie der Vater – bedienen lassen. Nach dem Essen war noch vieles im Haushalt zu erledigen: Strümpfe mußten gestopft, ein Loch geflickt werden. Samstagnachmittag war große Wäsche in der Küche. Während der Arbeitszeit plagte die Frau die Sorge um ihre Kinder, die unbeaufsichtigt zu Hause blieben.

Diese Situation wurde durch die schlechten Wohnverhältnisse der Arbeiterschaft in den 20er Jahren für die Frauen noch schwerer erträglich. Denn je ungünstiger die Wohnsituation war, desto schwerer fiel es ihnen, eine gewisse Ordnung und Hygiene aufrechtzuerhalten.

Damals und Heute

Wer auf eine über 40jährige Tätigkeit im Hafen zurückblicken kann und die gegenwärtige Entwicklung verfolgt, macht sich natürlich Gedanken.

„Heute gibt es fünf Tage Garantielohn für alle Kartenarbeiter, das ist schon eine wesentliche Verbesserung, aber es gibt auch viel weniger Arbeit: in der alten Zeit hatte ein Löschgang bei Frucht 24 Mann, heute schlagen vier Mann in der gleichen Zeit noch mehr um, außerdem sind kaum noch Stapelleute erforderlich, nur noch Anweiser . . .“ – Arthur Wendlandt fragt sich, wie das weitergeht.

„Es ist alles schneller geworden, es heißt ja ‚der schnelle Hafen‘ und ‚Zeit ist Geld‘. Das hieß es früher auch, aber es war trotzdem eine geruhsamere Arbeit. ‚Wi mokt foftein‘ oder ‚smoktime‘, Pause hieß das, nach einem Arbeitsgang, das war drin, das war nichts Außergewöhnliches, man hat sich das so eingeteilt untereinander, die Aufsichten waren nicht so perfektioniert . . .“ meint Johannes Wist (geb. 1908), ehemaliger Seemann und Kaiarbeiter.

Am Fließband

Eine Frau arbeitet mich ein. Sie ist schon vier Jahre am Band und verrichtet ihre Arbeit „wie im Schlaf“, wie sie selbst sagt. Ihre Gesichtszüge sind verhärtet [. . .] Punkt 15.50 Uhr ruckt das Band an. Nach drei Stunden bin ich selbst nur noch Band. Ich spüre die fließende Bewegung des Bandes wie einen Sog in mir [. . .]

J., vom Band nebenan. 49 Jahre alt, erinnert sich an frühere Zeiten: „Da ging es noch gemütlicher am Band zu. Wo früher an einem Band drei Fertigmacher standen, arbeiten heute an zwei Bändern vier. Hin und wieder kommt der Refa-Mann (Refa-System: Messung von Arbeitsabläufen mit der Stoppuhr zur Ermittlung von „Verrichtungsnormalzeiten“ (Vorgabezeiten) mit der Stoppuhr und beobachtet uns heimlich. Aber den kenne ich schon. Dann weiß ich: „bald wird wieder jemand eingespart oder es kommt Arbeit dazu“ [. . .] Einer von meinem Bandabschnitt erzählt, wie der dauernde Schichtwechsel „langsam, aber sicher“ seine Ehe kaputtmacht. Er ist jungverheiratet – ein Kind –, seit drei Monaten neu am Band. „Wenn ich nach Hause komme, bin ich so durchgedreht und fertig, daß mich jeder Muckser vom Kind aufregt. Für meine Frau bin ich kaum noch ansprechbar. Ich sehe kommen, daß sie sich scheiden läßt. Bei der Spätschicht ist es am schlimmsten. Meine Frau ist jetzt für eine Zeitlang mit dem Kind zu ihrer Mutter gezogen. Das ist mir fast lieber so [. . .]“

Die vor mir am Band arbeiten und die hinter mir, kenne ich nicht. Ich weiß auch nicht, was sie tun. Manchmal begegnen wir uns am Band im gleichen Wagen. Sie sind mit der Montage an ihrem Abschnitt nicht fertig geworden und in mein Revier abgetrieben – oder umgekehrt. Dann sind wir uns gegenseitig im Weg. Da schlägt mir einer eine Wagentür ins Kreuz, oder ich beschütte einen mit Lack. Sich entschuldigen, ist hier nicht drin. Jeder wird so von seinen Handgriffen in Anspruch genommen, daß er den andern übersieht. Das Zermürbende am Band ist das ewig Eintönige, das Nichthaltmachenkönnen, das Ausgeliefertsein. Die Zeit vergeht quälend langsam, weil sie nicht ausgefüllt ist [. . .] Zu Schichtbeginn wird den Lackierern mitgeteilt: „Ein bedauerlicher Produktionsfehler hat sich irgendwo vorn am Band eingeschlichen. Der Fehler wird bereits wieder abgestellt. Aber für ein paar Stunden laufen noch die alten Wagen. Die Lackierer müssen die Schäden halt hier ausbügeln“ [. . .] Das „Ausbügeln des Produktionsfehlers“ besteht im zusätzlichen Streichen von zwei nicht lackierten und schlecht zugänglichen Stellen [. . .] Wir geraten dauernd ins „Schwimmen“ und hängen dauernd vorn [. . .] Unsere Schicht geht zu Ende, und der Produktionsfehler läuft immer noch. Auch am nächsten Tag hat er sich noch nicht wieder heraus„geschlichen“. Als er auch am dritten noch da ist, glauben wir nicht mehr an einen „Fehler“ [. . .] Auch bei den „Fertigmachern“ ist rationalisiert worden. Man hat auf ihre Kosten zwei Inspekteure eingespart. Jetzt müssen sie deren Arbeit noch außer ihrer eigenen verrichten [. . .] Ich weiß mit Sicherheit, daß das normale Bandtempo oft noch beschleunigt wird. Kein Meister gibt das zu, aber wir merken es, wenn wir trotz größter Anstrengung unsere Stellung nicht halten können und immer wieder aus unserm Bandbereich abgetrieben werden. Dann übersehe ich manches und werde dauernd vom Meister oder Inspektor nach vorn gerufen. Dadurch gerate ich in noch größere Zeitnot [. . .]

Eine Beamtin aus einem Postscheckamt zu Berufsarbeit und Selbstverwirklichung

„Von Millionen wird die tägliche Arbeit als ein Joch empfunden, das man auf sich nehmen muß, um den Lebensunterhalt zu verdienen. Hier ist der Fluch Gottes: ‚Verflucht sei der Acker um deinetwillen! Mit Mühsal sollst du dich von ihm nähren dein Leben lang!‘ täglich Wirklichkeit. Warum gibt es einen hohen Krankenstand unter den Arbeitnehmern? Weil man sich ein paar zusätzliche Tage Ruhe verschaffen möchte! Warum leben die Menschen von Wochenende zu Wochenende, von Urlaub zu Urlaub? Weil einen die tägliche Tretmühle das Menschsein fast vergessen läßt! Warum gibt es Gammler und Hippies? Weil sich besonders Jugendliche dem Zwang entziehen möchten, neun Stunden am Tag etwas tun zu müssen, wozu sie keine Lust haben! Die Selbstverwirklichung im Beruf ist nur wenigen vergönnt. Von den meisten wird geradezu Selbstverleugnung verlangt (Fließbandarbeiter), sie können sich nur in der Freizeit selbst verwirklichen."

In einem Supermarkt

„Als Verkäuferin in einem kleinen Modegeschäft hatte ich in meiner Arbeit oft das Gefühl, daß mein persönlicher Rat den Kundinnen geholfen hat. Viele von ihnen kamen immer wieder. Das machte mir Freude. – Jetzt sitze ich an meiner Registrierkasse in einem Supermarkt. Wenn die Kunden mit ihrem Warenkorb kommen, bleibt kaum noch die Gelegenheit zu einem kleinen Gespräch. Ich muß mich beim Registrieren auf die Preise konzentrieren. Wie ein Automat drücke ich täglich Tausende Male die Preise in die Zahlentasten. Vielleicht werde ich eines Tages auch von einem Automaten abgelöst."

In einer Autowerkstatt

In der kleinen Werkstatt ist es gesellig; der junge Automechaniker – er ist noch nicht lange dort – kann sich mit den Kunden bzw. Kundinnen unterhalten. Er macht sich beliebt, wenn er ihnen ihr Auto wieder in Gang bringt; und er ist selber stolz darauf, den Wagen, der erst abgeschleppt wurde, mit eigener Kraft wieder fahren zu sehen.

Eines Tages merkt er, daß Ersatzteile und Reparaturen immer teurer werden. Die Leute sollen sich lieber gleich ein neues Modell kaufen. Vorbei sind die Tage, als man alte Autos gut in Schuß hielt – das ehrbare Handwerk eines stolzen Autoschlossers. Wird die Arbeit künftig noch Freude machen? Doch: Hauptsache, ich verdiene mehr Geld! Genügt diese Überlegung?

Die Pannenhelfer von Wolfsburg

Von Peter Christ

„Schichtarbeit ist mies, ganz mies“, murrt Horst Spanger und zieht seinen grünen Overall aus dem Stahlspind. Nebenan lärmen die Kollegen von der Frühschicht, schlendern mit nacktem Oberkörper durch die Gänge des Umkleideraums oder waschen sich. Es riecht wie in einer Turnhalle nach dem Wettkampf.

Spanger hat in dieser Woche Spätschicht, die mag er am wenigsten. Um 14 Uhr beginnt die Arbeit, abends um halb elf ist Schluß. „Der Tag ist kaputt“, sagt Spanger und steigt in seine Sicherheitsschuhe mit Stahlkappe und ölfester Sohle. „Morgens schlafe ich länger, spätestens um zwölf muß ich essen und dann geht es los zur Arbeit.“ Der gelernte Kesselschmied, Apparatebauer und Elektroschweißer wohnt in Braunschweig und fährt gemeinsam mit Kollegen zur Arbeit ins Volkswagenwerk nach Wolfsburg.

Nachdem Spanger seine Butterbrote von der modischen schwarzen Schultertasche in eine abgegriffene, speckige Ledertasche gepackt hat, ist er mit dem Umziehen fertig, schließt seine beiden Spinde ab und macht sich auf den Weg zum Arbeitsplatz.

Er geht gemächlich durch einen niedrigen katakombenartigen Gang. Auf der linken Seite beleuchten die Neonröhren ein Gewirr von Eisengestellen, Kabeln und Preßluftleitungen, das von grünen Drahtgittern abgegrenzt wird. Hier wird die Karosserie der beiden kleinsten Volkswagen Polo und Derby zusammengeschweißt. Auf der rechten Seite des engen Ganges lagern in Drahtverhauen Ersatzteile für die Anlagen und Werkzeuge. Nach gut hundert Metern ist Spanger da. Er steigt die vierzehn Stufen einer Eisentreppe hoch und blickt auf seinen Arbeitsplatz, den die Techniker des Volkswagenwerkes „Transferstraße für den Kastenrohbau“ nennen.

Infernalischer Lärm

Diese Transferstraße ist eine riesige, 88 Meter lange Maschine, die vollautomatisch Vorder- und Heckteil der VW-Modelle Golf und Jetta zusammenfügt und anschließend noch Bodenblech und Dach einsetzt. Die Aufgabe von Straßenführer Spanger läßt sich einfach erklären: Spanger muß dafür sorgen, daß die Transferstraße möglichst selten stillsteht.

Und im Moment steht sie still. In der riesigen Werkhalle herrscht beim Schichtwechsel übliche Ruhe. Spangers Kollege der Frühschicht ist nicht mehr da. Normalerweise würden die beiden jetzt kurz miteinander reden, Informationen über Probleme und Störungen der Transferstraße austauschen. Anscheinend hat es in der Frühschicht aber keine besonderen Schwierigkeiten gegeben.

Um Punkt 14 Uhr ist die Ruhe vorbei. Die Spätschicht im „Kastenrohbau I“, so heißt die Abteilung, beginnt mit lautem Zischen, sprühenden Funken, rumorenden Stahlrollen und klappernden Eisenketten. Ein infernalischer Lärm für Leute, die normalerweise das Klingeln des Telephons auf ihrem Schreibtisch als laut empfinden.

Am Anfang der Transferstraße schweben Vorder- und Heckteil von Golf- oder Jetta-Karosserien an rasselnden Transportketten heran, die in drei Etagen übereinander bis unter das Dach der Fabrikhalle reichen. Dieses Kettensystem verbindet die Transferstraße mit vielen anderen Werkhallen, aus denen Fahrzeugteile herantransportiert werden.

Zwei eiserne Schwenkarme greifen den Vorderwagen, zwei andere Eisenarme den Hinterwagen und setzen die beiden kaum als Autoteile erkennbaren Fragmente aus rohem Blech millimetergenau zusammen. Die Silhouette eines VW Golf oder Jetta ist zu erkennen. Sekunden später wird sie von zwei Eisenschienen angehoben, einige Meter seitwärts weitergeschoben zur zweiten Station der Transferstraße und wieder abgesenkt. Nach der stahlgrauen rohen Karosse greifen mit eckigen, ruckartigen Bewegungen kurze Eisenarme, die Schweißelektroden halten. Während an Station zwei die Elektroden ihre funkensprühende Arbeit verrichten und mit lautem Zischen aus den Druckluftleitungen die beiden zusammengesteckten Karossenhälften durch etliche Schweißpunkte miteinander verbinden, werden an Station eins schon wieder ein Vorder- und Hinterwagen zusammengesteckt. Einige Stationen weiter schwebt das Bodenblech an einer Kette hängend in die Transferstraße hinein, wird gepackt, auf einen Schlitten gelegt, unter die Karosse geschoben und an der nächsten Station festgeschweißt. An dreizehn Stationen hält die Golf- oder Jetta-Karosserie in dieser Transferstraße an. Jeder Stopp dauert fünfzehn bis sechzehn Sekunden, gleichgültig, ob das Dach aufgelegt wird, Schweißpunkte gesetzt oder nur zwei Tropfen Dichtungsmasse auf die Dachholmen gekleckst werden.

Genau in diesen zeitlichen Abständen spuckt die Transferstraße an ihrem Ende nackte Blechkarossen aus, an denen Türen, Motorhaube, Kotflügel und Heckklappe noch fehlen. Theoretisch könnten Spanger und seine Kollegen 3200 Karosserien am Tag produzieren, 1600 pro Schicht. Und an jeder Karosserie hätten die Schweißelektroden 440mal ihre Funken versprüht. Diese Zahlen sind Theorie. Um sie zu erreichen, dürfte die Arbeit keine Sekunde ruhen, keine Störung die Straße stillegen.

Die Praxis sieht ganz anders aus. Die Schicht läuft kaum zehn Minuten, da gerät die Karossenkolonne in der Transferstraße aus dem Tritt. Spanger hat den Fehler mit einem Blick entdeckt. In Station 7, wo die Wagenböden eingelegt werden, greifen die großen gelben Eisenarme ins Leere. Es ist kein Wagenboden da. Ein Fehler im Transportsystem.

Spanger winkt einen Kollegen zu sich, legt einen Schalter um, der die Stromversorgung für die gesamte Anlage unterbricht, und entriegelt ein hüfthohes, grünes Törchen in dem Eisenzaun, der Spanger und seine Kollegen von der Transferstrecke abschirmt. Mit seinen Kollegen klettert Spanger über Eisenschienen und Preßluftleitungen hinweg auf die andere Seite der Transferstraße. Die beiden wuchten von einem Stapel einen Wagenboden herunter und legen ihn in einen Schlitten, der den Boden wie üblich unter die Karosse schieben wird. Die Produktion geht weiter.

Spanger geht wieder den schmalen Eisensteg entlang, den auf einer Seite die Transferstraße und auf der anderen eine endlose Reihe übermannshoher, grüner Stahlschränke flankieren. In den Schränken steuern mit unüberhörbarem Knistern unzählige elektrische Relais die lärmende Transferstraße. Sie geben für jede Bewegung den Impuls, öffnen Ventile für Kühlwasser und leiten Strom zu den Schweißelektroden.

Letztlich bestimmen diese unscheinbaren Relais, die an der benachbarten Transferstraße längst ein Computer abgelöst hat, auch das Produktionstempo der ganzen Anlage. Und die ist wiederum nur ein Rädchen im Wolfsburger VW-Werk. Spanger und seine neun Kollegen könnten gar nicht an einem Knöpfchen drehen und damit mehr Blechkarossen durch ihre Transferstraße jagen, wie es Bundeswirtschaftsminister Graf Lambsdorff angesichts der starken japanischen Konkurrenz gern sähe. Die anderen Abteilungen kämen in große Schwierigkeiten, die Produktion des ganzen Werkes geriete durcheinander. Auch die Zulieferfirmen, die ihr Produktionstempo an VW ausrichten, könnten plötzlich in Verzug geraten.

Wie akribisch austariert das ganze Fertigungssystem ist, zeigt eine neue Störung. Spangers Kollege Fred Stolze, der in dieser Spätschicht auf dem Steuerstand genau über der Transferstraße arbeitet, meldet eine Störung: Es kommen nicht genug Jetta-Hinterwagen. Wird dieser Engpaß nicht schnell beseitigt, werden bald andere Jetta-Teile wie Dächer, Bodenbleche oder Vorderwagen nutzlos in den Transportketten baumeln und die Produktion blokkieren. Fünfundvierzig Minuten bleiben den Männern, um zu entscheiden, ob wegen der Störung die Jetta-Produktion gestoppt und statt dessen mehr Golf-Karossen zusammengeschweißt werden sollen.

Der richtige Knopf

Doch schon nach zwanzig Minuten kann Stolze aufatmen. Er hat mit Halle drei telephoniert, die Jetta-Hinterwagen kommen wieder. Stolze kann sich wieder voll auf seine Arbeit konzentrieren. Kein leichtes Unterfangen, denn der Steuerstand ist nach allen Seiten offen, er vibriert und bebt im Arbeitstakt der Transferstraße. „Der Lärm ist das Schlimmste", sagt Stolze. Der Betriebsrat beziffert die durchschnittliche Lärmbelastung auf neunzig Dezibel und die Spitzenbelastung auf hundert Dezibel. Ein schwerer Lastwagen macht nicht mehr Lärm. Der Computer im Steuerstand über der

Roboter schweißen in einer fast menschenleeren Werkshalle Karosserien zusammen

benachbarten Transferstraße steht in einem geräuschisolierten Glashaus, das auch Stolze bald bekommen soll.

Bis es soweit ist, muß er noch lärmumtost im richtigen Moment die richtigen Knöpfe auf dem vor ihm liegenden Schaltpult drücken. An Hand von Computerlisten, die ein hinter ihm stehender Drucker ausspuckt, ruft Stolze aus dem Transportsystem Dächer, Böden, Hinter- und Vorderwagen ab. Die gibt es in vielen Variationen, als Viertürer, mit oder ohne Klimaanlage, mit oder ohne Schiebedach, als US- oder Europa-Ausführung, als GTI- oder Normalmodell. Für jedes Auto, das durch die Transferstraße unter ihm geschoben wird, muß Fred Stolze vier Knöpfe drücken, und zwar immer die richtigen. Ein falscher Knopfdruck kann theoretisch bis zu sechs fehlerhafte Karossen nach sich ziehen. Am Schichtende hat Stolze bis zu 6000mal aufs Knöpfchen gedrückt, ebensooft in der vor ihm liegenden Computerliste eine vielstellige Zahlen- und Buchstabenkombination geprüft, gelesen und nach dem Knopfdruck abgehakt.

Die Roboter warten schon

Der Job erfordert Nervenkraft und Routine. So läßt sich Stolze nicht von einem aufgeregt blinkenden roten Kontrollämpchen irritieren, das seine Störung im Vorderwagenabruf signalisiert. Stolze weiß ganz einfach, daß der Vorderwagenabruf nicht gestört ist und schert sich einen Dreck um das Lämpchen.

„Mir wäre das viel zu kompliziert", sagt grinsend Karl-Heinz Seifert, der Stolze über die Schulter gesehen hat. Seifert und sein Kollege Heinz-Dieter Peters sind Elektriker, aber besondere. Schon ihre leuchtend orangefarbenen Overalls heben sie von den grau oder grün gekleideten Kollegen ab. Seifert und Peters greifen nur bei besonders kniffligen Fehlern in der Transferstraße ein, wenn andere Elektriker nicht mehr weiter wissen. „Mir ist es am liebsten, wenn die beiden den ganzen Tag rumstehen und nichts zu tun haben", sagt ihr Meister. „Dann weiß ich nämlich, daß alles glatt läuft." Seifert und Peters betreuen zwei Transferstraßen und kümmern sich auch noch in der Nachbarhalle um die neuen Roboter, die eines Tages die Transferstraßen ablösen werden.

In dieser Spätschicht haben die beiden hochqualifizierten Elektriker nicht viel zu tun. Die Produktion wird nur von kleineren Störungen unterbrochen, die Spanger und Kollegen selbst beheben. In der Pause um halb sechs rechnet Spanger aus, daß technische Fehler die Transferstraße insgesamt 37 Minuten lahmgelegt haben. Das entspricht einem Produktionsausfall von ungefähr hundert Fahrzeugen. Der Straßenführer notiert Ursache und Dauer jeder Störung.

Heute sollen Spanger und seine Kollegen 1089 Golf und 370 Jetta schaffen. Die Zahlen sind mit Kreide auf einer kleinen Tafel notiert. Spanger nutzt die Pause noch, um hinter den Stahlschränken an einem Stehpult seine Butterbrote zu essen. Von einem Poster an der Wand blickt eine Schimmelstute mit ihrem braunen Fohlen. Ein merkwürdiger Kontrast in dieser lärmigen Umgebung.

Auf die Sekunde genau um 18 Uhr ist die Pause vorbei, beginnt die Transferstraße wieder, Blechteile zu bewegen und zu schweißen.

Genau um 20.11 Uhr verläßt die tausendste Blechkarosse die Transferstraße. „Mehr als 1200 sind heute nicht drin", meint Spanger. Der Meister nickt zustimmend. Nach sechs Stunden Arbeit voller Lärm und Konzentration zeichnet Müdigkeit die Gesichter der Männer. Noch gut zwei Stunden, dann ist Feierabend.

Spanger und seine Kollegen Stolze, Seifert und Peters haben dann rund 150 Mark brutto verdient. Die vier scheuen sich, genaue Stundenlöhne zu nennen. Die beiden Elektriker Peters und Seifert zählen mit mehr als 18 Mark zu den Spitzenverdienern. Spanger und Stolze verdienen etwa 1.50 Mark weniger, kommen im Monat mit Schichtzulage aber auch auf 3000 Mark.

Für Spanger und Peters hat es schon zum eigenen Haus gereicht, bei Seifert wird es nicht mehr lange dauern, bis er in die eigenen vier Wände einzieht. Mit dem Einkommen sind die vier zufrieden und mit der Arbeit grundsätzlich auch.

Spanger träumt allerdings davon, in die „Normalschicht" zu kommen, vielleicht zur Aufsicht in den „Schweißkeller". Dann könnte er wie die Leute in der Verwaltung von halb acht bis halb fünf arbeiten. Und die ungeliebte Schichtarbeit wäre endlich vorbei. „In die Normalschicht zu kommen, ist kaum möglich", sagt Spanger resignierend. Vielleicht hat er sich deshalb noch nicht darum bemüht.

DIE ZEIT Nr. 33 v. 8. August 1980

Kommen und gehen, wann man will: Traumjob oder Utopie?

Wenn Maria Meyer ihren Dienst als Buchhalterin bei der Kassenärztlichen Vereinigung in Stade absolviert, teilt sie das Los vieler tausend Lohn- oder Gehaltsempfänger; sie kommt pünktlich um 8 Uhr ins Büro, arbeitet ihre acht Stunden und ist abends reichlich abgespannt. Trotzdem besteht zwischen Maria Meyer und den meisten anderen

Werktätigen ein erheblicher Unterschied: Sie arbeitet nur an drei Tagen in der Woche – Der Rest ist frei. Ihre Kollegin Gudrun Müller hat eine andere Einteilung: Sie arbeitet zwei Wochen lang voll durch – und macht anschließend zwei Wochen blau. Die beiden Zauberworte, die so viel Individualismus möglich machen, heißen variable Arbeitszeit und Teilzeitarbeit.

Die Arbeitsverträge der 34 Mitarbeiter der Kassenärztlichen Vereinigung Stade sind nämlich nicht auf den Acht-Stunden-Tag und die Fünf-Tage-Woche festgeschrieben, sondern regeln lediglich die Wochen-, Monats- oder gar Jahresarbeitszeit. Den Beschäftigten ist es im wesentlichen selbst überlassen, an welchen Tagen sie arbeiten, wann sie ihren Dienst beginnen und wie lange sie am Tage im Büro bleiben.

Alternative Arbeitszeiten – weit weg vom sturen Acht-Stunden-Tag und der 40-Stunden-Woche – sind auch im Kreis Stade schon verbreitet. Freilich sind es bislang fast nur Behörden, Banken und Sparkassen, die ihren Arbeitnehmern die Freiheit lassen, Dauer und Einteilung ihrer Arbeitszeit an ihre persönlichen Lebensumstände und Interessen anzupassen. In der Industrie hält sich nach wie vor das starre System des Acht-Stunden-Tages.

Das „revolutionärste" System der Arbeitszeitgestaltung im Kreis Stade praktiziert die Kassenärztliche Vereinigung. Hier wurden die Ganztagsarbeitsplätze in Teilzeitstellen umgewandelt und dem Wunsche der Belegschaft Rechnung getragen, die Arbeitszeit selbst zu bestimmen. In den Arbeitsverträgen wurden nur noch die Wochen- bzw. Monatsarbeitszeit festgelegt. Die tägliche Arbeitszeit kann von den Mitarbeitern selbst gewählt werden. Ein System, das von den Beschäftigten gewollt wurde und auch der Geschäftsführung entgegenkommt.

In einem Resümee der vergangenen drei Jahre spricht die Kassenärztliche Vereinigung von einer gestiegenen Arbeitsfreude und einem besseren Betriebsklima. Zudem konnte der unterschiedliche Arbeitsanfall besser und schneller bewältigt werden: Ist nicht viel zu tun, bleiben die Arbeitnehmer zu Hause – in Spitzenzeiten herrscht Hochbetrieb.

Nicht ganz so weitreichend ist die Arbeitszeitregelung bei der Stadt-Sparkasse Stade. Aber auch hier wird ein Modell der variablen Arbeitszeit gehandhabt, das weit über die gleitende Arbeitszeit hinausgeht. Zwar wird bei der Errechnung der monatlichen Arbeitszeit die 40-Stunden-Woche zugrunde gelegt, doch die Einteilung kann jeder Arbeitnehmer nach seinen Wünschen bestimmen. Einzige Einschränkung: In der Zeit von 8.30 bis 12 Uhr und 14.30 bis 16.30 Uhr müssen alle anwesend sein. Diese fünfeinhalb Stunden sind „Pflicht". Der Rest kann beliebig abgearbeitet werden. In einigen Abteilungen ohne Publikumsverkehr wird sogar ein noch größerer Spielraum gewährt.

Die Beschäftigten haben mit dem System gute Erfahrungen gemacht. Angestellte Heike Blencke: „Gerade im Sommer hat diese Regelung viele Vorteile. Morgens kann man früher anfangen und nachmittags früher gehen." Sparkassen-Direktor Heinrich Lohmann sieht auch den Vorteil für das Unternehmen: „Wenn viel zu tun ist, sind natürlich alle Leute im Haus. Bei weniger Arbeit wird Freizeit genommen".

Eine Besonderheit sind in diesem Unternehmen auch noch die „Ultime-Kräfte". Sieben Frauen, die früher hier ständig gearbeitet haben, kommen jetzt nur noch etwa an fünf Tagen im Monat. Wann sie arbeiten, wird von der Sparkasse mit ihnen abgesprochen, je nach Arbeitsanfall.

Und die Teilzeit-Jobs nehmen in vielen Bereichen der Arbeitswelt immer mehr zu. Von 1960 bis 1977 stieg ihr Anteil von sechs Prozent der Arbeitsplätze auf rund 14 Prozent. Die überwältigende Mehrheit der Teilzeitarbeitskräfte sind zwar Frauen, die der Kinder und der Küche wegen keine Vollzeitstelle annehmen können. Doch mittlerweile gibt es auch Männer, die sich mit der Teilzeitarbeit anfreunden würden und sich auch mit 32 oder weniger Wochenstunden begnügen würden. Ein Trend, der auch vom Arbeitsamt Stade bestätigt wird. Und daß von den derzeit 800 arbeitslosen Frauen im Kreis Stade viele eine variable Arbeitszeit begrüßen würden, steht außer Frage.

Stader Tageblatt

4. Die christliche Deutung der Arbeit

Das menschliche Schaffen in der Welt

(Das Problem) Durch Arbeit und Geisteskraft hat der Mensch immer versucht, sein Leben reicher zu entfalten. Heute jedoch hat er, vor allem mit den Mitteln der Wissenschaft und der Technik, seine Herrschaft über beinahe die gesamte Natur ausgebreitet und breitet sie beständig weiter aus. Vor allem dank den zwischen den Völkern zunehmenden Beziehungen der mannigfaltigsten Art erfährt und gestaltet sich die Menschheitsfamilie allmählich als eine die ganze Welt umfassende Gemeinschaft. Die Folge von alldem ist, daß sich der Mensch heute viele Güter, die er einst vor allem von höheren Mächten erwartete, durch seine eigene Tat beschafft.

Angesichts dieses unermeßlichen Unternehmens, das schon die ganze Menschheit erfaßt, stellen sich den Menschen viele Fragen: Was ist der Sinn und der Wert dieser angestrengten Tätigkeit? Wie sind all diese Güter zu nutzen? Was ist das Ziel dieses individuellen und kollektiven Bemühens? [. . .]

(Der Wert des menschlichen Schaffens) Eines steht für die Glaubenden fest: das persönliche und gemeinsame menschliche Schaffen, dieses gewaltige Bemühen der Menschen im Lauf der Jahrhunderte, ihre Lebensbedingungen stets zu verbessern, entspricht als solches der Absicht Gottes. Der nach Gottes Bild geschaffene Mensch hat ja den Auftrag erhalten, sich die Erde mit allem, was zu ihr gehört, zu unterwerfen, die Welt in Gerechtigkeit und Heiligkeit zu regieren und durch die Anerkennung Gottes als des Schöpfers aller Dinge sich selbst und die Gesamtheit der Wirklichkeit auf Gott hinzuordnen, so daß alles dem Menschen unterworfen und Gottes Name wunderbar sei auf der ganzen Erde.

Das gilt auch für das gewöhnliche alltägliche Tun; denn Männer und Frauen, die, etwa beim Erwerb des Lebensunterhalts für sich und ihre Familie, ihre Tätigkeit so ausüben, daß sie ein entsprechender Dienst für die Gemeinschaft ist, dürfen überzeugt sein, daß sie durch ihre Arbeit das Werk des Schöpfers weiterentwickeln, daß sie für die Wohlfahrt ihrer Brüder sorgen und durch ihre persönliche Bemühung zur geschichtlichen Erfüllung des göttlichen Plans beitragen.

Arbeit als göttlicher Auftrag

Der Mensch sollte als Partner Gottes das Geschaffene frei verwalten. Nun ist er der Erde verhaftet und ringt ihr für sich und die Seinen im Schweiße seines Angesichts das zum Leben Notwendige ab. Aus dem *Teilhaber* an der Haushalterschaft Gottes wird der *Besitzer* der Natur, der Mensch und Tier ausnutzt. Er wird sich und der Natur zum Feind. Die Arbeit wird zum Fluch. Der friedliche Wettbewerb wird zur mörderischen Konkurrenz. Kain erschlägt Abel. Dennoch bleibt auch in der von Gott abgefallenen Welt der göttliche Auftrag der Arbeit bestehen. Gott garantiert die Fortdauer des Kosmos in Saat und Ernte. So trägt die Arbeit die Erinnerung an den göttlichen Auftrag, an den Fluch und an die Geduld Gottes.

1 Vergleicht die christliche Deutung der Arbeit mit der Wirklichkeit der Arbeit damals und heute.
2 Überlegt, wie es gelingen kann, Arbeit als einen Wert zu erfahren.

5. Technischer Fortschritt = Humanisierung?

Der nächste Bericht schildert uns, wie technischer Fortschritt eine Verbesserung der Arbeitsbedingungen (Humanisierung) entgegenlaufen kann, wenn er einseitig dem Streben nach Kostensenkung und damit mehr Gewinn unterworfen ist.

Überlege, warum die Geschichte am Ende gut ausgeht. Darf das der Maßstab für Humanisierung der Arbeit sein?

Von der Lebensdauer eines Fließbandes

Die Briefabgabestelle des Postamtes Q bekam ein Briefförderband. Vier Saalboten wurden eingespart.

Wenn das Band lief, wurde die Luft in der Dienststelle heiß und trocken. Wer dort arbeitete, hatte es fortwährend im Hals. Die Verteiler halfen sich mit Bierflaschen. Darunter litt die Arbeitsgüte, es mußte verboten werden. Zugleich beantragte der Stellenvorsteher eine Luftbefeuchtungsanlage. Sie konnte nicht genehmigt werden. Erstens war kein Geld da, zweitens würden sich die Leute gewöhnen, dann wäre die Anlage überflüssig. Man gewöhnte sich also. Als der Krankenstand stieg, ordnete der Amtsvorsteher Hausbesuche an. Als die Versetzungsgesuche zunahmen, schaltete sich der Personalrat ein, konnte aber den Zusammenhang nicht nachweisen. Später wußte die Personalstelle Bescheid und ließ sich auf vorgetäuschte Begründungen nicht mehr ein. Nur der Stellenvorsteher wurde durch einen strengeren ersetzt. Der Neue kam ungern, und war fortan heiser und verschnupft. Der Umgangston wurde schmerzlich rauh. Rollen und Motoren arbeiteten zufriedenstellend, aber Risse im Band brachten immer wieder die ganze Anlage zum Stehen. Die drei Techniker waren stets eilig zur Stelle und konnten bald jede Störung binnen vier Stunden beheben. Die Schäden traten meist nach der letzten Kastenleerung auf. Dann blieb die Spätschicht jeweils länger, doch das wurde nicht beanstandet. Nur der hohe Verbrauch an Flickstoff fiel auf, und der technische Aufsichtsbeamte mußte berichten. Die Oberpostdirektion prüfte den Bericht und leitete ihn weiter. Sobald es möglich war, reiste ein Fachmann aus Darmstadt nach Q, stellte sechzehn Meßgeräte auf und fertigte ein Heft Grafiken. Abweichungen waren nicht ersichtlich, auch Bedienungsfehler wurden nicht beobachtet, lediglich die Luftfeuchtigkeit erwies sich als unterdurchschnittlich. Hitze und Trockenheit hatten das Gewebe spröde und brüchig gemacht.

Man baute eine Luftbefeuchtungsanlage und konnte die Lebensdauer des Förderbandes um 86% erhöhen.

6. Entfremdete Arbeit – glückliche Arbeit

Soweit man die Geschichte zurückverfolgen kann, haben sich schon immer Menschen zur Arbeit zusammengetan. Es hat auch schon sehr früh verschiedene Formen der Arbeitsteilung gegeben. Teilweise waren sie biologisch begründet: im Unterschied der Geschlechter oder im Unterschied zwischen Kind und Erwachsenen. Immer mehr entwickelte sich aber die Arbeitsteilung aufgrund verschiedener Bedürfnisse und Fertigkeiten der Menschen: Schmied, Schreiner und Töpfer, die verschiedensten Zweige des Handwerks entwickelten sich und leisteten verschiedene Arbeit. Die Produkte wurden untereinander ausgetauscht – am Anfang noch ganz ohne Geld.

Zu Beginn der modernen Industrialisierung begann man jedoch systematisch jeden Herstellungsprozeß in einzelne Arbeitsgänge zu zergliedern und unter verschiedene Arbeiter aufzuteilen. Jetzt waren auf einmal viele Menschen notwendig, um auch nur ein Produkt herzustellen. Die Möbelfabrik hat Leute, die hobeln, andere, die furnieren, wieder andere, die leimen, solche, die lackieren usw. Mit der Entwicklung der Maschinerie verstärkte sich die Arbeitsteilung.

In unserer Gesellschaft hat die Arbeitsteilung längst alle Bereiche umfaßt, selbst die Verwaltung. Die Betriebe haben sich spezialisiert. Heute kann man kaum noch sagen, wie viele Menschen an der Herstellung z. B. eines Autos beteiligt sind (man denke dabei an die riesige Zubehörindustrie). Die meisten Beteiligten kennen sich nicht untereinander, auch dann nicht, wenn sie im selben Unternehmen beschäftigt sind. Manche bekommen das Endprodukt, an dessen Herstellung sie arbeiten, nie als Ganzes zu sehen.

Mit der Erfindung von Computern, mit denen sich Produktionsprozesse automatisch steuern lassen, sind neue schwer überschaubare Veränderungen auf uns zugekommen.

So ist die fortschreitende Spezialisierung und Arbeitsteilung zum einen die Grundlage unseres Wohlstands, die Voraussetzung für die Vielfalt und Menge des Warenangebots, zum anderen bringt sie auch eine Entfremdung des Arbeiters von seinem Arbeitsprodukt und der an der Produktion beteiligten Arbeiter untereinander mit sich. Trotzdem – das haben wir in den Materialien lesen können – sind viele Menschen durch ihre Arbeit befriedigt.

Wir können abschließend überlegen, welche Möglichkeiten wir sehen, die Fortschritte in der modernen Technik auszunutzen, um dem Menschen eine glückliche, befriedigende Arbeit zu bieten. Wo sehen wir Chancen – was könnte und müßte anders gemacht werden?
Sammelt Argumente für und gegen die Technik (Streitgespräch pro/contra). Bedenkt dabei auch den Einfluß der Technik auf den Lebensablauf der Menschen während der Arbeit und Freizeit.

7. Filmbeispiele

Am Arbeitsplatz: Ein Stanzer (8 min) Nr. 320991
Die Arbeitsplatzbeobachtung gibt einen Einblick in den Berufsalltag eines angelernten Maschinenarbeiters. Im Interview wird seine Einstellung zu dieser Arbeit spürbar.

Am Arbeitsplatz: Gruppenarbeit bei Fließbandfertigung (15 min) Nr. 322096
Anhand der Aussagen von Arbeitern über die Arbeit am Fließband und den Gruppenakkord ergibt sich eine Reihe interessanter Problemstellungen: Gruppenarbeit verlangt sinnvolles Zusammenwirken – Das Einkommen des einzelnen hängt einerseits von der Mitwirkung der anderen, andererseits von der Festlegung der Normalleistung ab. – Vor- und Nachteile der Fließfertigung für Arbeitnehmer und -geber.

Der Mensch in der automatisierten Fertigung (18 min) Nr. 322030
Erscheinungsbild der Automation in der Industriearbeit und allgemeine Auswirkungen auf den Menschen. Stellungnahmen von Arbeitnehmern und Wissenschaftlern.

8. Freizeitgestaltung – aber wie?

Für viele Menschen stellt die Freizeitgestaltung ein Problem dar. Sie sind ratlos, wie sie ihre freien Stunden und Tage sinnvoll gestalten können.

Nicht selten kommt es vor, daß in der Freizeit Menschen mißmutig und streitsüchtig sind, oder daß sie sich einfach nicht wohlfühlen. Der Alkoholkonsum ist enorm und das Fernsehen läuft Stunde um Stunde.

Viel freie Zeit zu haben erscheint auf den ersten Blick erstrebenswert und problemlos: tun können, was man will, nicht verpflichtet sein, eine bestimmte Leistung zu erbringen. Zeit zu haben kann sich aber auch als Schwierigkeit erweisen. In der Bundesrepublik werden dazu folgende Beobachtungen gemacht:

- Viele wissen nicht, was sie mit ihrer Freizeit anfangen sollen
- Urlauber geben oft mehr Geld aus als sie sich eigentlich leisten können
- Nach dem Wochenende sind manche Menschen unausstehlich
- Statistiken zeigen, daß an verlängerten Wochenenden die Zahl der Polizeieinsätze wegen Raufereien höher ist als sonst
- Die meisten Scheidungen werden am Montag beantragt
- Die meisten Selbsttötungen geschehen an Wochenenden und an Feiertagen

Warum erscheint es so schwierig, mit der Freizeit fertig zu werden? Haben wir verlernt, mit ihr sinnvoll umzugehen? Sind wir zu bequem oder zu phantasielos geworden? – Oder gibt es bestimmte Ursachen, die uns daran hindern, die Freizeit sinnvoll zu gestalten?

1 Wir können eine Tabelle anfertigen, in der eingetragen wird, wieviel Arbeit und Freizeit wir selbst und unsere Eltern haben, und es pro Tag / pro Woche / pro Monat / pro Jahr ausrechnen.

2 Diskutiert anschließend, ob die Aussage richtig ist, die Freizeit sei dazu da, sich von der Arbeit zu erholen und Kräfte für neue Arbeit zu sammeln.

3 Unter dem Titel „Was man in der Freizeit alles machen kann“ sammeln wir Ideen zu einer sinnvollen Freizeitgestaltung (Gruppenarbeit). – Vielleicht läßt sich daraus eine kleine Freizeitbroschüre herstellen, die ihr in der Schule und zu Hause verteilen könnt.

9. Aus dem Tagebuch eines achtzehnjährigen Elektroinstallateurs

Frühmorgens steht man gewöhnlich auf, nur die Zeit ist verschieden. Man würde nicht aufstehen, wenn man nicht müßte. Der Sonntag macht eine Ausnahme. Man wacht sonntags um sieben auf, weil man es vom Alltag so gewohnt ist. Dann drehe ich mich auf die andere Seite und schlafe wieder ein. Um acht Uhr wache ich wieder auf, mache mir klar, daß um halb neun die erste Predigt ist, und komme zu dem Schluß, daß ich mindestens ein Vierteljahr nicht mehr in der Kirche war und nun heute auch nicht gehen werde. Dann dusle ich noch so ein kleines bißchen und stehe so gegen halb zehn auf. Dann wasche ich mich, ziehe mich an und schreite zum Frühstück, meist kann man es „Vormittagsstück“ nennen. Dann geht der Sonntag an einem vorbei. Es ist furchtbar. Wenn nun mal die Zeitfreßmaschine nicht da ist, dann fühlt man sich überflüssig. Alltags wird man angefangen, aber sonntags fängt einen niemand an, und darum weiß man nicht, was man anfangen soll. Das ist ein unbedingter Mißstand. Zu tun habe ich genug: Berichtsheft, lernen für die Gesellenprüfung, und man will auch mal was für sich machen. Aber ich tue nichts und weiß auch nicht, warum. Abends dann nach dem Abendessen, gehe ich in meine Stube und tue verschiedenes, als erstes: rauchen. Dann stelle ich mir anständigen Jazz ein. Aber das sind doch alles Nebentätigkeiten, ich bummle eben so herum.

Stellt euch vor, ihr kennt den Tagebuchschreiber. Überlegt euch, was ihr ihm sagen könnt. Versucht, ihn aus seiner trostlosen Situation zu befreien. Hinweis: In Gruppen zu sechs Personen diskutieren wir zunächst, was wir dem Tagebuchschreiber antworten können. Dann spielt jede Gruppe ihre Lösung vor.

10. Eintönige Arbeit – eintönige Freizeit

Werktags 6.00 Uhr. Wecker klingelt. Aufstehen, waschen, Musik und Nachrichten beim Frühstück. Zeitung am Kiosk. 6.40 Uhr der Bus. 15 Minuten später stempelt die Stechuhr. Nr. 11 zieht sich um.

Die Sirene bringt sie an die Maschinen. Aufschließen, Aufträge abholen, Werkzeuge richten, Werkstück einspannen. Knopfdruck – Nr. 11 arbeitet.

Nr. 11 fertigt Werkstücke bis zur Frühstückspause. Halbe Stunde Zeitung, Sport, Toto, Witze. Nr. 11 fertigt Werkstücke bis zur Mittagspause. Halbe Stunde Zeitung, Gespräch mit Kollegen. Nr. 11 fertigt Werkstücke bis zum Feierabend – 16.00 Uhr Sirene. Umkleiden. Was gibt's heute Abend? Bushaltestelle. Wieder zu Hause. Er schaltet Radio ein. Gemeinsames Essen. Das Notwendigste wird gesprochen.

Der Western, Werbefernsehen, Tagesschau.

Ein gutes Bier, ein paar Kekse. Der Krimi ist spannend. Sie schaltet den Fernseher aus. Er stellt den Wecker. Gleichmäßiges Atmen. Montag, Dienstag, Mittwoch . . .

Ist dieser Text nicht beispielhaft für viele Tagesabläufe? Überlegt gemeinsam, wie dieser Teufelskreis durchbrochen werden kann.

11. Willkommene Freizeithilfe: Fernsehen

Sieh nur! Ringsum die Antennen
auf den Dächern – welche Pracht!
Politik, Sport, Autorennen –
alles wird ins Haus gebracht.

Auf dem Bildschirm eingefangen
präsentiert sich, was geschah.
Abfahrtsläufe, Autoschlangen
alles ist zum Greifen nah.

Fußballspiele, Konferenzen,
Katastrophen, Lotto – Glück –
Ach, so scheint es ohne Grenzen
weitet sich der Überblick.

Selbst die Kinder gehn nicht schlafen,
eh sie nicht ihr Soll erfüllt.
Ob wir so das Rechte trafen –
nicht gebildet – nur – „im Bild"?

1 Auch wenn das Gedicht übertreibt, trifft es dennoch Richtiges. Die Frage ist, wann der Gebrauch des Fernsehens sinnvoll ist und wann er zu einer Droge wird.
2 Angenommen, ihr könnt am Tage eine Sendung sehen. Welche würdet ihr auswählen? – Nehmt das Fernsehprogramm und stellt euch einen Wochenplan auf. Überlegt anschließend, nach welchen Gesichtspunkten ihr gewählt habt.
3 Hinweis: Beim Vergleich eurer Ergebnisse könnt ihr feststellen, welche Mitschüler gleiche Interessen haben und mit wem ihr über bestimmte Sendungen diskutieren könnt. – Laßt eure Eltern auch einen Wochenplan aufstellen.

12. Freizeit – mehr als Entspannung

Zwei Arbeitskollegen haben ein Stück gemeinsamen Heimweg.
Es kommt zu folgendem Gespräch:

Elke: Ich gehe heute abend mit Barbara ins Kino. „Nur die Sonne war Zeuge!" Das soll ein wahnsinnig spannender Reißer sein. Kommst du mit?

Regine: Ich kann nicht. Ich habe heute abend Englischkurs.

Elke: Dann schwänzt du eben mal.

Regine: Das kann ich nicht machen. Dadurch würde ich zu viel versäumen.

Elke: Ehrlich gesagt, ich verstehe dich nicht. Du mit deinem Bildungstick. Englischkurs, Buchhaltungskurs, Arbeitsgemeinschaft für politische Bildung und was weiß ich, was du sonst noch alles machst. Was hast du denn da von deiner freien Zeit!

Regine: Ich könnte dich dasselbe fragen. Was hast du davon, wenn du andauernd zum Tanzen oder ins Kino gehst.

Elke: Das kann ich dir genau sagen. Vergnügen und Entspannung. Und das ist ja auch wohl der Sinn der Freizeit.

Regine: Für mich nicht. Ich fände es langweilig, wenn ich mich in meiner freien Zeit nur laufend amüsieren sollte. Schließlich möchte man ja auch weiter kommen. Meinst du, ich wollte dauernd bei Meinert & Co bleiben? Jeder eben auf seine Art.

Elke: Du stirbst auch noch mal am Herzinfarkt, wenn du so weiter machst.
Regine: Und du vergammelst. Aber wir wollen nicht streiten. Ich muß außerdem nach Hause. Grusel dich schön heute abend. Tschüß.

Welcher Meinung könntet ihr mehr zustimmen? Soll man eigentlich grundsätzlich für die Freizeit eine Planung machen oder sie lieber einfach genießen? – Vielleicht könnt ihr dazu ein Streitgespräch „pro und contra" durchführen.

13. Die Kunst, Zeit zu haben

Der Mensch verteidigt seine Freizeit, seinen Urlaub, als seine Freiheit gegen jeden Zwang und muß dennoch erleben, daß er in dieser seiner Freiheit auf Grenzen und Zwänge stößt, die er nicht beseitigen kann. Da erfahren „moderne Freizeitbürger", daß der Traum von der absoluten Freiheit zu neuem Zwang werden kann. Das ernüchtert. Wo erzwungene Freiheit herrscht, zeigt sich, daß die guten Träume umschlagen. Schatten kommen auf. Es erscheint neue Not:

- Es gibt den Pensionstod. Der Pensionär, der für den Rest seines Lebens in Freiheit geschickt wird, weiß oft nicht, was er tun soll.
- Der Arbeitslose verflucht die freie Zeit.
- Der Nichtarbeitende entdeckt die Langeweile.
- Den Genießer und Konsumenten überfällt die Frage nach dem Sinn allen Verbrauchs, des Reisens, der Feste und des Ausruhens.

Freizeit kommt, wenn sie aus dem Stadium des Traumes in das Stadium der Verwirklichung eingetreten ist, so wenig an der Sinnfrage vorbei, wie die Arbeit auch. Die Freizeit bringt die Menschen weiter, aber nicht an ihr Ziel. Die Frage nach „Erlösung" bleibt.

Schon bildet sich eine neue Jenseitswelt, jenseits der Freizeit. Teils träumen die Gelangweilten sich zurück in die Arbeitswelt: „Dürften wir nur wieder arbeiten, mitmachen im Rennen der Produktion!" Teils fragen sie weiter nach einer neuen Gesellschaft, die nicht nur frei von Arbeit, sondern auch frei von jeglicher Angst und Herrschaft ist.

Um die Kunst, Zeit zu haben, zu erlernen, könntet ihr einen Katalog von Regeln und Vorschlägen entwickeln, z. B. unter dem Titel: „10 Gebote für Freizeit" oder: „Wie gehe ich sinnvoll mit Freizeit um?"
Anregung:
Als weiterführende Aktionsphase könnte die Erstellung einer Freizeitbroschüre für junge Leute in Angriff genommen werden, z. B. unter dem Motto: „Was ist los bei uns im Ort?" Dazu sollten genaue Informationen eingeholt werden, z. B. Programmschwerpunkte von Vereinen und Gruppen, besondere Jugendarbeit etc. Vielleicht entdeckt ihr neue Möglichkeiten der Freizeitgestaltung. Die Erstellung der Broschüre könnte auch dazu benutzt werden, um Initiativen zur Jugendarbeit im kommunalen Rahmen anzuregen:

3. Schuld – Vergeltung – Vergebung

1. Schuldig

Der polnische Dichter Zukrowski erzählt eine Geschichte, in der einige Jungen unbeschwert Fußball spielen. Dabei geschieht es, daß einer sich den nackten Fuß verletzt. Ein anderer leiht ihm hilfsbereit seine Sandalen. Bald darauf rollt der Ball einen Abhang hinunter, gerade auf einen ungesicherten Brunnen zu. Der Junge mit den geliehenen Sandalen läuft hinter dem Ball her, rutscht dabei aus, stürzt in den Brunnen und kommt zu Tode. Die Sandalen waren einfach zu glatt.

Wer von uns könnte dem hilfsbereiten Jungen einen Vorwurf machen? Und dennoch ist er mitschuldig, ohne es zu wollen. Es gibt keine böse Absicht. Auch liegt kein Versagen oder Vergehen vor. Der Junge ist verstrickt worden in ein Ereignis. Sein Verhalten ist Ausgangspunkt des tragischen Todes. Schuldlos schuldig, so könnten wir sagen.

Wenn wir über die Geschichte nachdenken, so müssen wir vielleicht erschreckend feststellen, daß keiner von uns ohne Schuld ist. Bewußt oder unbewußt, gewollt oder ungewollt hat jeder von uns schon Fehler gemacht, sich schuldhaft verhalten. „Nobody is perfect" – „keiner ist vollkommen", das sagt sich so leichthin. Aber sind wir uns darüber im klaren, daß wir in jedem Augenblick versagen und Schuld auf uns laden können?

Darüber wollen wir weiter nachdenken. Dazu ist es gut, wenn wir gemeinsam überlegen, wann wir einem schuldhaften Verhalten begegnet sind und wann wir vielleicht selbst schon einmal versagt haben.

Dabei wollen wir darüber nachdenken, welche verschiedenen Formen der Schuld es geben kann, z. B. ob man für eine Tat verantwortlich ist oder nicht, ob sie vorsätzlich oder fahrlässig begangen wurde.

Am besten bilden wir einen Sitzkreis und überlegen uns Beispiele und diskutieren darüber (Situationen in der Klasse, im Freundeskreis oder auch im Alltag – wo immer wir mit anderen Menschen zusammentreffen).

2. Brudermord im Altwasser

Das sind grünschwarze Tümpel, von Weiden überhangen, von Wasserjungfern übersurrt, das heißt: wie Tümpel und kleine Weiher, und auch große Weiher, ist es anzusehen, und es ist doch nur Donauwasser, durch Steindämme abgesondert vom großen, grünen Strom, Altwasser, wie man es nennt. Fische gibt es im Altwasser, viele, Fischkönig ist der Bürstling, ein Raubtier mit zackiger, kratzender Rückenflosse, mit bösen Augen, einem gefräßigen Maul, grünschwarz schillernd wie das Wasser, darin er jagt. Und wie heiß es hier im Sommer ist! Die Weiden schlucken den Wind, der draußen über dem Strom immer geht. Und aus dem Schlamm steigt ein Geruch wie Fäulnis und Kot und Tod. Kein besserer Ort ist zu finden für Knabenspiele als dieses gründämmernde Gebiet. Und hier geschah, was ich jetzt erzähle.

Die drei Hofberger Buben, elfjährig, zwölfjährig, dreizehnjährig, waren damals im

August jeden Tag auf den heißen Steindämmen, hockten unter den Weiden, waren Indianer im Dickicht und Wurzelgeflecht, pflückten Brombeeren, die schwarzfeucht, stachlig geschützt, glänzten, schlichen durch das Schilf, das in hohen Stangen wuchs, schnitten sich Weidenruten, rauften, schlugen auch wohl einmal dem Jüngsten, dem Elfjährigen, eine tiefe Schramme, daß sein Gesicht rot beschmiert war wie eine Menschenfressermaske, brachen wie Hirsche und schreiend durch Buschwerk und Graben zur breitfließenden Donau vor, wuschen den blutigen Kopf, und die Haare deckten die Wunde dann, und waren gleich wieder versöhnt. Die Eltern natürlich durften nichts erfahren von solchen Streichen, und sie lachten alle drei und vereinbarten wie immer: „Zu Hause sagen wir aber nichts davon!"

Die Altwässer ziehen sich stundenweit der Donau entlang. Bei einem Streifzug einmal waren die drei tief in die grüne Wildnis vorgedrungen, tiefer als je zuvor, bis zu einem Weiher, größer, als sie je einen gesehen hatten, schwarz der Wasserspiegel, und am Ufer lag ein Fischerboot angekettet. Den Pfahl, an dem die Kette hing, rissen sie aus dem schlammigen Boden, warfen Kette und Pfahl ins Boot, stiegen ein, ein Ruder lag auch dabei, und ruderten in die Mitte des Weihers hinaus. Nun waren sie Seeräuber und träumten und brüteten wilde Pläne. Die Sonne schien auf ihre bloßen Köpfe, das Boot lag unbeweglich, unbeweglich stand das Schilf am jenseitigen Ufer, Staunzen fuhren leise summend durch die dicke Luft, kleine Blutsauger, aber die abgehärteten Knaben spürten die Stiche nicht mehr.

Der Dreizehnjährige begann, das Boot leicht zu schaukeln. Gleich wiegten sich die beiden anderen mit, auf und nieder, Wasserringe liefen über den Weiher, Wellen schlugen platschend ans Ufer, die Binsen schwankten und wackelten. Die Knaben schaukelten heftiger, daß der Bootsrand bis zum Wasserspiegel sich neigte und das aufgeregte Wasser ins Boot hineinschwappte. Der Kleinste, der Elfjährige, hatte einen Fuß auf den Bootsrand gesetzt und tat jauchzend seine Schaukelarbeit. Da gab der Ältere dem Zwölfjährigen ein Zeichen, den Kleinen zu schrecken, und plötzlich warfen sie sich beide auf die Bootsseite, wo der Kleine stand, und das Boot neigte sich tief, und dann lag der Jüngste im Wasser und schrie und ging unter und schlug von unten gegen das Boot und schrie nicht mehr und pochte nicht mehr und kam auch nicht mehr unter dem Boot hervor, unter dem Boot nicht mehr hervor, nie mehr.

Die beiden Brüder saßen stumm und käsegelb auf den Ruderbänken in der prallen Sonne, ein Fisch schnappte und sprang über das Wasser heraus. Die Wasserringe hatten sich verlaufen, die Binsen standen wieder unbeweglich, die Staunzen summten bös und stachen. Die Brüder ruderten das Boot wieder ans Ufer, trieben den Pfahl mit der Kette wieder in den Uferschlamm, stiegen aus, trabten auf dem langen Steindamm dahin, trabten stadtwärts, wagten nicht, sich anzusehen, liefen hintereinander, achteten der Weiden nicht, die ihnen ins Gesicht schlugen, nicht der Brombeersträucherstacheln, die an ihnen rissen, stolperten über Wurzelschlangen, liefen, liefen und liefen.

Die Altwässer blieben zurück, die grüne Donau kam, breit und behäbig, rauschte der Stadt zu, die ersten Häuser sahen sie, sie sahen den Dom, sie sahen das Dach des Vaterhauses. Sie hielten, schweißüberronnen, zitterten verstört, die Knaben, die Mörder, und dann sagte der Ältere wie immer nach einem Streich: „Zu Hause sagen wir aber nichts davon!" Der andere nickte, von wilder Hoffnung überwuchert, und sie gingen, entschlossen, ewig zu schweigen, auf die Haustüre zu, die sie wie ein schwarzes Loch verschluckte.

Georg Britting

Schuldig oder nicht. Bevor wir darüber diskutieren, können wir eine spontane (geheime) Abstimmung veranstalten. Anschließend wollen wir eine Gerichtsverhandlung durchführen; dazu bilden wir drei Gruppen:

1. **Ankläger,** die Argumente für die Schuld vorbringen
2. **Verteidiger,** die Argumente gegen die Schuld vorbringen
3. **Richter,** die über die verschiedenen Argumente beraten und entscheiden sollen

Vor der Gerichtsverhandlung beraten alle Gruppen unabhängig voneinander.

3. Das neue Geschirr

Was meint ihr: Soll man Schuld zugeben, auch wenn es Konsequenzen hat? – Dazu folgende Geschichte:

In einem Schullandheim gab es neues Frühstücksgeschirr. Es waren schöne bunte Porzellanteller und Tassen. Jeden Morgen durfte ein anderes Kind den Frühstückstisch abräumen und das Tablett mit dem Geschirr in die Küche bringen.

An diesem Tage wäre Ute an der Reihe gewesen, doch Johannes, dem das Geschirr besonders gut gefiel, wollte es selber in die Küche bringen. Als Ute das Tablett aufhob, wollte er sie wegstoßen, traf aber aus Versehen das Tablett. Zwei Teller fielen auf den Boden und zerbrachen. Johannes und Ute schauten sich erschrocken an. Dann sahen sie sich nach der Lehrerin um: doch diese hatte den Vorfall nicht bemerkt.

Was meint ihr, wie werden die beiden sich verhalten?
Es gibt verschiedene Alternativen, wie die Kinder sich verhalten können. Sucht euch unter den folgenden Möglichkeiten eine aus, diskutiert sie und spielt sie vor. Dazu bilden wir wieder Arbeitsgruppen.

1. Ute läuft zur Lehrerin und klagt Johannes an.
2. Beide räumen hastig die Scherben in ihre Taschen. Sie hoffen, daß der Verlust der Teller nicht bemerkt wird.
3. Johannes klagt Ute vor allen an, sie habe die Teller zerbrochen.
4. Beide gehen zur Lehrerin und nehmen die Schuld auf sich in der Hoffnung, daß sie nicht zu sehr schimpft.
5. Johannes nimmt die Schuld auf sich.
6. Ute nimmt die Schuld auf sich, weil ihr Johannes in seinem Schrecken leid tut.

4. Verantwortlich

„Ich bin für alles, was geschehen ist, allein verantwortlich.“ Dies erklärte bei der polizeilichen Vernehmung der 21jährige Anführer einer Diebesbande, der außer ihm 12 Jugendliche angehörten. Sie hatten im Laufe von 4 Monaten auf ihren nächtlichen Unternehmungen bei Einbrüchen in Geschäften und Privathäusern Waren und Wertgegenstände im Werte von fast 50000 DM erbeutet.

Ein Chemielaborant stellte sich freiwillig der Polizei und gestand, die Lagerhalle eines Chemiewerkes in Brand gesetzt zu haben. Es entstand dabei ein Sachschaden von 400000 DM. Als Motiv gab der junge Mann an, er sei über den Betrieb verärgert gewesen, bereue nun aber seine unüberlegte Tat.

Die Schuld in diesen Kurzmeldungen bezieht sich auf Gesetzesübertretungen und ist deshalb eindeutig festzulegen.

1 Wir wollen in Zeitungen und Zeitschriften nach ähnlichen Beispielen suchen.

2 Überlegt, wie ihr selbst auf solche Gesetzesübertretungen reagiert. Welche anderen Reaktionen sind euch bekannt? Reicht es aus, die Schuldfrage zu klären?

3 Untersucht Zeitungsmeldungen über Gerichtsurteile und diskutiert den Zusammenhang von Straftat und Verurteilung. Ist die Bestrafung eines Straftäters Rache? Warum kann man nicht einfach „vergeben"? Sucht Argumente für und gegen eine Bestrafung.

Ihr könnt auch den Text auf S. 41 ff. heranziehen.

5. Schulderfahrungen

Die in den folgenden Geschichten beschriebenen Personen haben nicht gegen Gesetze verstoßen. Trotzdem fühlen sie sich schuldig.
Überlege, in welcher Weise diese Schulderfahrung ihr Leben beeinflussen wird. Denke darüber nach, wie du dich verhalten würdest, wenn du selbst in ähnliche Situationen geraten würdest.

Was kannst denn du dafür?

Die Gerichtsverhandlung ist zu Ende. Der wegen fahrlässiger Tötung angeklagte Lastwagenfahrer Bernd Duffner verläßt mit seinem Freund Erich Hauser das Gerichtsgebäude. „Mensch Bernd", meint Erich, „das ist ja prima gegangen. Klarer Freispruch. War auch nicht anders zu erwarten. Jetzt holen wir deinen einbehaltenen Führerschein ab, und dann trinken wir zur Feier des Tages einen." „Ich mag nicht", murmelt Bernd. „Warum denn nicht?" fragt Erich erstaunt, „du hast doch allen Grund dazu." „Kann sein", erwidert Bernd, „aber mir ist nicht danach zumute. Weißt du, trotz des Freispruchs werde ich so etwas wie ein Schuldgefühl nicht los." „Das verstehe ich nun wirklich nicht", redet Erich auf seinen Freund ein. „Alle Zeugen haben doch ausgesagt, daß dich an dem Tod des kleinen Mädchens keine Schuld trifft. Was kannst denn du dafür, daß dir das Kind in deinen Lastwagen gelaufen ist?" „Ja, ja", sagt Bernd, „alles recht und gut. Nach den gesetzlichen Bestimmungen bin ich zwar schuldlos, aber ich höre immer noch das fassungslose Weinen der Mutter." Erich schüttelt verständnislos den Kopf: „Aber das Gericht hat doch festgestellt, daß du nicht fahrlässig gehandelt hast."

Es wird nichts passieren

Oberstudienrat Weigand war vor Michael stehengeblieben: „Begleiten Sie bitte Holger nach Hause. Ich sorge mich um ihn. Er macht einen sehr niedergeschlagenen Eindruck."

Sie waren zum letzten Mal in der Schule. Die Prüfung lag hinter ihnen. Einer hatte es nicht geschafft: Holger. Für ihn gab es kein Zeugnis.

Holger versuchte zu scherzen, als er mit Michael über den Schulhof ging. Am Stadtpark blieb er stehen: „Ist es wirklich nötig, daß du diesen Umweg machst?"

„Ich habe es Herrn Weigand versprochen."

„Typischer Lehrereinfall. Bitte laß mich jetzt allein. Du kannst ohne Sorge sein. Es wird nichts passieren."

Vor dem Kaiserhof trennten sie sich.

Am nächsten Tag war in der Zeitung zu lesen: 17jähriger machte seinem Leben wegen nicht bestandener Prüfung ein Ende.

6. Vergeltung oder Vergebung

Wie sollen wir auf die Erfahrung von Schuld reagieren? Vergeltung und Vergebung sind mögliche Antworten. Allerdings stellen sie ganz verschiedene Reaktionen dar.

Vergeltung will Gleiches mit Gleichem vergelten. Der Gedanke der Rache steht im Hintergrund. „Aug um Auge, Zahn um Zahn" so lautet das alte Gesetz der Rache. Damit wird Schuld durch neue Schuld beantwortet. Eine Kette der Gewalt ist die Folge.

Vergebung dagegen zielt darauf ab, einer Schuld mit Großmut zu begegnen. Das verlangt einen hohen menschlichen Anspruch. „Ich verzeihe dir", das bedeutet Verzicht auf Rache und Vergeltung.

Volkers Go-cart

Das Problem: Wir haben alle den Wunsch, uns an jemandem zu rächen, der uns ein Unrecht angetan hat. Dieser Impuls kann uns zu zerstörerischem und ungerechtem Handeln führen.

Hat euch jemand schon einmal etwas so Gemeines und Ungerechtes angetan, daß ihr ihn unbedingt bestrafen wolltet, um an ihm Rache zu nehmen? Überlegt euch, wie folgende Geschichte enden könnte.

Volkers Vater war so wütend, daß Volker Angst haben mußte. Er war das nämlich nicht gewohnt von seinem Vater, der sonst nur schimpfte, wenn etwas ganz Schlimmes passierte. Aber gerade das war nun der Fall. Sein Vater war eben erst nach Hause gekommen und mußte Volkers neuen Go-cart aus dem Weg schieben, bevor er das Auto in die Garage fahren konnte. Dabei hatte er festgestellt, daß ein Rad am Go-cart so verbogen war, daß man nicht mehr damit fahren konnte.

„Erst drei Wochen hast du den Go-cart und schon hast du einen solchen Blödsinn angestellt! Jetzt müssen wir ein neues Rad kaufen! Wie hast du das bloß gemacht?"

„Aber Papa, ich verstehe das gar nicht. Ich habe heute Nachmittag damit gespielt, und da war noch alles in Ordnung!"

„Das ist wohl von selber passiert, was?" fragte sein Vater voller Zorn. Er glaubte nicht an Volkers Unschuld – er ärgerte sich, daß sein Sohn mit Ausreden kam.

„Ich bin auf jeden Fall nicht dafür zuständig. Wie und wo du ihn reparieren läßt und was es kostet, ist nun deine Sache – ich will nichts mehr mit deinem Go-cart zu tun haben!"

Volker war ganz verzweifelt und ging heulend auf sein Zimmer. Er hatte das wirklich nicht getan; er ging immer sehr sorgsam mit seinem neuen Fahrzeug um. Und wenn andere Kinder damit fuhren, paßte er auf, daß sie keine Dummheiten machten. Plötzlich fiel ihm ein, wer das Rad kaputtgemacht haben konnte. Vor einigen Tagen hatte Hannes mit dem Go-cart gespielt. Auf einmal hatte Volker gesehen, wie er immer wieder auf eine Mauer losfuhr und „Unfälle baute". Volker hatte ihm den Go-cart sofort weggenommen und verboten, damit zu spielen. Hannes war sehr wütend gewesen.

Volker vermutete nun, daß Hannes in seiner Abwesenheit mit dem Go-cart gespielt hatte. Er zog sich schnell eine Jacke an und lief über die Straße zu dem Haus, wo Hannes wohnte. Er fand ihn in der Garage, wo er mit seinem Hund Bessy spielte und ein bißchen an seinem Fahrrad herumputzte. Als er Volker erblickte, bekam Hannes sofort einen roten Kopf. Da wußte Volker, daß seine Vermutungen richtig gewesen waren.

„Hannes, hast du mein Go-cart kaputtgemacht?"

Hannes antwortete sehr unsicher:

„Ich habe gar kein Interesse daran, mit deinem blöden Go-cart zu spielen!"

„Hannes, hör' doch zu", bat Volker, „wenn du meinem Vater sagst, daß du es warst, lasse ich dich immer mit meinem Go-cart spielen. Wenn du das nicht tust, muß ich die Reparatur selber bezahlen, und es dauert Wochen, bis ich genug Geld habe dafür."

„Das ist dein Pech", meinte Hannes kurz und wandte sich ab.

Volker ging langsam weg. Er fühlte sich sehr enttäuscht. Hannes' Hund lief neben ihm her.

„Du bist wenigstens lieb", sagte Volker zu ihm und strich ihm über den Kopf.

Als er ans Gartentor kam, lief der Hund noch immer neben ihm her. Volker öffnete das Tor und überlegte: Wenn ich den Hund jetzt mitnehme und in den Garten nebenan hineinlasse, wird der alte Herr Wittiger wütend, und Hannes hat womöglich noch mehr Ärger als ich jetzt. Schon einmal hatte Bessy Herrn Wittigers Pflanzen und Blumenbeete zerstört, und Herr Wittiger hatte gedroht, Hannes' Eltern bei der Polizei anzuzeigen, falls sich das wiederholen sollte. Die Eltern wiederum erklärten ihrem Sohn, daß sie seinen Hund verkaufen müßten, wenn er nicht auf ihn aufpassen könne. Hannes hing sehr an seinem Hund.

Das werde ich ihm zeigen, dachte Volker. Jemand, der so gemein sein kann, verdient so etwas! Er schaute sich um: Niemand war auf der Straße. Er brauchte nur das Tor aufzumachen und einen Stein in den Garten zu werfen. Bessy würde hinterherjagen. Sollte er es tun oder nicht? *Shaftel/Shaftel-Weinmann*

Wenn ihr in Gruppen diskutieren wollt, könnt ihr anschließend eure Lösung vorspielen. Sicherlich gibt es verschiedene Ergebnisse, die ihr dann miteinander vergleichen könnt.

7. Eine Kette von Haß und Gewalt

Vor kurzem wurden in unseren Zeitungen folgende beide Vorfälle berichtet:

Ein Mann im Alter von 52 Jahren hat einen Jugendlichen (15) mit einem Jagdgewehr erschossen, weil dieser mehrfach Äpfel vom Baum seines Gartens gepflückt hatte. Der Mann gab bei der Vernehmung zu, er wollte dem Jugendlichen einen gehörigen Denkzettel verpassen. Dieser sei von ihm bereits einmal gewarnt worden. Der Jugendliche habe dabei nur hämisch gegrinst, was ihn furchtbar aufgeregt habe. Daraufhin habe er, so erklärte der Mann, nur darauf gewartet, bei nächster Gelegenheit sich an dem Jugendlichen zu rächen. Deshalb habe er sein Jagdgewehr schußbereit gehalten. Als der Jugendliche erneut aufgetaucht sei, habe er ohne Warnung geschossen.

In Norddeutschland hat während einer Gerichtsverhandlung eine Mutter den angeklagten Mörder ihres Kindes von der Zuschauertribüne aus erschossen. Der Angeklagte hatte das Kind entführt, sich an ihm vergangen und es anschließend getötet. Die Mutter, die sich ohne Gegenwehr von der Polizei festnehmen ließ, gab zu Protokoll, sie habe den Gedanken nicht mehr ertragen können, daß der Mörder ihrer Tochter weiterleben könne, während sie selbst tagtäglich den Verlust ihres Kindes spüren müsse.

1 Könnt Ihr ein solches Verhalten, wie es in den Berichten beschrieben ist, verstehen?
2 Überlegt, wie die Kette von Haß und Gewalt zerbrochen werden kann. Was würdet Ihr dem Mann und der Mutter sagen?
3 Die Beispiele sind gewiß sehr extrem. Aber sie verdeutlichen einen Sachverhalt: Was geschehen kann, wenn erlittenes Unrecht nicht wiedergutgemacht oder verziehen werden kann. Im Alltag gibt es oft Situationen, in denen Rache geübt wird, auch wenn es nicht immer so tragisch zugehen muß. Überlegt Euch, wann Ihr selbst einmal Rache erlebt (oder geübt) habt. – Sprecht über einzelne Beispiele (in Gruppen) und überlegt anschließend, wie man Rache und Vergeltung überwinden kann.
4 Überlegt, welche unterschiedlichen Einstellungen und Verhaltensweisen zur Vergeltung und zur Vergebung gehören. Stellt sie einander gegenüber, z. B.

Vergeltung:	**Vergebung:**
Rache	Verzeihung

8. Vergeltung als eine Form aggressiven Verhaltens

Die folgenden drei Berichte geben über aggressive Handlungen Auskunft

1 Untersucht sie unter folgender Fragestellung:

a Welches sind die Ursachen, die zur Anwendung von Gewalt geführt haben?

b Welche Folgen hatte die Anwendung von Gewalt?

c In welchem Verhältnis standen die Folgen zu dem Anlaß der Gewaltanwendung?

2 Nehmt zum Geschehen Stellung und begründet eure Meinung.

(Wir können Arbeitsgruppen für jedes der drei Beispiele bilden und anschließend über die Ergebnisse berichten.)

14jähriger erstach seine Klassenkameradin

EK Großenkneten/Oldenburg. „Ja – ich habe Dorrit getötet. Ich tat es aus Rache, denn sie hat mich immer geärgert." Ohne ein äußeres Zeichen von Reue und mit ruhiger Stimme gestand gestern morgen vor Beamten der Oldenburger Staatsanwaltschaft und der Kriminalpolizei der 14 Jahre alte Schüler Herwig K. aus Großenkneten-Hollen, am Montagabend kurz vor 22 Uhr seine gleichaltrige Klassenkameradin Dorrit A. aus Großenkneten mit einem Messer erstochen zu haben. (Wir berichteten in einem Teil unserer gestrigen Ausgabe bereits darüber.) Der als Musterschüler geltende 14jährige hatte die Tat, wie die Ermittlungen ergaben, mit Überlegung geplant und eiskalt ausgeführt.

Es war ein entsetzliches Bild, das sich am späten Montagabend kurz nach 22 Uhr den wenigen Passanten in der Bahnhofstraße in Großenkneten bot: Aus dem von der Ortshauptstraße abzweigenden Weißdornweg taumelte blutüberströmt ein junges Mädchen, dessen Hilfeschreie immer schwächer wurden und das schließlich vor der Raiffeisenbank sterbend zusammenbrach. Dorrit A., 14 Jahre alt, war einem Mordanschlag zum Opfer gefallen, den der jugendliche Täter schon seit Monaten geplant und an diesem Abend mit einer Konsequenz ausgeführt hatte, die selbst die abgebrühtesten Kriminalisten noch die Köpfe schütteln ließ.

Das Motiv dieser Bluttat war, wie aus den Angaben des Täters hervorgeht, ein in den letzten Jahren ständig größer gewordenes Haßgefühl des 14jährigen gegen seine Klassenkameradin Dorrit. Beide kannten sich schon seit Jahren, beide besuchten die 9. Klasse der Mittelpunktschule Großenkneten. Doch alle Versuche von Herwig, mit der hübschen Dorrit ein freundschaftliches Jugendverhältnis zu beginnen, sind nach seinen Aussagen fehlgeschlagen. Das Mädchen ließ ihn wissen, daß sie mit ihm nichts zu tun haben wolle, sie soll ihn gehänselt und verschiedentlich sogar mit dem Ausdruck „Doofer" gereizt haben. „Doof" im Sinne dieses volkstümlichen Wortes aber war Herwig K. ganz und gar nicht, sein letztes Schulzeugnis weist nicht weniger als zehn „Zweien" und eine „Eins" auf.

Vor etwa 14 Tagen erhielt Dorrit einen Brief von einem Unbekannten, in dem sie aufgefordert wurde, zu einem Stelldichein bei einem Hochsitz in einem Großenknetener Waldstück zu kommen. Das Mädchen nahm an, daß dieser Brief von Herwig stammte und schrieb auf die Rückseite der Aufforderung ihre Antwort, die mit den Worten „Lieber Mr. X! Ich verzichte auf ihre Bekanntschaft . . .", begann und mit der Bemerkung endete: „Ich weiß wer Sie sind. Sie sind mir eklig!" Während der Schulstunde praktizierte sie diese Ablehnung unbemerkt in die Schultasche von Herwig, der, wie er erklärte, nunmehr endgültig entschlossen war, seine Mitschülerin zu töten.

Zu diesem Zweck hatte er sich bereits Weihnachten 1969 ein feststehendes Fahrtenmesser gekauft. Weiterhin besorgte er sich ein Plastikseil, das er am Montagabend schon zwei Stunden vor der Tat im Weißdornweg als „Stolperseil" ausprobierte. Er wußte, daß Dorrit an diesem Tag einen Gruppenunterricht im Evangelischen Gemeindezentrum besuchen und auf dem Heimweg an der vorbereiteten Mordstelle vorbeikommen würde. Sicherheitshalber fuhr er mit seinem Fahrrad auch zum Gemeindehaus, ging kurz hinein und wartete dann in der Nähe der Schule, bis das Mädchen mit zwei in Oldenburg zur Schule gehenden Freundinnen aus der Gruppe kam. Herwig K. setzte sich auf sein Fahrrad und radelte zum Tatort, wo er, in der einen Hand das Fahrtenmesser, in der anderen ein Ende des Plastikseils, dessen anderes Ende er an einen Zaunpfahl geknüpft hatte, seinem Opfer auflauerte.

Als Dorrit A. sich von ihren Freundinnen verabschiedet hatte, bog sie mit ihrem Fahrrad von der erleuchteten Bahnhofstraße in den dunklen Weißdornweg ein. Nach etwa 50 Metern prallte sie mit dem Rad auf das gespannte Seil und mußte abspringen. In diesem Moment stürzte sich der 14jährige auf das Mädchen und wollte sie von hinten erstechen. Dorrit drehte sich jedoch plötzlich um – und das Messer fuhr ihr in die Brust. Trotz dieser schweren Verwundung rannte sie laut schreiend in Richtung Ortsmitte verfolgt von dem Täter, der sie nach 30 Metern einholte und ihr das Messer in den Rücken stieß. Dann ließ er von der Schülerin ab, stieg auf sein Fahrrad und radelte nach Hause.

Vor seinem Elternhaus in Großenkneten-Hollen wartete er so lange, bis seine Mutter, die sich wegen des langen Ausbleibens ihres Jungen Sorgen gemacht hatte und gegen 23 Uhr mit einem Wagen in den Ort fuhr, den Hof verlassen hatte. „Meine Hose war voller Blut, deshalb wollte ich flüchten und mich verstecken", sagte der Jugendliche bei seiner Vernehmung. Er ging in sein Zimmer, packte seine Luftpistole mit Munition und eine Sturmlaterne ein, holte sich ein Paar Gummistiefel und aus der Küche Graubrot und Honigkuchen. Wenig später war er schon mit dem Fahrrad zu einem seiner „Spielverstecke", einer Feldscheune, unterwegs. [. . .]
Am Dienstag gegen 5 Uhr fand die Polizei dann in einer Feldscheune Anzeichen dafür, daß Herwig K. hier übernachtet haben mußte. Eine Stunde später, es war bereits ganz hell geworden, sahen zwei Beamte von ihrem Auto aus, wie ein Junge über die Wiesen und Äcker bei Amelhausen stolperte. Sie rannten ihm nach, stellten ihn – und hatten den Täter! [. . .]

Fahrgast hinterließ ein Trümmerfeld, weil ihn ein Bus nicht mitnahm

Führerlos rollte der Nachtautobus der Linie C über die Kreuzung der Wiener Ringstraße, rammte krachend drei parkende Personenwagen und landete dann in klirrendem Scherbenregen in der Auslage eines Damenmodegeschäftes. Teilnahmslos blickten die Schaufensterpuppen von außen durch die Windschutzscheibe über den leeren Fahrersitz auf den blutend im Mittelgang liegenden Fahrer Oskar Schilab (38) und den seelenruhig dasitzenden einzigen Fahrgast Karl Emminger (38).

Alles hatte sich in Sekundenschnelle und zumindest für Fahrer Schilab völlig unerwartet ereignet. Seit Jahren steuert er zuverlässig die Nachtbusse der Wiener städtischen Verkehrsbetriebe. So auch in dieser Sonnabendnacht. Sein Bus war leer, bis an der Haltestelle vorm Ring ein einzelner Mann zustieg. Da plötzlich begannen sich die Ereignisse zu überschlagen.

Oskar Schilab: „Es war wie ein Alptraum! Zuerst versetzte mir der Fremde von hinten zwei Fausthiebe an den Kopf, dann einen Handkantenschlag an die Halsschlagader. Das raubte mir beinahe die Besinnung. Dann zerrte mich der bärenstarke Mann mit beiden Armen vom Fahrersitz und schleuderte mich ins Wageninnere."

Schilab und auch die bald eintreffende Polizei glaubten zunächst an einen Raubüberfall. Aber die Fahrgeldkasse war unberührt, und der rabiate Täter hatte friedlich auf die Polizei gewartet: der einzige Fahrgast dieser Nacht, der Elektromonteur Karl Emminger.

Bereitwillig, ja befriedigt von seiner Tat,

packte er aus. Eine ganze Weile habe er eine Haltestelle vorher auf den Bus gewartet, und als der dann endlich kam, sei der Fahrer durchgefahren, ohne ihm die Tür zu öffnen. Wutentbrannt nahm Emminger per Taxe die Verfolgung auf, holte den Bus an der nächsten Haltestelle ein, und was dann geschah hatte Fahrer Schilab bereits geschildert.

Emminger ließ sich anstandslos festnehmen und sagte lächelnd: „Ich mußte meinem Ärger unter allen Umständen Luft machen. Ich war wütend, weil mich der Fahrer nicht einsteigen ließ. Das machen die Busfahrer häufig so, auch am Tage. Jetzt habe ich wenigstens einem von ihnen einen Denkzettel verpaßt."

Schilab kam mit seinem blutigen „Denkzettel", den er für völlig unberechtigt hält, ins Krankenhaus. Emminger ins Polizeigefängnis. Den Elektromonteur wird dieser drastische nächtliche Racheakt noch sehr teuer zu stehen kommen.

Außer seiner Strafe muß er für den Schaden aufkommen, den der führerlose Bus angerichtet hat: 180000 Schilling (rund 30000 Mark). Er kann von Glück sagen, daß der Bus keine Nachtbummler überrollt hat.

Die Wiener Busfahrer haben inzwischen „Sicherheit vor dem Gangsterunwesen" gefordert. Was sich nachts auf Wiens Straßen abspielt, ist für sie alles andere als ein Walzertraum.

Blutige Fußball-Schlacht: Ein Tor – und 44 Tote!

Sie wollten Rache nehmen: die elf Spieler des türkischen Fußballvereins Sivas Sport und 5000 fanatische Schlachtenbummler. Rache für eine Niederlage im vergangenen Jahr. Und Rache dafür, daß damals zehn fußballbesessene Anhänger aus Sivas von siegestrunkenen Zuschauern aus Kayseri krankenhausreif geprügelt worden waren. Deshalb fuhren 5000 Männer aus Sivas in die Nachbarstadt Kayseri. Bereit, ihrer Elf zuzujubeln und den Gegner auszupfeifen. Bewaffnet mit Messern, Ketten, Knüppeln und kleinen Säcken mit Steinen.

Schon am Vorabend des Spiels zogen die Leute aus Sivas lärmend durch die Stadt des Gegners. Durch eine Stadt, die glaubt, etwas Besseres zu sein als Sivas. Durch eine Stadt, die siegessicher war. Die Männer aus Sivas tranken. Bis zum Anpfiff des Spiels.

16000 Fanatiker brüllten für Kayseri, 5000 johlten für Sivas. Die beiden Mannschaften kämpften hervorragend. Bis zur 20. Minute.

Da donnerte der Halbstürmer Oktay Aktan des FC Kayseri den Ball ins gegnerische Tor. „Tor!" jubelten 16000, umarmten untereinander, tanzten auf den Rängen. „Abseits!" brüllten die Männer aus Sivas. Verzweifelt, voller Haß. Der Schiedsrichter deutete auf die Spielfeldmitte: Tor. Sekunden später war das Stadion ein Schlachtfeld.

Fanatiker beider Seiten zückten Messer, schwangen Knüppel und schlugen mit Eisenketten um sich. Aus dem Spiel auf dem grünen Rasen wurde ein blutiger Kampf auf den Rängen. Eine Panik brach aus.

Tausende drängten zu den verschlossenen Ausgängen. Einige wurden umgestoßen, zu Tode getrampelt. Hunderte prallten in ihrer Todesangst gegen das Schutzgitter rund um das Spielfeld, walzten es nieder, kamen zu Fall, schrien. Ein Mann aus Sivas wurde niedergestochen, ein anderer erschlagen, einer aus Kayseri erwürgt. 44 Tote und 600 Verletzte forderte das Blutbad. Forderten ein umstrittenes Tor und die Hysterie einiger Fußballfanatiker. 38 Schlachtenbummler aus Sivas kehrten nicht in ihre Heimatstadt zurück.

9. Vergebung im zwischenmenschlichen Bereich

Auf die Schuld von Menschen können wir unterschiedlich reagieren:
1 Vergleicht die verschiedenen Verhaltensweisen zur Schuld eines Menschen in folgenden Geschichten.
2 Überlegt, welche Konsequenzen das Verhalten der Menschen für den Schuldigen hat.

Ent-schuldigung

Sammle die Federn wieder ein!

In einer Stadt lebten zwei Kaufleute. Der eine war beliebt und hatte viele Kunden, zu dem anderen hatten die Leute kein rechtes Vertrauen. Das ärgerte diesen. Darum fing er an, seinen Konkurrenten bei allen Leuten schlechtzumachen. „Seine Waage stimmt nicht", sagte er, „außerdem verkauft er fehlerhafte Ware. Er betrügt seine Kunden." Das war alles erlogen, aber mit der Zeit glaubten die Leute diese Gerüchte doch. Nach und nach verlor der ehemals so erfolgreiche Kaufmann alle seine Kunden.

Da schlug dem Verleumder das Gewissen. Er ging zu dem Konkurrenten und sagte: „Ich habe unwahre Dinge über dich erzählt. Darum kaufen die Leute nicht mehr bei dir. Aber es tut mit leid. Verzeih mir. Ich will alles wiedergutmachen." Da nahm der andere ein Deckbett und forderte den Verleumder auf, mitzukommen. Er führte ihn auf den höchsten Kirchtum der Stadt. Dort oben schnitt er das Deckbett auf, daß alle die Tausende von Federn weithin über die Stadt flatterten. „Nun geh und sammle die Federn wieder ein!" forderte er den Verleumder auf. Der sah ihn erstaunt an. „Das ist doch ganz unmöglich", sagte er. Der Verleumdete erwiderte: „Genausowenig kannst du alle die Lügen zurücknehmen, die du über mich verbreitet hast."

Die Apfelsinen

Es war nachmittags. Sibille kam vom Spielplatz zurück. In der linken Hand trug sie ihr Sandeimerchen. Müde schlenkerte sie es hin und her. Sibille hatte von der Sonne und vom Sand einen trockenen Mund bekommen. Auf ihrem Weg mußte sie an einem kleinen Geschäft vorbei. Dort kaufte Mutter immer Obst und Gemüse, Sibille dachte an Apfelsinen. Apfelsinen aß sie am liebsten; Apfelsinen waren gut gegen Durst. Gestern erst hatte Sibille nach einer Apfelsine gefragt. „Sie sind zu teuer", hatte Mutter gesagt, „warte noch ein wenig! Bald werden sie wieder billiger." Anita hatte auf dem Spielplatz eine Apfelsine gegessen. Während der Saft über Anitas Finger getropft war, hatte Sibille zugeschaut. Andere Kinder bekamen Apfelsinen; Sibille fand meistens nur ein Brot in ihrem Täschchen.

Beim Kaufmann gab es Apfelsinen, große, mit einer glatten Haut, ohne Kerne. Sie standen sogar draußen vor dem Laden, zwei hohe Berge. Auf einem lagen eingewickelte Apfelsinen, auf dem anderen solche ohne Papier. Sibille konnte die beiden Berge schon von weitem sehen; die Apfelsinenfarbe war kräftiger als alle anderen Farben; neben ihr stach das Gelb der Bananen recht ab.

Sibille blickte auf die Apfelsinen. Nun spürte sie ihren Durst doppelt. Sie vergaß

weiterzugehen. So stand sie vor dem Laden und starrte auf die lockenden Apfelsinen. Ganz ohne Netz lagen sie dort in einer offenen Kiste vor ihr. Niemand würde es bemerken, wenn eine fehlte.

Sibille schaute durch das Schaufenster. Der Laden war leer. Sie guckte nach rechts und nach links. Auch auf der Straße sah sie niemand. Sie überlegte; sie schüttelte den Kopf; sie schmeckte; sie beugte sich vor; sie zögerte – sie griff: eine Apfelsine fiel in das Sandeimerchen.

Sibille drehte sich um. Sie wollte rasch davongehen.

Hinter ihr stand der Kaufmann. „Guten Tag, mein Fräulein!“, sagte er. Dabei schaute er Sibille in die Augen.

Sibilles Augen waren weit aufgerissen. Sie konnte nicht weitergehen; sie konnte nicht reden.

Auch der Kaufmann sagte nichts.

Ohne hinzuschauen, faßte Sibille in das Sandeimerchen und reichte die Apfelsine dem Kaufmann.

Der Kaufmann nahm die Apfelsine und suchte in der Tasche nach einem Messer. Als er das Messer gefunden hatte, hockte er sich neben Sibille. Ganz langsam schnitt er mit dem Messer die Schale auf. Er schnitt einen Stern – einen Stern, wie ihn die Mutter ihr nur dann schnitt, wenn sie sehr viel Zeit hatte. Niemand sagte ein Wort.

Als der Kaufmann mit der Arbeit fertig war, gab er die Apfelsine an Sibille zurück.

Sibille wollte sie nicht nehmen, sie schämte sich so sehr.

Aber der Kaufmann drückte ihr die geschälte Apfelsine in die Hand. Dann sagte er: „Was wir beide jetzt getan haben, das erzählen wir niemand. Von dieser Apfelsine darfst du deiner Mutter sagen, ich hätte sie dir geschenkt."

Er stand auf, nickte Sibille zu und ging wieder in seinen Laden zurück.

Hans Peter Richter

Verzeiht

Müde geht eine alte Frau durch den Stadtpark. Ihr Weg führt sie an einem Kinderspielplatz vorüber. Dort sind viele Kinder. Die meisten laufen barfuß. Vergnügt tummeln sie sich auf einem Sandhaufen. Ein Wärter steht in der Nähe und paßt auf.

Die alte Frau schaut den Kindern zu. Plötzlich bückt sie sich, hebt etwas auf und verbirgt es unter der Schürze. Gleich ist der Wärter an ihrer Seite und fragt: „Was haben Sie unter Ihrer Schürze versteckt?" Die Frau ist ein wenig verwirrt. Sie kann nicht sogleich antworten. Der Wärter denkt: Sie hat vielleicht einen Geldbeutel gefunden und will ihn nicht abgeben. Er droht: „Ich muß Sie mitnehmen, wenn Sie nicht sofort sagen, was Sie unter der Schürze haben."

Da entfaltet die Frau langsam ihre Schürze und zeigt dem Wärter einen Glasscherben. Erstaunt fragt der Mann: „Was wollen Sie damit anfangen?" Die Frau antwortet: „Ich dachte nur, ich will ihn wegnehmen, damit die Kinder mit ihren bloßen Füßen nicht hineintreten." „Verzeiht!" spricht der Wärter. *Leo Thurgau*

10. Vergeltung oder Vergebung?

Wie verhalten wir uns untereinander, wenn wir Unrecht erfahren oder selbst etwas falsch gemacht haben?

Es gibt im alltäglichen Zusammenleben immer wieder Beispiele dafür, daß einer den anderen beleidigt oder belügt, daß Versprechen nicht eingehalten werden, daß wir zu Unrecht bestraft werden, daß wir anderen etwas nicht gönnen, daß jemand uns eine Freude verdirbt, daß einer sich auf Kosten eines anderen Vorteile verschafft.

– Wie ist unsere Reaktion: Vergeltung oder Vergebung?

Nur ein kleines Beispiel: Zwei Jungen geraten in Streit miteinander. Der eine ist ein Sportas, der andere überhaupt nicht, dafür aber in Mathematik und Physik allen überlegen. In der Hitze des Streites macht der Sportlertyp den anderen lächerlich, weil er sich im Sportunterricht so unbeholfen anstelle. Dieser wendet sich beleidigt ab. „Warte nur", denkt er, „wenn du erst einmal die nächste Mathematikaufgabe nicht verstanden hast. Dann bin ich an der Reihe!"

Würdet ihr ähnlich reagieren oder anders? Überlegt euch selbsterlebte Situationen, in denen ihr vor der Wahl steht: Vergebung oder Vergeltung? (Vielleicht gibt es ja in eurer Klasse oder zu Hause noch Situationen, die zu bewältigen sind).
Denkt einmal darüber nach, welche persönlichen Einstellungen oder Verhaltensweisen eher zu einer Vergeltung oder Vergebung führen.

B. Zusammenleben mit anderen

4. Voraussetzungen des Zusammenlebens

1. Der Kinderstaat

In einer Geschichte wird folgende Begebenheit berichtet: eine Gruppe von Kindern im Alter von 8 bis 15 Jahren wird während einer Überfahrt über den Ozean auf eine einsame Insel verschlagen. Ihr Schiff ist gesunken; dabei sind alle Erwachsenen umgekommen, weil sie bis zum letzten Augenblick die Kinder in die Rettungsboote ausgesetzt haben. Die Insel ist sehr fruchtbar, zu essen gibt es genug. Auch viele Arten von Tieren sind da, gefährliche und harmlose.

In der Geschichte wird nun weiter erzählt, wie die Kinder ganz allein ihr Zusammenleben organisieren müssen, damit sie miteinander auskommen und überleben können. Dabei ist vieles zu planen und zu organisieren.

Stellt euch vor, ihr seid diese Kindergruppe. Überlegt jetzt, wie ihr euch verhalten würdet, wenn ihr gezwungen wäret, einen eigenen Kinderstaat zu gründen. Denkt daran, wofür alles gesorgt werden muß. Essen, Schlafen, Schutz, Ordnung; auch könnte es Streit geben usw.

1 Wir wollen Arbeitsgruppen bilden zu je 6 bis 8 Personen. Jede Gruppe soll unabhängig darüber diskutieren, was zu einem Kinderstaat nötig ist, welche Voraussetzungen für das Zusammenleben der Kinder wichtig sind. Jede Gruppe schreibt ihr Ergebnis auf Karton oder auf eine Wandzeichnung. Vielleicht könnt ihr einen Plan entwerfen, wie euer Staat aufgebaut sein soll.

2 Zur Auswertung versammeln wir uns in einem Halbkreis um die Ergebnisse und sprechen gemeinsam darüber. Dabei wollen wir herausfinden, wie ein Zusammenleben organisiert sein muß, damit es gelingt. Am Ende wollen wir versuchen, eine gemeinsame Planskizze für einen eigenen Kinderstaat zu entwerfen.

***3** Vergleicht einmal eure Planskizze mit einer Skizze vom Aufbau der Bundesrepublik Deutschland. Solch eine Skizze findet ihr sicher in eurem Gemeinschaftskundebuch.
Was fehlt in eurem Staatsplan? – Was findet ihr bei euch besser?

***4** Wer Interesse hat, die Geschichte selbst zu lesen, kann sie finden unter folgendem Titel: William Golding; *Herr der Fliegen,* Fischer TB 1462.

2. Keiner lebt für sich allein

In unserem Alltag sind wir ständig mit anderen Menschen zusammen. In jeder Situation stehen wir in irgendeiner Beziehung zu einer sozialen Gruppe. Zu einigen dieser Gruppe gehören wir ganz selbstverständlich, ohne eigenes Zutun. Andere Gruppen wählen wir uns selbst aus.

Wir wollen jetzt einmal nachprüfen, zu welchen Gruppen ein jeder von uns in Beziehung steht.

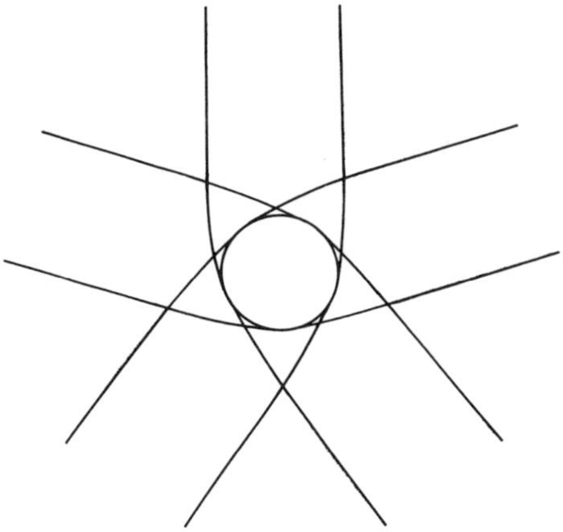

Legt euch in eurem Arbeitsheft ein solches Schaubild an (entsprechend größer) und tragt in die einzelnen Felder des Schaubildes je eine Gruppe ein, zu der ihr Kontakt habt. In den Mittelkreis kommt der eigene Name. Dieses Schaubild zeigt dann, welche Standorte jeder von uns in der Gesellschaft einnimmt. Man nennt solche Standorte auch „soziale Positionen".

3. Ein jeder hat seine Rollen

Zu jeder Stellung, die wir einnehmen, gehören gewisse Verhaltensweisen, die von uns in den jeweiligen Positionen erwartet werden: Zu jeder sozialen Position gehört eine soziale Rolle. Darin wird festgelegt, welche Erwartungen und Ansprüche an uns gestellt werden; aber auch, welchen Vorstellungen wir entsprechen sollen.

Jeder von uns kennt diese Rollen. Wir wissen, wie wir sie zu spielen haben und wir kennen auch die Rollen der anderen.

1 Notiert euch in eurem Arbeitsheft zu folgenden Positionen Stichworte, die angeben, welche Erwartungen und Vorstellungen ihr von den Rollen habt, die mit diesen Positionen verbunden sind (Partnerarbeit).

Positionen/Rollen	Erwartungen/Vorstellungen/Verhaltensweisen
Vater	
Mutter	
Lehrer	
Polizist	
Arzt	
Politiker	
Schüler	
Junge	
Mädchen	

2 Tauscht anschließend eure Stichworte aus und ergänzt sie gegenseitig (vielleicht kann an der Tafel ein großes Raster erstellt werden).

3 Diskutiert darüber (in Gruppen oder alle zusammen im Sitzkreis), wie wir zu unserer Kenntnis über das jeweilige Rollenverhalten gekommen sind.

4 Besprecht auch, welche Bedeutung diese Rollen für das Zusammenleben der Menschen haben.

Haltet ihr die Rollen eher für hinderlich oder für hilfreich?

4. Leben heißt: Rollenspielen

Im Laufe seiner Entwicklung lernt jeder Mensch viele Rollen und während er verschiedene Verhaltensweisen ausprobiert, entdeckt er, was von der Kultur, in der er lebt, erlaubt und geduldet wird. Man hat seine Rollen als Sohn, vielleicht als ältester Sohn (der für jüngere Geschwister Verantwortung trägt), als Einzelkind, als Bruder, als Schüler, als Mitglied einer Bande, auf dem Schulhof, als Kapitän einer Fußballmannschaft, im Beruf, als Mitglied eines Vereins, als Politiker, als Künstler oder als Star usw. In jeder dieser Rollen ist eine bestimmte Verhaltensweise zu erbringen, damit wichtige Anforderungen erfüllt werden. In manchen Gesellschaften ist es üblich, daß der älteste Sohn so früh wie möglich zur Arbeit geht und den Eltern den Lohn überläßt; in anderen gesellschaftlichen Ordnungen erwartet man, daß er so lange wie möglich auf der Schule bleibt und dann studiert, und die Eltern sind darauf eingestellt, daß sie ihn zu unterstützen haben. Die Gesellschaft bestimmt, welches die sozial akzeptierten Verhaltensweisen sind und bestraft oder ächtet jedes abweichende Verhalten.

Das Leben wird immer komplexer und vielfältiger und die Skala, der Rollen, die wir annehmen, wird breiter. Außerdem müssen wir neue Rollen übernehmen, wenn sich die Lebensumstände ändern.

Bei jedem Wechsel seiner Bezugsgruppen muß sich der Mensch einen Weg in diese neuen Gruppen bahnen. Er muß das in der neuen Gesellschaft gültige Rollenverhalten lernen; es ist auch möglich, daß ihm die anderen Gruppen andere Rollen zuteilen als die, die er bisher immer gespielt hat.

Finden wir dafür Beispiele aus eigener Erfahrung?

5. Rollenkonflikt

Nicht selten geschieht es, daß jemand eine Position innehat, an die ganz unterschiedliche Erwartungen geknüpft werden. Wie soll man sich dann verhalten? Wir wollen einmal das Beispiel des Lehrers untersuchen.

Rolle des Lehrers	Vorstellungen/Erwartungen/Verhaltensweisen
aus der Sicht der Eltern	
aus der Sicht der Schüler	
aus der Sicht des Hausmeisters	
aus der Sicht der Schulleitung	

1 Tragt in eine solche Tabelle in eurem Arbeitsheft die unterschiedlichen Vorstellungen und Erwartungen an die Position des Lehrers ein, die von verschiedenen Blickwinkeln an ihn herangetragen werden (Partner- oder Gruppenarbeit).

2 Tauscht wieder die Ergebnisse aus und ergänzt sie gegenseitig.

3 Wir können nun darüber sprechen, wie der Lehrer den unterschiedlichen Erwartungen gerecht werden kann. Vielleicht nimmt er selbst dazu Stellung.

6. Wie unser Zusammenleben gelingen kann

Wir haben bisher vorwiegend entdecken können, wie unser Zusammenleben gesellschaftlich geregelt ist. Dabei haben Organisationen, Regeln, Vereinbarungen, Ordnungen, Positionen und Rollen eine große Bedeutung. Damit wird aber oft nur der äußere Rahmen abgesteckt, der es ermöglicht, daß wir einigermaßen reibungslos miteinander leben können.

Damit unser Zusammenleben gelingt, müssen noch mehr Voraussetzungen hinzukommen. Dazu gehören: Verständnisbereitschaft, Mut zur eigenen Meinung, Bereitschaft zum sachlichen Gespräch, Fähigkeit zur Konfliktlösung, Verantwortungsbereitschaft, Zuverlässigkeit und vor allem Rücksichtnahme und Toleranz.

Die folgenden Texte zeigen verschiedene Situationen des Zusammenlebens. Wir wollen versuchen, die einzelnen Situationen auf uns wirken zu lassen und die dargestellten Probleme des Zusammenlebens für uns zu lösen.

7. Streit am Mittagstisch

Mutter: Nun leg doch endlich die Zeitung weg, Michael, Du weißt doch, daß wir essen wollen.

Michael: Ja, fangt doch schon an, nur diesen Artikel noch. Den will ich eben noch zu Ende lesen.

Vater: Hier wird nicht zu Ende gelesen. Wenn gegessen wird, wird gegessen.

Michael: Überall das gleiche. Wo man auch hinkommt, immer wird man rumkommandiert.

Vater: Das hat nichts mit kommandieren zu tun, das ist 'ne Frage des Anstands.

Michael: Na meinetwegen, wenn's unbedingt sein muß.

Sabine: Was hast du denn da so Spannendes, daß du nicht aufhören kannst?

Michael: Das interessiert dich ja sowieso nicht, das ist nichts für Mädchen. Oder interessierst du dich etwa für Politik und Studenten?

Sabine: Kommt drauf an, für nette schon.

Mutter: Nun fangt bloß nicht schon wieder an, über Studenten zu diskutieren.

Vater: Studenten? Krawallmacher sind das, diese Brüder. Studieren tun die sowieso nicht.

Michael: Du kennst die ja auch so furchtbar genau. Mehr als in der Bildzeitung steht, weißt du auch nicht.

Vater: Das reicht mir auch schon. Sieh dir doch bloß an, was die gestern wieder angestellt haben. Fenster einschmeißen, Autos umkippen, mit Steinen auf Polizisten werfen. Das nennst du studieren? Die wollen doch bloß mit Gewalt alles kaputtschlagen.

Michael: Die Platte kennen wir schon. Warum regst du dich nicht darüber auf, was die Polizei macht. Die prügeln doch immer wie die Wilden los.

Mutter: Nun hört endlich auf mit der Streiterei. Wozu habe ich denn das Essen gekocht.

Sabine: Laß doch, Mutter, Michael braucht die Kartoffeln noch, um die Polizei damit zu beschießen.

Vater: Ach, ihr Grünschnäbel. Was versteht ihr schon davon. Ihr habt noch nichts geleistet und habt einen großen Mund. Wir haben schließlich alle nach dem Krieg in die Hände gespuckt und das alles wieder aufgebaut. Die Polizei sorgt doch nur dafür, daß diese Radaubrüder nicht alles wieder mit Gewalt kaputtschlagen.

Michael: Das ist doch Unsinn. Du mußt dir erstmal anhören, was die eigentlich wollen, die Studenten.

Sabine: Du weißt natürlich, was die wollen.

Michael: Ist doch alles Scheiße, was hier los ist. Was wollt ihr denn eigentlich? Wenn die Studenten Gewalt anwenden, regt ihr euch auf und bei den Polizisten seid ihr dafür.

Vater: Frech werden willst du auch noch? Eins will ich dir sagen. Wenn du dich auch nur einmal mit diesen roten Brüdern einläßt, dann kannst du was erleben.

1 Überlegt zunächst, welche Rollen die streitenden Personen innehaben. Macht euch dazu ein eigenes Raster (Gruppenarbeit).

2 Versucht die Szene so umzuschreiben, daß der Streit verhindert wird. Spielt anschließend eure Lösung vor.

***3** Ihr könnt euch zuhause die nächsten beiden Geschichten durchlesen und beim nächsten Mal eine davon auswählen, die euch besonders interessiert. Spielt am Ende wieder eure Lösungen vor.

Die Bonbontüte

Was ist wichtiger? Schweigen aus Kameradschaft oder Ehrlichkeit und damit Verrat am Freund?

Stefan muß für seine Mutter im Supermarkt einkaufen. Auf dem Weg dorthin trifft er seinen Freund Michael, der ihn gerade zum Spielen holen will. „Hör mal, Michael", sagte er, „ich muß noch schnell einkaufen, dann komm ich auf den Spielplatz. Geh doch mit zum Supermarkt." Da Michael gerade nichts Besseres zu tun hat, ist er bereit, mitzugehen. Stefan nimmt sich einen Einkaufswagen und fährt voraus. Aus den übervollen Regalen holt er alles, was die Mutter ihm aufgeschrieben hat: ½ Pfund Kaffee, 1 kg Zucker, 1 kg Mehl, 3 Dosen Kondensmilch, ½ Pfund Wurst usw. und legt es in den Wagen. Er dreht sich um und will Michael sagen, daß er jetzt alles hat, was auf der Liste steht. Da sieht er, wie sein Freund eine Tüte Bonbons auf dem Regal mit den Süßigkeiten herausnimmt und schnell in der Hosentasche verschwinden läßt. Außer Stefan hat anscheinend niemand etwas bemerkt. Was er gesehen hat, gefällt ihm nicht so recht. Er denkt: „Was soll ich jetzt bloß tun?"

Alternativen:

1. Er verlangt vor dem Geschäft alle Bonbons, sonst Verrat im Geschäft.
2. „Gib mir die Hälfte, sonst sage ich es!"
3. Er spricht überhaupt nicht darüber.
4. Er sagt bereits im Geschäft: „Leg es zurück!"
5. Er sagt an der Kasse: „Du mußt doch noch die Bonbons bezahlen."

6. *Er sagt es Michael's Mutter.*
7. *Er sagt es seiner Mutter.*
8. *Er meldet es an der Kasse.*
9. *Er sagt nachher: „Ich verpetze dich nicht, aber mach' das nicht mehr."*

8. Zusammenleben in einer Klasse

Wir haben bisher über viele Voraussetzungen des Zusammenlebens gesprochen.
1 Wie sieht es aber in unserer Klasse aus? Überlegt anhand der folgenden Aussagen, was bei uns gut ist und wo Verbesserungen nötig sind. Ergänzt den Aussagenkatalog.

Verhaltensweisen	stimmt	stimmt nicht	unent-schieden
In meiner Klasse versucht jeder, auf den anderen Rücksicht zu nehmen			
Streitigkeiten werden bei uns fair und sachlich gelöst			
Einen richtigen Außenseiter haben wir nicht			
Wenn jemand von uns krank ist, besuchen wir ihn selbstverständlich			
Jeder von uns hat bestimmte Stärken und Schwächen; das akzeptieren wir voll und ganz			
Wenn einer von uns Schwierigkeiten hat, helfen wir ihm			
Probleme können wir untereinander und mit dem Lehrer offen besprechen			

2 *Auswertung:* Jede Gruppe trägt ihr Ergebnis in einen dazu vorbereiteten Aussagenkatalog ein (Folie, Tafelanschrieb, Wandzeitung) und schreibt die zusätzlichen eigenen Aussagen dazu. Anschließend wollen wir über das Gesamtergebnis sprechen. Können wir zufrieden sein oder sind noch einige Probleme zu lösen?

9. Vom Wert der Gemeinschaft

Der Mensch wird in eine Gemeinschaft hineingeboren. Sie hilft ihm, sich allmählich in dieser Welt einzuleben und sich zurechtzufinden. Sie macht ihn vertraut mit Werten, Normen, Verhaltensweisen und Maßstäben, an denen er sich orientieren kann. Allein wäre der Mensch hilflos in dieser Welt und könnte nicht überleben.

Der Mensch verdankt die Entstehung seines Daseins der Gemeinschaft der Eltern. Er braucht von Beginn an die Hilfe der Familie, der Gemeinde und des Staates.

Als Geistwesen ist der Mensch ganz und gar davon abhängig, daß in der Gemeinschaft und durch sie geistiges Leben in ihm geweckt wird: er ist abhängig von Geschichte und Kultur der Gemeinschaften, in die er hineingeboren ist. Geistiges Leben entfaltet sich im Eltern-Kind-Verhältnis, im Lehrer-Schüler-Verhältnis, in der Freundschaft, in Vereinen und Hobbyclubs.

Im Umgang mit anderen Menschen lernt der Mensch seine Sprache und auch zwischen gut und böse, richtig und falsch zu unterscheiden. In der Gemeinschaft erfährt der Mensch Liebe und Zuneigung, aber auch Schuld und Vergebung. Nur in Gemeinschaft wird der Mensch zu einer verantwortlichen Person, wird er selbständig und selbstbewußt. Dazu helfen ihm nicht zuletzt auch die Auseinandersetzungen und Konflikte mit anderen Menschen, aber auch deren Hilfe und Unterstützung. Kurz: menschliches Leben ist ohne die Gemeinschaft nicht möglich.

Ihr könnt diesen Gedanken, daß der Mensch notwendig ein Gemeinschaftswesen ist mit all den damit verbundenen Vor- und Nachteilen, in einer Collage veranschaulichen. Bringt dabei eure eigenen Erfahrungen mit der Gemeinschaft und Gesellschaft mit ein.
Sicherlich wird es dabei zu unterschiedlichen Ergebnissen kommen. Vergleicht sie und beurteilt sie.

10. Rückblick

Im Sitzkreis sollten wir anschließend darüber sprechen, welchen Eindruck wir von dem bisherigen Unterrichtsthema haben. Jeder von uns sollte kurz mitteilen, was ihm besonders gefallen hat, was für ihn weniger interessant war; auch was ihm besonders wichtig war, ob er für sich neues entdeckt hat. Sprecht auch darüber, wie die Zusammenarbeit in der Klasse gewesen ist.
Da die Stellungnahmen ganz persönliche Eindrücke sind, müssen sie nicht diskutiert werden. Doch können wir am Ende darüber nachdenken, was wir in Zukunft besser machen können.

5. Konflikte und Konfliktlösung

1. Worum es geht

Wir wollen Konflikte auf ihre Ursachen hin befragen, über Möglichkeiten der Konfliktlösung nachdenken und diese beurteilen.

Konfliktsituationen gehören nicht nur zum Alltag eines jeden von uns, sondern ebenso zum gesellschaftlichen und politischen Tagesgeschehen. Aus dieser Realität ergibt sich die Notwendigkeit, solche Situationen kennen und bewältigen zu lernen. In der alltäglichen Praxis wird auf Konflikte oft mit aggressiven Handlungen reagiert. Dadurch kann man Menschen einschüchtern und so unter Druck setzen, daß sie ihre eigenen Wünsche und Interessen zurückstellen. Scheinbar wird der Konflikt zunächst beigelegt. Er ist jedenfalls nicht mehr offen sichtbar. Doch solche „Lösungen" führen nicht zu einem dauerhaften friedlichen Zusammenleben der Menschen. Unterdrückung und Demütigung führen am Ende zu einem Konfliktstau, der sich irgendwann Bahn bricht. Deshalb schafft ein gewaltsam unterdrückter Konflikt keinen Frieden.

Friede auf Dauer kann nur erreicht werden, wenn Konflikte auf humane Weise gelöst werden, so daß der Streit um die Sache zwar ausgetragen wird, jedoch dem Menschen seine persönliche Würde und Achtung erhalten bleibt. Diese Fähigkeit entwickelt sich jedoch nicht von selbst im Menschen.

Wir alle müssen sie lernen. Eine Voraussetzung dafür ist, Ursachen und Abläufe von Konfliktsituationen bewußt zu machen, um durch kritische Einsicht unkontrollierte, unbewußte Verhaltensweisen so weit wie möglich auszuschalten; denn nur das, was erkannt und durchschaut wird, läßt sich steuern. Daneben sollen jedoch auch Wege zur Konfliktlösung vorgestellt, beurteilt und neu entwickelt werden. Wir wollen versuchen, Konfliktsituationen zu erkennen, sie durchzustehen und zu bewältigen.

2. Annäherung an das Thema

Die folgenden Arbeitsaufträge können wir zunächst jeweils in Gruppen behandeln und anschließend gemeinsam auswerten, indem wir die Ergebnisse austauschen, gegenseitig ergänzen und diskutieren (dabei können wir fortwährend in den Gruppen bleiben).

1 Überlegt euch, welche Begriffe ihr kennt, die mit „Konflikt“ zu tun haben. Sammelt zunächst alle Begriffe und versucht, sie anschließend zu ordnen.

2 Überlegt euch, welche Ursachen Konflikte haben können. Geht dabei von Beispielen aus

Beispiele für Konflikte	Ursachen der Konflikte
...	...

3 Überlegt euch, welche Lösungsmöglichkeiten es für Konflikte gibt. Nehmt dazu dieselben Beispiele wie die Aufgabe 2

Beispiele für Konflikte	Ursachen der Konflikte	Lösungsmöglichkeiten
...	...	

4 Diskutiert anschließend, ob es Beziehungen gibt zwischen Ursachen und Lösungsmöglichkeiten.
***5** Sprecht auch mit euren Eltern über diese Tabellen. Vielleicht haben sie weitere Vorschläge. Auf jeden Fall gibt es ein interessantes Gespräch!

*3. Konfliktsituationen im täglichen Leben

Entwicklung eines Rollenspiels: Jede Gruppe kann sich jetzt eines ihrer Beispiele vornehmen und diskutieren.
Untersucht dabei folgende Gesichtspunkte:
- Konfliktpartner
- Interessen der Partner
- Mittel zur Austragung
- Ausgang

Spielt anschließend den Konflikt zweimal vor:
a) mit schlechtem Ausgang
b) mit gutem Ausgang

4. Filmbeispiele

„Gruppenkonflikte“ (19 min) Nr. 320767
Der Film zeigt in drei Spielsequenzen eine Spielgruppe von Kindern, eine Interessengruppe Jugendlicher und eine Arbeitsgruppe mit Erwachsenen. In allen drei Fällen treten Konfliktsituationen auf, die auf verschiedene Weise gelöst werden. Danach Wiederholung dieser Szenen und Deutung durch einen Kommentar.

***„Mama und Papa – Afrikaner als Untermieter“** (20 min) Nr. 322423
Der Film bietet eine Fall-Dokumentation. Er zeigt Konflikte auf, die dort entstehen, wo Menschen unterschiedlicher Kultur und Lebensgewohnheiten auf engem Raum zusammenleben und dieses Leben gleichzeitig von ausgesprochenen und unausgesprochenen Vorurteilen belastet ist.

5. Die Eltern haben es gut

„Och – die haben es gut! Die dürfen sich die Filme aussuchen. Ich nicht. Wenn die nur sagen, sie wollen abends 'nen Film sehen, dann dürfen die sehen. Darf ich nicht. Oder wenn wir Besuch haben und die sagen: ‚Fernsehen aus' und ich mach das nicht gleich, dann krieg ich eine geschmiert. Dann mach ich's aus. Die bestimmen das. Und wenn auf dem einen Programm ein Film ist, den ich gern sehen möchte und auf dem anderen ist ein Film, den die Eltern seh'n wollen, dann darf ich nicht den Film sehen, den ich gern möchte. Dann geht's nach den Eltern. Immer geht's nach den Eltern.

Jörn, 13 Jahre

1 Diskussion in Gruppen:
- Um was für eine Art von Konflikt handelt es sich?
- Hat Jörn oder haben die Eltern Recht?
- Wie würdet ihr euch an Stelle von Jörn verhalten? Wie würdet ihr den Eltern begegnen, wenn es euch so erginge? (Wenn ihr wollt, könnt ihr eure Antwort auch vorspielen)
- Vergleicht anschließend eure Antworten miteinander und sprecht darüber

***2** Fragt zu Hause eure Eltern, was sie zu Jörns Aussagen meinen. Diskutiert mit ihnen eure gefundenen Lösungen.

6. Ein Konflikt – zwei Verlaufmöglichkeiten

Ort: Wohnung der Familie Müller
Personen: Peter, Monika, Frau Müller

Möglichkeit A

Peter: Monika, gib mir mal schnell dein Fahrrad. Es ist zehn Minuten vor sechs und um sechs Uhr muß ich beim Handball sein.

Monika: Du hast doch selbst ein Fahrrad.

Peter: Meine Kette ist nicht in Ordnung. Mach schnell, ich hab's eilig.

Monika: Das kommt überhaupt nicht in Frage. Mein Fahrrad kriegst du nicht. Neulich hast du dir meine Schallplatte ausgeliehen und nun ist sie ganz zerkratzt. Wer weiß, was du mit meinem Fahrrad machst.

Peter: Du bist eine ganz blöde Ziege! Immer stellst du dich so an!

Monika: Und du bist ein ganz egoistischer Kerl! Du kannst mir mal den Buckel runterrutschen!

Mutter: Nun hört doch endlich mal auf zu streiten. Den ganzen Tag muß man sich euer Gekeife anhören. Das kann doch keiner aushalten! Ich will Ruhe haben. Vater hat gesagt . . .

Möglichkeit B

Peter: Monika, gib mir mal schnell dein Fahrrad. Es ist zehn Minuten vor sechs, um sechs Uhr muß ich beim Handball sein.

Monika: Du hast doch selbst ein Fahrrad.

Peter: Meine Kette ist nicht in Ordnung. Mach schnell, ich hab's eilig.

Monika: Mein Fahrrad kannst du nicht kriegen, weil ich es selbst brauche. Ich habe mich mit Frauke verabredet. Außerdem habe ich dir neulich meine Schallplatte geliehen. Als ich sie zurückkriegte, war eine Seite ganz zerkratzt.

Peter: Habe ich deine Platte zerkratzt. Das habe ich gar nicht gemerkt. Ich sehe sie mir heute abend einmal an. Und wenn es wirklich so ist, kaufe ich dir eine neue. Du, sag mal, kannst du nicht Frauke anrufen und ihr sagen, daß sie zu dir kommen soll?

Monika: Na gut, nimm mein Fahrrad, aber paß gut darauf auf!

Peter: In Ordnung, bis nachher!

Untersucht, warum der Konflikt im zweiten Fall anders verläuft als im ersten (Klassengespräch)

7. Konflikte in der Schule

Bloß keinen Ärger mit Herrn Meier

Nach der Schule berichtete Jürgen: In der ersten Stunde hatten wir Rechnen. Herr Meier kam herein. Wir saßen alle auf unseren Plätzen und hatten unsere Bücher und Hefte schon aufgeschlagen. Herr Meier ist sehr streng. Wenn nicht alles in Ordnung ist, wird er ärgerlich. Am Anfang, als wir Herrn Meier neu bekamen, mußten wir einmal eine ganze Stunde stehen, weil wir noch herumgetobt hatten, als er hereinkam.

Als erstes kontrollierte Herr Meier heute die Übungsaufgaben. Davor haben wir immer große Angst. Bei mir war zum Glück alles in Ordnung. Aber Peter hatte Pech: er war mit den Aufgaben nicht zurechtgekommen. Als Herr Meier sah, daß Peter vieles nicht richtig hatte, sagte er: „Peter, das ist mal wieder glatt fünf." Er holte sein Notizbuch aus der Tasche. „Peter, du weißt ja, das heute ist nicht deine erste Fünf. Was das für dein Zeugnis bedeutet, brauche ich dir ja wohl nicht ausmalen." Von da an wagte keiner mehr zu stören. Bis zum Ende der Stunde haben wir alle gut aufgepaßt und viel mitgemacht, um Herrn Meier nicht zu ärgern. – Bei Herrn Meier lernen wir immer sehr viel.

Frau Birke ist so nett zu uns

In der nächsten Stunde hatten wir Musik bei Frau Birke. Musikstunden haben wir gern, da können wir uns so richtig erholen. Es gibt ein paar in unserer Klasse, denen macht Musik Spaß. Mit ihnen macht Frau Birke besonders viel. Wir andern tun, was wir wollen. Heute hatte ich ein spannendes Buch da, das habe ich gelesen. Andere haben sich unterhalten oder „Stadt-Land-Fluß" gespielt. Es wurde sehr unruhig. Als es zu laut wurde, sagte Frau Birke: „Das finde ich nicht richtig von euch, daß ihr solchen Krach macht. Ich gebe mir Mühe, immer nett zu euch zu sein; ich kann ja auch verstehen, wenn ihr nicht immer alle zuhören wollt. Dafür kann ich aber doch wohl erwarten, daß ihr euch anständig benehmt." Zunächst wurde es stiller, aber gegen Ende der Stunde war es doch wieder sehr laut. Als Frau Birke aus der Klasse herausging, schien sie bedrückt zu sein. Ich war darüber traurig. Ich mag Frau Birke gern, weil sie immer so nett zu uns ist und so viel Verständnis für uns hat.

Strafarbeit erwünscht?

Bei Herrn Bertram in Erdkunde waren heute die österreichischen Alpen dran. Herr Bertram hatte Dias mitgebracht. Das Vorführgerät war schon aufgebaut, als wir nach der Pause in die Klasse kamen. Eigentlich haben wir es sehr gern, wenn wir Dias sehen: aber Herr Bertram zeigte die Bilder so lang und wollte immer viel dazu wissen. Da wurde es einigen langweilig, und sie fingen an, sich zu unterhalten. Herr Bertram ermahnte sie: „Ihr stört die anderen, und es ist euer eigener Schaden, wenn ihr nicht lernt. Bitte seid leise!" Als die Schüler ein paar Minuten später wieder redeten, stellte er ihnen Fragen; sie konnten sie nicht richtig beantworten, da wurde es uns anderen auch zu langweilig. Herr Bertram drohte: „Ich breche gleich mit den Dias ab, wenn die Klasse nicht ruhig ist." Wir redeten jetzt leise, aber niemand paßte wirklich auf. Als die Dias zu Ende waren, wurde der Lärm immer größer. Herr Bertram stellte sich vor die Klasse und wartete, ob es nicht ruhig würde. Ohne Erfolg. Dann begann er plötzlich laut zu schimpfen: „Wenn ihr nicht ruhig seid, dann passiert was!" Einige Schüler lachten. Wir wußten, Herr Bertram gab nur selten Strafarbeiten auf.

1 Vergleicht die Konfliktsituationen miteinander und beurteilt das Verhalten der Schüler und Lehrer. (Gruppenarbeit)

2 Macht Vorschläge, wie diese Konflikte aufgearbeitet werden können.

***3** Wenn in eurer Klasse eine der beschriebenen Situationen vorkommt, solltet ihr sie mit dem Lehrer besprechen. Das wäre ein gutes Beispiel für eine Konfliktlösung. – Überlegt euch vorher, wie ihr vorgehen wollt.

8. Ungelöste Konflikte

Beispiel Nr. 1

Alexia, ein griechisches Mädchen, kam neu in die Klasse. Sie wirkte recht unsicher und schüchtern. Obgleich sie äußerlich nichts Besonderes an sich hatte, was andere zu Spott herausfordern konnte, war sie die Zielscheibe bösartiger Bemerkungen und Belustigungen ihrer Mitschüler. Auch sprachlich hatte sie keine Schwierigkeiten. Alexia reagierte auf diese Angriffe mit Schweigen. Nach einiger Zeit bemerkten die Lehrer, daß ihre schriftlichen Leistungen besonders gut waren und forderten sie auf, sich auch am mündlichen Unterricht zu beteiligen. Jedes Mal, wenn sie sich zu Wort meldete, wurde sie aufgerufen. Doch sobald Alexia mit leiser Stimme zu reden anfing, ging ein Murmeln und Raunen durch die Klasse, so daß ihre Aussagen nicht zu verstehen waren. Das konnte erst durch das Einschreiten des Lehrers unterbunden werden. Doch sobald der Unterricht beendet war, gingen die Angriffe von neuem los. Alexia zog sich immer mehr zurück und vermied ängstlich jeden Kontakt mit ihren Mitschülern. Nach einiger Zeit war es Alexia jeden Morgen übel, so daß sie nicht frühstücken mochte. Sie wurde kränklich und sehr nervös.

1 Was sind die eigentlichen Ursachen des Konfliktes?

2 Warum brachte das Einschreiten des Lehrers keine Lösung?

3 Überlegt, wie Ihr das Problem lösen würdet. (Dazu könntet ihr ein Rollenspiel überlegen, bei dem Alexia, ihre Eltern, der Lehrer und Mitschüler vorkommen.)

Beispiel Nr. 2

Peter wohnte etwas abgelegen und kam täglich mit dem Rad zur Schule. Er war ein sehr gewissenhafter Schüler, hatte jedoch wenig Kontakt zu den anderen Mitschülern, überhaupt keinen Kontakt zur führenden Clique. Diese bestand aus mehreren Jungen, die auch ihre Freizeit zusammen verbrachten. Ihr Freizeitvergnügen ließ ihnen wenig Zeit zur Erledigung ihrer Hausaufgaben. Da diese jedoch recht genau von einigen Lehrern überwacht wurden, überlegten sie sich, wie sie wohl am einfachsten dazu kommen könnten. Sie sagten zu Peter, er solle von nun an jeden Morgen 20 Minuten früher zur Schule kommen und ihnen seine Aufgaben geben, damit sie sie abschreiben könnten. Als Peter sich weigerte und nach Ende des Unterrichts sein Fahrrad holen wollte, war das Hinterrad fort. Als er sich verzweifelt umsah, stand plötzlich Bert neben ihm und sagte: „Wenn du einen Ton sagst, dann kommst du nicht mit heilen Knochen nach Hause. Meine Freunde stehen an der Kantstraße. Entweder kommst du von nun an morgens rechtzeitig und gibst uns deine Schularbeiten oder du kannst deine Knochen einzeln zusammensammeln." Von nun an kam Peter frühzeitig zur Schule.

Nach einiger Zeit ergab sich eine Freundschaft zwischen Peter und Sonja, die in dieselbe Klasse ging. Er erzählte ihr von der Erpressung und wie sehr er darunter leide. Sonja schlug vor, sich ab sofort nicht mehr an die erzwungene Vereinbarung zu halten. Sie werde ihm schon dabei helfen.

Als am nächsten Tag Peter nicht vorzeitig erschien, blieben die Mitglieder der Clique ohne Hausaufgaben, was prompt auffiel. Aus Wut zerstörten sie die Räder von Peter und Sonja, die sie für Peters Verhalten mit verantwortlich machten. Beide überlegten nun, wie sie aus dieser Situation herauskommen könnten.

Wie würdet ihr euch in dieser Situation verhalten?

9. Gewaltlosigkeit

Die folgende Geschichte berichtet uns, wie in einem besonders schweren sozialen Konflikt am Ende die Gewaltlosigkeit erfolgreich ist.

Wir wollen herausfinden:
- mit welchen Mitteln in diesem Beispiel berechtigte Interessen durchgesetzt werden,
- welche besonderen Fähigkeiten dem einzelnen abverlangt werden, der keine Gewalt anwendet,
- warum der Konflikt am Ende ohne Gewalt beigelegt werden kann.

Der Marsch der Fischer

Eines Tages kamen Fischer zu Dom Helder: „Padre, es sind keine Fische mehr im Fluß und an der Küste. Wir müssen mit unseren Kindern verhungern!" (Die Fischer Pernambucos fischen mit kleinen, flachen Holzbooten, die es nicht erlauben, weit auf die See hinauszufahren. Eine Kautschuk-Industrie war errichtet worden, die durch chemische Abwässer ein Fischsterben in dem Fluß und in Küstennähe bewirkte.) Dom Helder überlegte. Er durfte diese Menschen, die voll Vertrauen um seine Hilfe baten, nicht enttäuschen. Er mußte ihnen einen Weg weisen, wie sie ihr Schicksal selbst in die Hand nehmen und um ihre Rechte kämpfen konnten. Er dachte an Martin Luther King, an den Kampf der Neger in den USA und beschloß, mit den Fischern einen Marsch zu der neuen Industrie zu unternehmen, um so an das Gewissen der Unternehmer zu appellieren und ein Gespräch zwischen den beiden Gruppen in Gang zu setzen. Die Fischer selbst sollten den Marsch vorbereiten; er übernahm es, die Zustimmung des Generals der Region zu gewinnen.

Er erklärte dem General das Problem und den Sinn des Marsches, der eine geordnete, gewaltlose Demonstration darstellen sollte, um das Unrecht, das die Fischer um den Lebensunterhalt brachte, zu überwinden. Doch der General befürchtete, daß dies der Anfang einer politischen Agitation sein könnte und verbot den Marsch. Daraufhin erklärte Dom Helder, daß es sich im eigentlichen Sinne um eine „Prozession" handle (religiöse Veranstaltungen fallen nicht unter die Zuständigkeit des Militärs!), die er selbst leiten würde, worauf der General nichts mehr einwenden konnte.

Der Marsch wurde also zu einer Prozession. Der einzige Unterschied bestand darin, daß keine Transparente verwendet wurden (die meisten Fischer sind Analphabeten). Dom Helder verständigte die Direktoren des Betriebes von dem Kommen der Fischer und von deren Wunsch nach einer Aussprache. Dann formte sich am festgelegten Tag der lange Zug des Elends: Durch den staubigen, roten Lehm Brasiliens zogen Hunderte von Männern, Frauen und Kinder, bloßfüßig, in ärmlichen, abgerissenen Kleidern, ausgemergelt, die Kinder mit großen, von Hunger und falscher Ernährung aufgeschwemmten Bäuchen; an der Spitze des Zuges wurde ein großes Holzkreuz getragen, über das ein Fischernetz gehängt war. Die Fischer selbst trugen tote Fische in den Händen: Symbol ihres materiellen und geistigen Lebens (der Fisch ist das Symbol Christi). Begleitet von ihrem Bischof zogen sie von der Küste zur Industrie. Als sie sich den Gebäuden näherten, sahen sie, daß diese von bewaffneten Polizisten umstellt waren, die sie mit vorgehaltenen Maschinenpistolen empfingen. Keiner der Unternehmer war erschienen, um zu verhandeln.

Was sollte Dom Helder diesen armen Menschen sagen, die ihn nun so entmutigt, ja verzweifelt anblickten, daß er spürte: sie waren bereit, auf sein Wort hin alles zu tun, auch auf diese Fabrik einzustürzen, sie zu demolieren, um zu zeigen, daß auch sie ein Recht hatten, gehört zu werden. Sie hatten ja nichts zu verlieren. Nichts konnte schlechter sein als ihr gegenwärtiges Dasein. – Aber Dom Helder versuchte, ihnen die Macht zu zeigen, die in ihnen selbst liegt, zu erklären, daß die Reichen Menschen sind wie sie selbst; daß es nicht genügt, einmal nur an ihr Herz, an ihr Gewissen zu klopfen, um sie von ihrem Unrecht zu überzeugen. Nicht sie selbst, arme Fischer, klopfen an das Gewissen der Reichen, sondern Christus selbst durch uns –, und er ist stärker als die Stärksten der Welt.

„Wir müssen morgen zurückkehren und wieder klopfen und wieder, bis sie unserem Appell nicht mehr wiederstehen können." – Die Fischer gingen ohne Trost nach Hause; der Hunger, das Elend waren geblieben; aber sie wollten wiederkommen.

Am nächsten Tage sprach die ganze Presse davon. Die Menschen waren empört; der Unternehmer konnte schließlich dem moralischen Vorwurf der Armen nicht widerstehen. Noch am selben Tage erklärten sich die Direktoren bereit, mit den Fischern zu verhandeln –, und bald wurde das Wasser gereinigt. Die Fischer konnten leben.

Ein kleines Ereignis: und dennoch das erste Mal, daß, nach Generationen stumpfer Ergebenheit in das Elend, Hunderte armer, ausgebeuteter Fischer spürten, daß in ihnen eine Kraft liegt, aus der heraus sie um ihr Leben und ihre Rechte zu kämpfen vermögen. Kraft der Gerechtigkeit und Liebe, der Hoffnung und der Waffen der Armen!

10. Vom rechten Umgang mit Konflikten

Wir haben in den vergangenen Stunden Beispiele für Konflikte behandelt und dabei nach Ursachen und Lösungsmöglichkeiten gesucht.

Zum Abschluß wollen wir jetzt zunächst alle guten und schlechten Möglichkeiten der Konfliktbewältigung zusammentragen.
Anschließend wollen wir uns fragen, wie es eigentlich in unserer Klasse bestellt ist. Welche Konflikte gibt es, wie sind wir bisher mit ihnen umgegangen und fertig geworden? Vielleicht gelingt es uns ja jetzt besser, mit Konflikten zu leben, ob in der Schule, zu Hause oder auch sonst im Alltag.

1 Setzt euch wieder in Gruppen zusammen und sammelt alle guten und schlechten Möglichkeiten der Konfliktbewältigung
2 Tauscht eure Ergebnisse aus und ergänzt sie gegenseitig.

Gute Lösungen	schlechte Lösungen
. . .	. . .

*11. Können wir jetzt besser mit Konflikten umgehen?

Wir haben bis jetzt eine Menge über Konflikte gelernt und auch ausprobiert, wie man sie lösen kann. Doch sind wir auch in der Lage, dies bei uns selbst anzuwenden?
Jeder für sich hat jetzt die Gelegenheit, auf einen Zettel zu notieren, welche Konfliktsituation er in der Klasse gelöst haben möchte. Wie bei einer geheimen Abstimmung werden die Zettel eingesammelt.
Im Sitzkreis nehmen wir uns dann die einzelnen Zettel vor und besprechen sie gemeinsam. (Wer keinen Konflikt aufschreiben möchte, wird gebeten, rücksichtsvoll zu warten)
Vielleicht könnt ihr zu Hause oder in anderen Gruppen einmal ähnlich verfahren. Etwas aufzuschreiben ist manchmal leichter als sofort darüber zu sprechen (auch ein Weg zur Konfliktlösung).
Es sollte eigentlich überall, wo Menschen regelmäßig miteinander zu tun haben, ein „Kummerkasten" aufgestellt werden, auch in der Schule. Auf diese Weise kommt es viel häufiger und besser zum Gespräch, bevor sich Konflikte aufstauen.

6. Freundschaft – Liebe – Sexualität

1. Begegnungen

Unsere Beziehungen zu anderen Menschen sind sehr vielfältig. Sie unterscheiden sich in ihrer Bedeutung je nach ihrer zeitlichen Dauer und nach ihrem Intensitätsgrad. Dabei spielen Zufälligkeiten ebenso eine Rolle wie auch äußere Bedingungen oder persönliche Interessen. So erleben wir im Alltag verschiedene Formen menschlicher Begegnungen, angefangen mit oberflächlichem Zusammentreffen auf der Straße, im Supermarkt oder bei einem sportlichen Wettkampf, bis hin zu engen persönlichen Bindungen.

Versucht jetzt bitte zu zweit (als Partner) oder in kleinen Gruppen möglichst viele Arten menschlicher Beziehungen zu entdecken. Geht dabei von euren eigenen Erfahrungen aus.
Notiert euch in eurem Arbeitsheft zunächst Stichworte, in denen menschliche Beziehungen eine Rolle spielen. Schreibt diese untereinander. Versucht anschließend durch Numerierung eine Rangfolge aufzustellen. Begründet eure Rangfolge in einem Auswertungsgespräch

Formen menschlicher Beziehungen	Rangfolge
...	...

2. Bilder vom Menschen

Wie beurteilt ihr die Beziehungen der Menschen auf diesen Bildern? Betrachtet sie ruhig und konzentriert. Gebt eure Eindrücke und Empfindungen möglichst spontan wieder. (Vielleicht habt ihr selbst noch weitere Bilder, in denen menschliche Beziehungen zum Ausdruck kommen.)

3. Wenn Menschen sich verstehen ...

... dann gehen sie Bindungen ein, die darauf angelegt sind, dauerhaft zu sein. Dabei wird die Lebensgestaltung der Menschen wechselseitig beeinflußt. Damit aber solche dauerhaften Bindungen zustande kommen und gelingen, bedürfen sie bestimmter Voraussetzungen und Einstellungen.

1 Was fällt euch zu den nebenstehenden Begriffen ein?
2 Was sind wichtige und notwendige Voraussetzungen für diese menschlichen Beziehungen?

FREUNDSCHAFT — LIEBE
PARTNERSCHAFT — SEXUALITÄT

3 Notiert euch in eurem Arbeitsheft Stichworte und Fragen zu den Begriffen.
4 Tauscht anschließend eure Ergebnisse aus. Überlegt, worauf es ganz besonders ankommt. Vielleicht gibt es ja unterschiedliche Antworten.
***5** Vielleicht könnt ihr zu Hause eure Eltern fragen, was ihnen bei diesen Begriffen besonders wichtig ist. Vergleicht die Antworten.

4. Zusammenhalt und Freundschaft

Die folgende Geschichte wirft die Frage auf, was eigentlich Freundschaft ist. Soll man immer das tun, was der Freund sagt?

Die Geschichte hat kein Ende. Ihr müßt versuchen selber eine Lösung zu finden. Diskutiert in Gruppen, wie ihr euch verhalten würdet. Spielt anschließend in einer kleinen Szene eure Lösung vor.

Zwei Freunde

Thomas und Martin sind seit langem unzertrennlich. Wann immer es möglich ist, treffen sie sich, machen gemeinsame Unternehmungen und manchmal auch kleine Streiche. Einmal spielen sie schon eine ganze Weile in der Bauecke. Thomas sagt zu Martin: „Du bist doch mein Freund und nicht der Freund von der Michaela?“

Martin antwortet: „Natürlich bin ich dein Freund.“

Daraufhin sagt Thomas: „Die Michaela, die ist blöd, findest du nicht auch? Geh mal hin und hau ihr eine runter!“

Martin will das eigentlich nicht tun. Es gefällt ihm nicht so ganz. Er fühlt sich ziemlich unwohl. Zweifelnd schaut er seinen Freund an.

Aber der sagt: „Wenn du das nicht tust, bist du nicht mehr mein Freund.“

Shaftel/Shaftel-Weinmann

Was glaubt ihr, hat Martin gemacht?

5. Was ist Freundschaft?

Nachdem ihr eure Lösungen vorgespielt habt, ist es sicher gut, noch einmal gemeinsam zu überlegen, was zu einer echten Freundschaft gehört.
Ihr könnt entweder selber versuchen, die Merkmale einer Freundschaft zusammenzutragen. Oder aber ihr lest den nachfolgenden Text und unterstreicht, was darin über Freundschaft Wichtiges ausgesagt wird.

Lexikon der Sexualität: „Freund, Freundin“

„Freund, Freundin: Partner, um sich nicht allein zu fühlen. Besonders Partner, die als gleichgesinnte empfunden und gebraucht werden und die man selbst gewählt hat.

Einen Freund oder eine Freundin zu haben, bedingt Kontaktfähigkeit und hat für die Partnerwahl Bedeutung. Keinen Freund oder keine Freundin zu haben, sagt nichts über den persönlichen Wert oder über Versagen aus, sondern weist auf die Schwierigkeiten hin, mit anderen Verbindung aufzunehmen und diese Verbindung halten zu können.

Bei mehreren Freundinnen oder Freunden gleichzeitig besteht zu jedem eine andersartige Verbindung, oder es liegt eine allgemeine Zusammengehörigkeit als Gruppe (Kameradschaft) vor. Freundschaft mit einem Menschen des anderen Geschlechts ist wegen der sexuellen Prägung des Menschen mit einer gleichgeschlechtlichen Freunschaft nicht zu vergleichen.

Was Freund und Freundin im einzelnen verbindet, ist jeweils verschieden, beruht aber immer darauf, sich zu mögen, gemeinsame Interessen zu finden und hauptsächlich darauf, sich vom anderen verstanden zu fühlen. Die Freundschaft steht und fällt damit, daß der eine den anderen braucht – nicht selten als Ausgleich für eigene Probleme, wie Auseinandersetzungen mit Eltern, berufliche Aufgaben oder andere Schwierigkeiten, u. U. auch solche, die nicht immer bewußt empfunden werden, wie Furcht vor dem Alleinbleiben, sexuelle Bedürfnisse, Heiratswünsche, Selbstbestätigung oder Prestigeverlangen. Einen Freund oder eine Freundin zu kennen, ist in jedem Lebensalter wichtig, denn solche Erfahrungen tragen dazu bei, selbst Kontakte suchen und wählen zu können.

Zu einer Freundschaft gehören Veränderungen der Gefühle und Bindungen. Es kann eine Täuschung sein, sich Freundschaft als etwas Dauerhaftes vorzustellen. Man muß mit einer Trennung rechnen und sie vielleicht selbst herbeiführen und aushalten können, ohne daß von Versagen, Verschulden oder von Untreue gesprochen werden dürfte. Ebenso kann der Kontakt auch enger werden oder können die Befreundeten ein sexuelles Verhältnis eingehen oder heiraten wollen.

Ob sich Erwartungen oder Befürchtungen gegenüber der Freundin oder dem Freund bestätigen, hängt von der Bereitwilligkeit der Partner ab, offen miteinander zu reden. Eigene Erfahrungen mit Freundschaften gehören zur Lebenserfahrung als Mann oder Frau. Das gilt für jedes Alter.“ *Martin Goldstein*

6. Beispiele für Freundschaft

Die nachfolgenden Erzählungen zeigen ganz unterschiedliche Beispiele für Freundschaft.

In der ersten Geschichte geht es um die Freundschaft mit einem Zigeunerjungen, der so anders ist, weil er andere Sitten hat.
(Wolfdietrich Schnurre; *Jenö war mein Freund*)

Die zweite Geschichte schließlich berichtet über die Freundschaft zu einem afrikanischen Studenten, aus der sich später sogar politische Konsequenzen ergeben.
(Horst Hachmann; *Ranghipar und seine Freunde*)

Jenö war mein Freund

Als ich Jenö kennenlernte, war ich neun; ich las Edgar Wallace und Conan Doyle, war eben sitzengeblieben und züchtete Meerschweinchen.

Jenö traf ich zum erstenmal auf dem Stadion am Faulen See beim Grasrupfen; er lag unter einem Holunder und sah in den Himmel. Weiter hinten spielten sie Fußball und schrien manchmal „Tooooooor!" oder so was. Jenö kaute an einem Grashalm; er hatte ein zerrissenes Leinenhemd an und trug eine Manchesterhose, die nach Kokelfeuer und Pferdestall roch.

Ich tat erst, als sähe ich ihn nicht, und rupfte um ihn herum; aber dann drehte er doch ein bißchen den Kopf zu mir hin und blinzelte schläfrig und fragte, ich hätte wohl Pferde.

„Nee", sagte ich, „Meerschweinchen."

Er schob sich den Grashalm in den anderen Mundwinkel und spuckte aus. „Schmecken nicht schlecht."

„Ich eß sie nicht", sagte ich; „dazu sind sie zu nett."

„Igel", sagte Jenö und gähnte, „die schmecken auch nicht schlecht."

Ich setzte mich zu ihm. „Igel –?"

„Tooooooor!" schrien sie hinten.

Jenö sah wieder blinzelnd in den Himmel. Ob ich Tabak hätte.

„Hör mal", sagte ich; „ich bin doch erst neun."

„Na und –", sagte Jenö; „ich bin acht".

Wir schwiegen und fingen an, uns leiden zu mögen.

Dann mußte ich gehen. Doch bevor wir uns trennten, machten wir aus, uns möglichst bald wiederzutreffen.

Vater hatte Bedenken, als ich ihm von Jenö erzählte. „Versteh mich recht", sagte er, „ich hab' nichts gegen Zigeuner; bloß –"

„Bloß –?" fragte ich.

„Die Leute –", sagte Vater und seufzte. Er nagte eine Weile an seinen Schnurrbartenden herum. „Unsinn", sagte er plötzlich; „schließlich bist du jetzt alt genug, um dir deine Bekannten selbst auszusuchen. Kannst ihn ja mal zum Kaffee mit herbringen."

Das tat ich dann auch. Wir tranken Kaffee und aßen Kuchen zusammen, und Vater hielt sich auch wirklich hervorragend. Obwohl Jenö wie ein Wiedehopf roch und sich auch sonst ziemlich seltsam benahm – Vater ging drüber weg. Ja, er machte ihm sogar ein Katapult aus echtem Vierkantgummi und sah sich obendrein noch alle unsere neu erworbenen Konversationslexikonbände mit uns an.

Als Jenö weg war, fehlte das Barometer über dem Schreibtisch.

Ich war sehr bestürzt; Vater gar nicht so sehr.

„Sie haben andere Sitten als wir", sagte er; „es hat ihm eben gefallen. Außerdem hat es sowieso nicht mehr viel getaugt."

„Und was ist", fragte ich, „wenn er es jetzt nicht mehr rausrückt?"

„Gott", sagte Vater, „früher ist man auch ohne Barometer ausgekommen."

Trotzdem, das mit dem Barometer, fand ich, ging ein bißchen zu weit. Ich nahm mir jedenfalls vor, es Jenö wieder abzunehmen.

Aber als wir uns das nächstemal trafen, hatte Jenö mir ein so herrliches Gegengeschenk mitgebracht, daß es unmöglich war, auf das Barometer zurückzukommen. Es handelte sich um eine Tabakspfeife, in deren Kopf ein Gesicht geschnitzt war, das einen Backenbart aus Pferdehaar trug.

Ich war sehr beschämt, und ich überlegte lange, wie ich mich revanchieren könnte. Endlich hatte ich es: ich würde Jenö zwei Meerschweinchen geben. Es bestand dann zwar die Gefahr, daß er sie aufessen würde, aber das durfte einen jetzt nicht kümmern; Geschenk war Geschenk.

Und er dachte auch gar nicht daran, sie zu essen; er lehrte sie Kunststücke. Innerhalb weniger Wochen liefen sie aufrecht auf zwei Beinen; und wenn Jenö ihnen Rauch in die Ohren blies, legten sie sich hin und überkugelten sich. Auch Schubkarrenschieben und Seiltanzen lehrte er sie. Es war wirklich erstaunlich, was er aus ihnen herausholte; Vater war auch ganz beeindruckt.

Ich hatte damals außer Wallace und Conan Doyle auch gerade die zehn Bände vom Doktor Dolittle durch, und das brachte mich auf den Gedanken, mit Jenö zusammen so was wie einen Meerschweinchenzirkus aufzumachen.

Aber diesmal hielt Jenö nicht durch. Schon bei der Vorprüfung der geeigneten Tiere verlor er die Lust. Er wollte lieber auf Igeljagd gehen, das wäre interessanter.

Tatsächlich, das war es. Obwohl – mir war immer ziemlich mulmig dabei. Ich hatte nichts gegen Igel, im Gegenteil, ich fand sie sympathisch. Aber es wäre sinnlos gewesen, Jenö da beeinflussen zu wollen; und das lag mir auch gar nicht.

Er hatte sich für die Igeljagd einen handfesten Knüppel besorgt, der unten mit einem rauhgefeilten Eisenende versehen war; mit dem stach er in Laubhaufen rein und stocherte auf Schutthalden unter alten Eimern herum. Er hat so oft bis zu vier Stück an einem Nachmittag harpuniert; keine Ahnung, wie er sie aufspürte; er muß sie gerochen haben, die Burschen.

Jenös Leute hausten in ihren Wohnwagen. Die standen zwischen den Kiefern am Faulen See, gleich hinter dem Stadion. Ich war oft da, viel häufiger als in der Schule, wo man jetzt doch nichts Vernünftiges mehr lernte.

Besonders Jenös Großmutter mochte ich gut leiden. Sie war unglaublich verwahrlost, das stimmt. Aber sie strahlte so viel Würde aus, daß man ganz andächtig wurde in ihrer Nähe. Sie sprach kaum; meist rauchte sie nur schmatzend ihre Stummelpfeife und bewegte zum Takt eines der Lieder, die von den Lagerfeuern erklangen, die Zehen.

Wenn wir abends mit Jenös Beute dann kamen, hockte sie schon am Feuer und rühte den Lehmbrei an. In den wurden die Igel jetzt etwa zwei Finger dick eingewickelt. Darauf legte Jenö sie behutsam in die heiße Asche, häufelte einen Glutberg über ihnen, und wir kauerten uns hin, schwiegen, spuckten ins Feuer und lauschten darauf, wie das Wasser in den Lehmkugeln langsam zu singen anfing. Ringsum hörte man die Maulesel und Pferde an ihren Krippen nagen, und manchmal klirrte leise ein Tamburin auf oder, mit einer hohen, trockenen Männerstimme zusammen, begann plötzlich hektisch ein Banjo zu schluchzen.

Nach einer halben Stunde waren die Igel gar. Jenö fischte sie mit einer Astgabel aus der Glut. Sie sahen jetzt wie kleine, etwas zu scharf gebackene Landbrote aus; der Lehm war steinhart geworden und hatte Risse bekommen, und wenn man ihn abschlug, blieb der Stachelpelz an ihm haften, und das rostrote Fleisch wurde sichtbar. Man aß grüne Paprikaschoten dazu oder streute rohe Zwiebelkringel darauf; ich kannte nichts, das aufregender schmeckte.

Aber auch bei uns zu Hause war Jenö jetzt oft. Wir sahen uns in Ruhe die sechs Bände unseres neuen Konversationslexikons an; ich riß die Daten der Nationalen Erhebung aus meinem Diarium und schrieb rechts immer ein deutsches Wort hin, und links malte Jenö dasselbe Wort auf Rotwelsch daneben. Ich habe damals eine Menge gelernt, von Jenö meine ich, von der Schule rede ich jetzt nicht.

Später stellte sich auch heraus, es verging kein Tag, an dem die Hausbewohner sich nicht beim Blockwart über Jenös Besuche beschwerten; sogar zur Kreisleitung ist mal einer gelaufen. Weiß der Himmel, wie Vater das jedesmal abbog; mir hat er nie was davon gesagt.

Am meisten hat sich Jenö aber doch für meine elektrische Eisenbahn interessiert; jedesmal, wenn wir mit ihr gespielt hatten, fehlte ein Waggon mehr. Als er dann aber auch an die Schienenteile, die Schranken und die Signallampen ging, fragte ich doch mal Vater um Rat.

„Laß nur“, sagte er; „kriegst eine neue, wenn Geld da ist.“

Am nächsten Tag schenkte ich Jenö die alte. Aber merkwürdig, jetzt wollte er sie plötzlich nicht mehr; er war da komisch in dieser Beziehung.

Und dann haben sie sie eines Tages doch abgeholt; die ganze Bande; auch Jenö war dabei. Als ich früh hinkam, hatten SA und SS das Lager schon umstellt, und alles war abgesperrt, und sie scheuchten mich weg.

Jenös Leute standen dicht zusammengedrängt auf einem Lastwagen. Es war nicht herauszubekommen, was man ihnen erzählt hatte, denn sie lachten und schwatzten, und als Jenö mich sah, steckte er zwei Finger in den Mund und pfiff und winkte rüber zu mir.

Bloß seine Großmutter und die übrigen Alten schwiegen; sie hatten die Lippen aufeinandergepreßt und sahen starr vor sich hin. Die anderen wußten es nicht. Ich habe es damals auch nicht gewußt; ich war nur traurig, daß Jenö jetzt weg war. Denn Jenö war mein Freund.

Wolfdietrich Schnurre

*Ranghipar und seine Freunde

Über Nacht war der junge Mann in die Stadt gekommen. Ich sah ihn zum erstenmal, als er versuchte, mit dem Pförtner des Frankfurter Großbetriebes einig zu werden. Er trug einen schwarzen Anzug, ein weißes Hemd und eine rote Krawatte. Nur seine hellgrauen Schuhe wollten nicht so recht zu dieser Aufmachung passen. Er sprach erst mit Worten und dann mit Händen auf den braven Zerberus am Betriebseingang ein. Doch weder das Gehalt noch der Anstellungsvertrag setzen bei einem Betriebspförtner englische Sprachkenntnisse voraus. So kam es, daß die beiden aneinander vorbeiredeten. Ich hatte dieser ebenso unverständlichen wie lautstarken Diskussion eine Weile zugehört, dann wurde mir die Absicht des jungen Besuchers klar. Ich sprang hinzu, und er machte eine linkische Verbeugung. „Mein Name ist Ranghipar", sagte er, „ich soll von heute an als Volontär hier arbeiten. Punkt neun Uhr soll ich mich beim Personalchef melden. Doch dieser Herr hier möchte das verhindern."

Wir gingen zusammen zum Personalchef. Nach einer halben Stunde wurden wir mit einem Personalfragebogen entlassen. Ranghipar betrachtete das Stück Papier wie eine Offenbarung aus einer anderen Welt. Mir schien, als sei ihm die Definition der Relativitätstheorie geläufiger als die Fragestellung auf diesem in unserem Staate so unvermeidlichen Papier. Und während wir Frage um Frage gemeinsam beantworteten, zeichnete sich die Entwicklung Ranghipars vor mir ab:

Name: Ranghipar Supun
Geburtsort: Accra
Geburtsdatum: 1941
Nationalität: Ghana
Schulbildung: Sechs Jahre Missionsschule, dann vier Jahre College in England
Beruf: Student

Gemeinsam schafften wir die Einstellungsformalitäten. Ranghipar streckte mir mit breitem Lachen seine Hand hin. „Thank you very much, friend . . ." Seit dieser Stunde sind wir Freunde.

Irgendwo mußte mein Freund wohnen. Da ich ihn schlecht mit einem Wörterbuch und einer deutschen Grammatik auf diesen beschwerlichen Gang schicken konnte, beschloß ich, das Unternehmen „Wohnungssuche" für ihn zu starten. Mit seinen neuen jungen Kollegen, die es riesig interessant fanden, einen „richtigen" Neger neben sich in der Abteilung zu wissen, hatte er schnell guten Kontakt. Ranghipar quittierte die Anteilnahme, die man ihm entgegenbrachte, mit der rührenden Feststellung: „Ihr Deutschen seid alle furchtbar nette Burschen."

Um ihm seine gute Meinung zu erhalten, habe ich ihm nie etwas von meinen Erlebnissen erzählt, die ich auf der Wohnungssuche hatte. Es war selbstverständlich, daß er die ersten Tage während seines Frankfurter Aufenthaltes bei uns schlafen konnte. Meine Frau hatte ihm auf der Couch im Wohnzimmer ein Bett gemacht. Für zwei Tage, so dachten wir, denn wir waren so optimistisch zu glauben, eine Junggesellenbude müsse sich innerhalb dieser Zeit finden lassen. Doch Ranghipar wohnte genau vierzehn Tage bei uns.

Am ersten Tag hatte ich mir die Zeitung zur Hand genommen und alle in Frage kommenden Angebote unterstrichen. Es waren vierzehn. Einfache Zimmer waren darunter und solche mit Küchenbenutzung und eigenem Bad. Ranghipars Wohnungsbudget durfte 80 Mark im Monat nicht überschreiten. Wer Frankfurt kennt, weiß, was man für eine solche Summe zu erwarten hat. Das dritte Zimmer, das ich besichtigte, sagte mir zu. Wohnungsinhaberin war eine Witwe, schätzungsweise 45 Jahre alt, und Mutter zweier Söhne von 18 und 22 Jahren, die gleichfalls im Hause wohnten.

Das Zimmer war einfach, doch sauber und nett. Die Kommode mochte in den zwanzig Jahren ihrer Existenz zwar schon manches traute Familienidyll erlebt haben, aber dafür war das Bett gut gepolstert und erst kürzlich angeschafft worden. Ein Ölgemälde vom Binger Mäuseturm und eine Orientteppich-Imitation sowie ein kleiner Tisch und zwei Korbsessel vervollständigten die bescheidene Einrichtung. „Den Morgenkaffee können Sie mit uns oder auch auf Ihrem Zimmer trinken. Ganz, wie Sie wollen. Ich rechne Ihnen dafür nur eine Mark." Die Frau gefiel mir, der Preis war anständig, ich sagte zu. Die Vermieterin hatte auch keine Einwände, als ich klar machte, daß ich dieses Zimmer nicht für mich, sondern für einen Freund mieten wollte. „Wenn er nett ist, dann ist er mir willkommen." Doch das Lächeln der Witwe erstarrte zu eisiger Maske, als ich ihr gestand, daß mein Freund Afrikaner sei. Sie hätte ja ganz und gar nichts gegen Neger, sagte sie, aber mit ihnen unter einem Dach zu wohnen, nein, das wollte sie dann doch nicht.

Am nächsten Tag kletterte ich in den letzten Stock zu einem Angestelltenehepaar, das das Zimmer der Tochter, die gerade geheiratet hatte, zum Vermieten anbot. Die recht mollige Dame des Hauses flößte Vertrauen ein. Sie wirkte gemütlich und mütterlich. Das Zimmer, das sie mir zeigte, hatte sogar einen Radioapparat. „Dafür brauchen Sie keinen Pfennig mehr zu zahlen." Doch als ich der Dame erklärte, daß ihr neuer Mieter eine etwas dunklere Hautfarbe habe als wir, da machte sie ein Gesicht, als sollte sie das Ungeheuer von Loch Ness beherbergen. Das müsse ihr Mann entscheiden, sagte die mollige Frau. Sie werde mich am nächsten Tag anrufen. Sie hielt sogar Wort. Am Telefon erklärte sie mir dann, ihr Mann hätte das Zimmer bereits an einen anderen Herrn vermietet.

Mein nächster Gang führte mich in einen Frankfurter Vorort. „Großes Zimmer in modernem Neubau" hatte in der Zeitung gestanden. Die Wirtin war schon älter, alleinstehend und hatte bereits einen Untermieter. Und sie war sehr großzügig, denn sie erklärte: „Wenn Sie mal 'ne Dame mit hoch nehmen, habe ich auch nichts dagegen." Nur gegen eines hatte sie etwas, gegen einen jungen Farbigen im Haus.

Dreizehn Tage habe ich Zimmer besichtigt, moderne und antike, mit und ohne Küchenbenutzung, große und kleine, billige und teure. Dreizehn Tage lang wurde mir mit freundlichem Gesicht oder unverhohlener Abneigung erklärt, daß „Neger" in diesem Haus unerwünscht seien. Und die Leute, die das sagten, waren die gleichen, die an Stammtischen über die Negerkrawalle in den Vereinigten Staaten schimpften, die sich dafür einsetzen, daß Farbige keine Menschen zweiter Klasse seien. Menschen, die mit Aufmerksamkeit und Interesse die Entwicklung in Afrika verfolgen, die im Büro und in der Straßenbahn große Worte über die Gleichberechtigung dieser jungen Staaten verlieren, bekommen plötzlich eine Gänsehaut, wenn man ihnen zumutet, mit einem Angehörigen dieses erwachten Afrikas den Tisch zu teilen. Der Afrikaner ist ihnen nur aus der Entfernung sympathisch. Aber sobald er in ihre unmittelbare Nähe rückt, kommt er ihnen vor wie ein Wilder, den man zufällig in einen Straßenanzug steckte. Dann flüchten sie zu banalen Ausreden. Worte wie „was sollen die Nachbarn sagen" oder „wir werden ja zum Gespött der Leute" oder „schau, die hat einen Neger" waren auf diesem

Wohnungssuche-Unternehmen häufig. Man hatte stets einen Dritten bereit, auf den man die Verantwortung für die Absage abwälzen konnte. Einmal waren es die Nachbarn, dann der Mann oder der Freund oder auch die Kinder. Keiner hatte den Mut zu dem Bekenntnis, daß er die Farbigen nicht mag.

Am vierzehnten Tag zog Ranghipar bei uns aus. Er hatte wieder seinen schwarzen Anzug an und das Hemd, nur die Schuhe hatte er nach einem diskreten Hinweis meiner Frau gewechselt. Ein junges Künstlerehepaar, er 22, sie 19 Jahre alt, hatte in seiner geräumigen Wohnung dem Mann aus Ghana ein Asyl geboten, ein modern eingerichtetes Zimmer mit fließendem Wasser, mit Radio und Telefonanschluß. Das Telefon machte Ranghipar den meisten Spaß. Jeden Abend rief er mich an und erzählte mir von seinen Fortschritten in der deutschen Sprache, von seinen Erlebnissen am Arbeitsplatz und seinen Begegnungen mit netten Menschen.

Ein junger Arbeitskollege lud ihn nach Hause ein, und das machte Schule. Ranghipar lernte mehrere deutsche Familien kennen, wurde vertraut mit deutschen Traditionen und Gewohnheiten. Er ging mit seinen Freunden tanzen, und es kam selten vor, daß er einen „Korb" erhielt, wenn er seine linkische Verbeugung vor einem Mädchen machte. Man nahm ihn mit ins Theater, in Museen und in den Jazzkeller. Besonders die Kelleratmosphäre hatte es ihm bald angetan. Hier hörte er die Musik, die er liebte, hier unter den jungen Leuten nahm man kaum Notiz von seiner Hautfarbe; hier war er lediglich einer unter Gleichen.

Ranghipar war zufrieden in der Bundesrepublik. Daß man ihn bewunderte, schmeichelte ihm. Jedes Wort, das man ihm schenkte, quittierte er beglückt mit der Geste der Dankbarkeit. Elf Monate blieb er in unserem Lande und ging mit offenen Augen durch diese neue Welt. Denn er wußte, hier gab es viel zu lernen, was er, erst einmal in die Heimat zurückgekehrt, gut verwerten konnte. Seine nächste Etappe war eine englische Universität.

Doch, wo er auch hinkam, überall erzählte er von den aufgeschlossenen Menschen in der Bundesrepublik. Seinen vielen Freunden schickt er heute noch begeisterte Briefe. Westdeutschland wurde zum Land, das er nach seiner Heimat am meisten liebt. Da er mittlerweile daheim in eine Position von großem Einfluß hineinwuchs, tragen seine Berichte viel zum Ansehen unseres Landes bei. Ich habe oft darüber nachgedacht, wie diese Meinung ausgefallen wäre, wenn Ranghipar persönlich sein Zimmer gesucht hätte.

Horst Hachmann

7. Filmbeispiel

Der Außenseiter (Ein Neuer in der Klasse) Nr. 332552 (27 min.)
Warum kommt es nicht zu einer positiven Begegnung und Freundschaft? Was würdet ihr besser machen?

8. Liebe – was ist das?

1 Ihr kennt sicher eine Menge Schlager, in denen die Liebe besungen wird. Auch in alten Volksliedern kommt dieses Thema immer wieder vor. Ist es da nicht interessant, sich einige Beispiele anzuhören und zu fragen, was darin über die Liebe alles gesagt wird?
2 Ihr könntet Schlager oder Volkslieder zum Thema „Liebe" mitbringen und vorspielen. Vielleicht auch Aufnahmen aus Schlagersendungen im Radio machen. Fragt eure Eltern, welche Liebeslieder oder -gedichte sie kennen.
3 Sammelt alle Aussagen und Vorstellungen von der Liebe und untersucht, was davon eurer Meinung nach wichtig ist oder was ihr als Kitsch bezeichnen würdet.
4 Gibt es Veränderungen gegenüber früheren Zeiten?

9. Wo begegnet uns Liebe?

Die *Chronik des Salimbene von Parma* aus dem Jahre 1268 berichtet:

Friedrich II. von Hohenstaufen wollte die Ursprache der Menschen finden. Er glaubte, sie entdecken zu können, wenn beobachtet werde, in welcher Sprache Kinder zu reden anfangen, mit denen vorher niemand spricht. Und deshalb befahl er den Ammen und Pflegerinnen, sie sollten den Kindern Milch geben, daß sie an den Brüsten säugen möchten, sie baden und waschen, aber in keiner Weise mit ihnen schön tun und zu ihnen sprechen.

Er wollte nämlich erforschen, ob sie die hebräische Sprache sprächen als die älteste, oder griechisch oder latein oder arabisch oder aber die Sprache ihrer Eltern, die sie geboren hatten.

Aber er mühte sich vergebens, weil die Kinder alle starben. Denn sie vermochten nicht zu leben ohne das Händepatschen und das fröhliche Gesichterschneiden und die Koseworte ihrer Ammen.

Liebe ist lebensnotwendig. Wo sie fehlt, droht der Mensch zu vergehen oder zu scheitern. So finden wir die Liebe in allen Phasen unseres Lebens, ob wir sie empfangen oder selbst schenken. Liebe bestimmt die Beziehung zwischen Eltern und Kind, zwischen Alt und Jung. Sie gibt Jugendlichen Halt und Geborgenheit; sie trägt Freundschaft und Partnerschaft; sie verbindet Jungen und Mädchen, Mann und Frau. Liebe ist eigentlich überall, wo Menschen aufeinander zugehen, einander helfen und verstehen wollen, ob im privaten Raum der persönlichen Begegnung oder im gesellschaftlichen und politischen Bereich. Sie muß nur immer wieder neu entdeckt und bewußt gemacht werden. Denn ein Leben ohne Liebe ist sinnlos und führt zu Einsamkeit und Verzweiflung.

10. Drei Beispiele für Liebe

Die folgenden drei Texte geben unterschiedliche Auffassungen von der Liebe wieder.

1 Wie würdet ihr die Auffassungen von „Liebe“ in den einzelnen Texten charakterisieren?
2 Versucht in der Auseinandersetzung mit den dort enthaltenen Aussagen herauszufinden, was ihr unter „richtiger Liebe“ versteht.

Die Kaulquappe und der Weißfisch

Eine Kaulquappe hatte einen Weißfisch geehelicht. Als ihr Beine wuchsen und sie ein Frosch zu werden begann, sagte sie eines Morgens zu ihm: „Martha, ich werde jetzt bald einer Berufung aufs Festland nachkommen müssen; es wird angebracht sein, daß du dich beizeiten daran gewöhnst, auf dem Lande zu leben.“ – „Aber um Himmels willen!“ rief der Weißfisch verstört, „bedenke doch, Lieber: meine Flossen! Die Kiemen!“ Die Kaulquappe sah seufzend zur Decke empor. „Liebst du mich, oder liebst du mich nicht?“ – „Ei, aber ja“, hauchte der Weißfisch ergeben. „Na also“, sagte die Kaulquappe.

Wolfdietrich Schnurre

Morgens und abends zu lesen

Der, den ich liebe
Hat mir gesagt
Daß er mich braucht.
Darum
Gebe ich auf mich acht
Sehe auf meinen Weg und
Fürchte von jedem Regentropfen
Daß er mich erschlagen könnte.

Bertolt Brecht

Wenn Herr K. einen Menschen liebte

„Was tun Sie“, wurde Herr K. gefragt, „wenn Sie einen Menschen lieben?“ „Ich mache einen Entwurf von ihm“, sagte Herr K., „und sorge, daß er ihm ähnlich wird.“ „Wer? Der Entwurf?“ „Nein“, sagte Herr K., „der Mensch.“ *Bertolt Brecht*

11. Entwicklung der Liebe

Liebe ist nicht einfach da. Sie entwickelt sich. Jede Altersstufe hat ihre besonderen Ausdrucksformen.

Es ist wichtig, die Stufen der Liebe zu erleben. Nur so kann sie sich richtig entfalten.

Erwachsener ↑	Studium Beruf Partnerschaft	**Selbstverwirklichung** Feste Bindung aus Liebe und Verantwortlichkeit
Jugendlicher ↑	Schule Freizeitgruppen Berufsausbildung Partner	**Selbstgestaltung** Festigung der eigenen Persönlichkeit (Selbstliebe). Feste Freundschaften. Hinwendung zum anderen Geschlecht! Erste Liebe
Kind ↑	Familie Schule Freizeitgruppen	**Selbstbehauptung** Entwicklung einer eigenen Persönlichkeit. Erste Freundschaften
Kleinkind	Familie Kindergarten	**Vertrauen** Grundlegung der Liebesfähigkeit

Macht eine Bild-Text Collage, auf der die unterschiedlichen Ausdrucksformen der Liebe dargestellt werden. Stellt eure eigene Situation dabei ins Zentrum.

12. Sätze über die Liebe

Liebe ist die schönste und tiefste Form der Beziehung zwischen Menschen. Deshalb scheuen wir uns vor dem Wort. Es ist zu feierlich und wird zu oft mißbraucht.

Im Hinblick auf ihre menschlichen Möglichkeiten ist Liebe grenzenlos. Immer dann, wenn sie wirklich ist, wenn wirklich die Liebe Grund einer menschlichen Handlung ist, erhält menschliches Tun einen einzigartigen, unverwechselbaren und unwiederholbaren Wert.

Liebe ist Übergang vom „Ich" zum „Wir". Das „Du", das wir lieben, öffnet uns das Tor zu den menschlichen Beziehungen.

Liebe ist ein schöpferisches Tun voller Abenteuer. Sie fordert sehr viel vom Menschen, der liebt.

Die Liebe ist langmütig und freundlich
sie kennt keine Eifersucht,
sie prahlt nicht
und bläht sich nicht auf
sie achtet auf das, was sich schickt und verletzt es nicht,
sie sucht keinen Vorteil
und wird nicht bitter durch dunkle Erfahrung,
sie rechnet niemandem Böses an,
sie trauert über das Unrecht
und freut sich über die Wahrheit,
sie trägt alles,
sie glaubt und hofft alles,
sie beugt sich den Lasten und bleibt geduldig gebeugt.

Paulus

1 Darf man sich alles erlauben, wenn man geliebt wird?

2 Vergleicht diese Aussagen mit den Ergebnissen eurer Collagen. Findet ihr Übereinstimmungen?

13. Begegnung der Geschlechter

Menschliche Beziehungen bekommen einen besonderen Akzent, wenn es sich dabei um eine Begegnung zwischen verschiedenen Geschlechtern handelt. Dann nämlich spielen die jeweiligen weiblichen und männlichen Eigenarten eine besondere Rolle. Diese Eigenarten sind eines Teils biologisch bestimmt, doch sie werden auch durch gesellschaftliche Einflüsse, durch Erziehung, durch die öffentliche Meinungsbildung, durch Traditionen geformt. Wir sprechen dann von der Geschlechterrolle oder von geschlechtsspezifischem Verhalten. Dieses tritt vom Kindesalter bis zum Jugend- und Erwachsenenalter immer stärker in den Vordergrund.

Nicht selten beruht die Geschlechterrolle auf Vorurteilen oder auf falschen Annahmen. Wir müssen deshalb untersuchen, was an der Geschlechterrolle zu Recht als typisch gelten kann oder was zu Unrecht behauptet wird. Gerade bei der Begegnung der Geschlechter kommt es darauf an, daß Menschen voneinander die Eigenarten kennen und sie berücksichtigen. Nur so kann es zu einer guten zwischengeschlechtlichen Beziehung kommen.

Filmbeispiel
Aufbau von Partnerbeziehungen Nr. 331848 (27 min.)

14. Aussagen über Mädchen und Jungen

1 Beurteilt folgende Sätze nach den Gesichtspunkten:
richtig – teilweise richtig – falsch / nicht zu ändern – zu ändern (Partner- oder Gruppenarbeit)

- Jungen spielen mit Autos, Mädchen mit Puppen
- Mädchen weinen mehr als Jungen
- Jungen sind körperlich stärker als Mädchen
- Jungen arbeiten später in einem Beruf, Mädchen im Haushalt
- Mädchen können später Kinder bekommen, Jungen nicht
- Mädchen sind dümmer als Jungen
- Männliche Babys tragen blaue Jäckchen, weibliche Babys tragen rosa Jäckchen
- Mädchen erziehen später die Kinder, Jungen sorgen für das Geld
- Mädchen waschen Geschirr ab, Jungen lesen Zeitung
- Mädchen sind braver als Jungen
- Mädchen bekommen breitere Hüften und schmalere Schultern, Jungen umgekehrt
- Jungen klettern auf Bäume, Mädchen nicht
- Mädchen sind mehr an der Mode interessiert als Jungen
- Jungen haben in der Schule Werken, Mädchen Handarbeit
- Mädchen haben lange Haare, Jungen haben kurze Haare

– Jungen dürfen allein verreisen, Mädchen nicht
– Mädchen bekommen später eine Brust, Jungen einen Bart
– Jungen dürfen sich wehren, Mädchen nicht

2 Fallen euch noch weitere typische Aussagen zu diesem Thema ein?
3 Vergleicht und diskutiert eure Ergebnisse. Überlegt dabei, ob ihr selbst Vorurteile mit eingebracht habt.
***4** Ihr könnt auch wieder Eltern und Bekannten diese Sätze vorlegen, um herauszubekommen, ob sie so denken wie ihr.

15. Wie ich mir meine Frau vorstelle

Wenn ich einmal einen Beruf habe und Geld verdiene, will ich heiraten und eine Familie gründen. Meine Frau soll nicht arbeiten müssen. Deshalb will ich auch mit dem Heiraten warten, bis ich genug Geld verdiene.

Meine Frau muß ein guter Kamerad sein. Wenn sie blond ist, ist es mir recht, aber es muß nicht sein. Wenn möglich, sollte sie aber kleiner sein als ich, damit die Leute auf der Straße nicht lachen. Auch will ich der erste Mann sein, den sie hat. Sie sollte aber auch etwas vom Haushalt verstehen und gut kochen können, weil ich sonst ja gleich eine Köchin einstellen könnte.

Wenn ich nach Hause komme, muß die Wohnung tiptop aufgeräumt sein, weil ich Unordnung nicht mag. Auch der Boden muß sauber gekehrt sein, dafür hat meine Frau tagsüber Zeit. Die Kleider der vergangenen Woche müssen Montag gesäubert und weggeräumt werden. Tagsüber soll sie sich aber auch Kleider nähen, damit sie viel anzuziehen hat. Wenn sie mit der Arbeit fertig ist, kann sie im Garten arbeiten oder etwas lesen. Sie sollte aber auch gesellig sein und meine Freunde mögen. Nach dem Abendessen machen wir Spaziergänge, und meine Frau soll mich begleiten. Oder wir gehen ins Kino oder zu Freunden.

Kinder will ich auch einmal haben. Sie sollen immer ordentlich angezogen sein. Am Wochenende bringe ich meiner Frau etwas mit, damit sie eine Freude hat. Da soll sie auch zum Friseur gehen, damit sie immer gut aussieht. Dann laden wir auch Freunde ein und sind fröhlich.

Am Sonntag will ich meine Frau für mich alleine haben. Während sie kocht, betrachte ich im Zimmer die Briefmarkensammlung und ordne die Neuerscheinungen ein oder ich gehe mit den Kindern spazieren, bis das Essen auf dem Tisch steht. Später gehen wir zum Fußballplatz, und meine Frau soll mich begleiten. Manchmal fahren wir nachmittags auch weg ins Grüne oder an einen See, um uns zu erholen.

Wenn ich Sorgen habe, sollte sie verständig sein und zu mir halten.

Manfred Bosch

1 Was sagt Ihr zu diesem „Entwurf" von einer Frau? Wie würde das Verhältnis des Jungen zu seiner späteren Frau aussehen?
2 Wenn ihr mit der Wunschvorstellung nicht einverstanden seid, formuliert eure eigenen Vorstellungen von eurem zukünftigen Partner. (Einzel-, Partner-, Gruppenarbeit)

16. Darüber reden

In unserer körperlichen und seelischen Entwicklung spielt die Sexualität eine große Rolle. Vor allem haben wir trotz vieler Veränderungen noch Hemmungen, über unsere Probleme zu reden: mit den Eltern – aber auch unter uns. Der folgende Text nimmt diese Hemmungen ein bißchen auf die Schippe. Vielleicht hilft er uns, ein wenig offener dabei zu werden.

Sexualität

Sohn: Papa, Charly hat gesagt, sein Vater hat gesagt, die Sexualität wird bei uns . . .
Vater: Na, vergessen, was Charlys Vater gesagt hat?
Sohn: Ich glaube, Charlys Vater hat das gar nicht gesagt, es war Charlys Schwester.
Vater: Und was hat sie gesagt?
Sohn: Sie hat gesagt, bei uns wird die Sexualität immer noch unterdrückt.
Vater: So, so, hat sie das gesagt?
Und das ausgerechnet bei uns! Wo man doch keine Illustrierte mehr in die Hand nehmen kann, ohne . . .
Na ja, was da so alles geboten wird, das gehört schon fast verboten.
Sohn: Was wird denn geboten, Papa?
Vater: Das siehst du doch selbst. Halbnackte Mädchen auf jeder Seite und manchmal noch Schlimmeres.
Sohn: Ist das Sexualität, halbnackte Mädchen?
Vater: Nein, natürlich nicht. Jedenfalls nicht direkt. Frag doch nicht immer so dumm. Komm, hilf mir lieber, die Ferienbilder ins Album einzukleben.
Sohn: Was soll ich denn dazu tun? Die Bilder darf ich ja doch nicht anfassen; es heißt immer gleich, ich verschmiere alles.
Vater: Halt keine großen Volksreden und hol mir lieber mal die Schere.
Sohn: Wo ist denn die Schere?
Vater: Das mußt du Mama fragen. Lauf mal rüber in die Küche und laß sie dir geben.
Sohn: Immer ich.
Vater: Was hast du denn so lange getrieben?
Sohn: Mama wollte mir die Schere nicht geben. Sie sagt, wenn du an den Bildern rumschnippelst, schneidet sie nicht mehr. Aber ich hab sie doch bekommen.
Vater: Dazu hab ich dich ja auch weggeschickt. Gib her.
Sohn: Sag mal, Papa, was ist denn Sexualität eigentlich genau?
Vater: Wie soll ich dir das erklären? Also, Sexualität, das ist Geschlechtlichkeit.
Sohn: Ach so. – Und was ist Geschlechtlichkeit? Hat das mit Mann und Frau zu tun?
Vater: Ja, ganz richtig. Du weißt ja schon alles.
Sohn: Ist dann Sexualität, wenn man sich küßt und so?
Vater: Ja, genau. Wenn man sich sehr lieb hat, ein Mann und eine Frau, das ist Sexualität.
Sohn: Und wieso wird sie unterdrückt? Ist es nicht gut, wenn man sich lieb hat?
Vater: Sie wird auch gar nicht unterdrückt. Nur in geordneten Bahnen wird sie gehalten, verstehst du, damit die Schranken der Scham und des Gewissens nicht überrannt werden.

Sohn: Muß man sich bei der Sexualität schämen?

Vater: Nein, das muß man nicht unbedingt. Aber siehst du, zügellose Sexualität, die bedeutet immer einen Sturz in die Barbarei. Sie führt zur Unmenschlichkeit, zur sittlichen und geistigen Verrohung. Und was sie mit sich bringt, ist Not und Krankheit.
Jetzt geh mir mal aus dem Licht, damit ich den Rand hier an dem Bild abschneiden kann.

Sohn: Vorhin hast du gesagt, ich soll helfen, jetzt bin ich im Licht.
Was soll ich denn tun?

Vater: Du sollst das tun, was ich dir sage. Das ist alles.

Sohn: Du, sag mal, Papa, ist dann Sexualität etwas Böses?

Vater: Im Prinzip ist sie das nicht, solange sie der von Gott gewollten Lebenserneuerung dient.

Sohn: Dann kommt sie also vom lieben Gott?

Vater: Ja. Alles kommt von Gott.

Sohn: Und warum hat der liebe Gott die Sexualität gemacht?

Vater: Damit sich die Menschen fortpflanzen können.

Sohn: Wieso? Brauchen sie dazu die Sexualität?

Vater: Ja. Das Menschengeschlecht besteht seit Urzeiten aus Mann und Frau. Und die Sexualität, die treibt Männer und Frauen dazu, sich zu umarmen und dann Kinder zu bekommen. Denn siehst du, die Hauptsache bei der Sexualität, das ist die Nachkommenschaft.
Reich mir mal die Tüte mit den Bildern da drüben.

Sohn: Da ist sie.

Vater: Mensch, paß doch auf. Jetzt hast du sie beinahe in den Leim gelegt.

Sohn: Papa, sag mal, pflanzen sich die Pflanzen auch fort? Heißen sie deshalb Pflanzen?

Vater: Klar, auch die Pflanzen pflanzen sich fort. Aber Pflanzen kommt nicht von fortpflanzen, sondern fortpflanzen kommt von Pflanzen. Verstehst du?

Sohn: Nein. Und die Tiere, pflanzen die sich auch fort?

Vater: Ja, die Tier pflanzen sich auch fort.

Sohn: Aber die Tiere sind doch keine Pflanzen, wie können sie sich dann fortpflanzen?

Vater: Fortpflanzen, das ist im übertragenen Sinn gemeint, das hat schon längst nichts mehr mit den Pflanzen zu tun.

Sohn: Und bei den Menschen ist es genau wie bei den Pflanzen und bei den Tieren?

Vater: Nein, natürlich nicht genauso. Schließlich unterscheidet sich der Mensch als die Krone der Schöpfung vom Tier, auch in der Sexualität. Weil der Mensch, im Gegensatz zum Tier, vernunftbegabt ist und eine Seele hat.

Sohn: Wie pflanzt sich denn der Mensch fort, Papa? Tut er das mit seiner Sexualität?

Vater: Weißt du was? Das läßt du dir am besten von Mama erklären, die kann das besser. Und außerdem gehst du mir jetzt auf den Wecker mit deiner Fragerei. Los, zieh ab.

Sohn: Vielleicht frag ich doch besser morgen.

Vater: Warum denn erst morgen?

Sohn: Weil, Mama hat gesagt, ich soll mich nicht mehr blicken lassen.

Vater: So, so und warum?

Sohn: Weiß ich auch nicht.

Vater: Dann hast du doch bestimmt was angestellt.
Sohn: Nein, bestimmt nicht, Papa. Ich hab mir nur die Schere geholt.
Vater: Ich denke, Mama hat sie dir gegeben?
Sohn: Ich weiß auch nicht mehr genau.
Du, Papa, muß man für Sexualität eigentlich verheiratet sein?
Vater: Selbstverständlich. Weil nämlich die echte, die erfüllende Sexualität nur in der Ehe möglich ist. Sie ist nicht Eigenzweck, sondern dient einem höheren Ziel.
Sohn: Und Kinder, haben die noch keine Sexualität?
Vater: Kinder haben noch keine Sexualität, die kommt erst später, wenn sie erwachsen und verheiratet sind.
Sohn: Und warum haben Kinder keine Sexualität?
Vater: Weil sie für Kinder schädlich wäre. Die müssen erst mal eifrig lernen, müssen in der Schule Leistungen vorweisen. Deshalb sollst du auch immer viel Sport treiben, dich kalt waschen, morgens nicht im Bett liegenbleiben, nicht untätig herumlungern und so.
Sohn: Und für die Erwachsenen, ist da die Sexualität nicht schädlich?
Vater: Wenn sie verheiratet sind und eine richtige, eine ehrfürchtige Einstellung zur Sexualität haben, dann ist sie nicht schädlich.
Sohn: Haben auch Arbeiter eine Sexualität?
Vater: Wie kommst du denn darauf?
Sohn: Weil Charly sagt, sein Vater, der drückt sich immer vor der Antwort, wenn er ihn über die Sexualität fragt. Neulich hat er ihm sogar eine geschmiert.
Vater: Da siehst du wieder den Unterschied. Wenn du was fragst, bekommst du immer erschöpfende Auskunft. Auch über Sexualität. In Arbeiterfamilien hingegen ist dieses Thema meistens tabu. Arbeiterkinder hängen da oft in der Luft.
Sohn: Ist das, weil Arbeiter müde von der Arbeit kommen?
Vater: Sag mal, wo hast du denn das wieder aufgeschnappt?
Sohn: Weil Charlys Schwester gesagt hat, wer abends müde und erschöpft von der Arbeit kommt, für den ist Sexualität zweitrangig. Und daß sie was mit Klassen zu tun hat.
Vater: Führt ihr vielleicht Gespräche über Sexualität?
Sohn: Charlys Schwester sagt, die meisten Menschen sind Sexmuffel, weil sie sich nicht über Sexualität informiert haben.
Vater: Jetzt hör mal gut zu.
Du wirst dich in Zukunft nicht mehr mit Charly und seiner Schwester über solche Themen unterhalten.
Sohn: Warum denn nicht?
Vater: Weil ich es dir verbiete. Weil ich das nicht will.
Sohn: Bist du auch ein Sexmuffel, Papa?

Eugen Helmlé

17. Menschliche Sexualität

Die Sexualität ist ein biologisch verankerter leib-seelischer Trieb, der auf Lustgewinn ausgerichtet ist. Er findet Ausdruck in der Freude am andern, in dem Verlangen nach Kontakt und Zärtlichkeit. Die menschliche Sexualität ist sehr variabel und kulturabhängig. Sie unterscheidet sich damit wesentlich von der tierischen Sexualität, die oft auf kurze Zeiten beschränkt ist und instinktgesteuert abläuft. Die Sexualität des Menschen durchläuft einen langen Reife- und Lernprozeß vom Säuglingsalter an; sie beginnt nicht erst mit der körperlichen Reife.

Sexualität betrifft den ganzen Menschen. Es ist daher falsch, eine Trennung zwischen körperlichen Trieben und dem geistig-seelischen Wesen vorzunehmen. Diese Aufspaltung hat in der abendländischen Tradition zu einer Abwertung des Leiblichen geführt und damit zur Entstehung von falschen Schuldgefühlen: Sexualität sei etwas Schmutziges, dessen man sich schämen müsse. Sexualität wurde tabuisiert, verdrängt, und es kam zur Entstehung einer obszönen Subkultur ...

Unsere Zeit ist in sexuellen Fragen sehr viel freier geworden. Allerdings fehlen in unserer Gesellschaft nicht selten hilfreiche sexuelle Verhaltensmuster, an denen man sich in rechter Weise orientieren könnte. Auch Jugendliche müssen in ihren Gruppen Formen des sexuellen Zusammenlebens mit bestimmten Regeln finden, die nicht zu Lasten der andern gehen.

Das sexuelle Erleben zweier Menschen ist immer eine intime Sache, die nur sie beide angeht. Das hat seinen guten Grund, und nicht zufällig gibt es ein kulturell vermitteltes Schamgefühl. Diese „Schamsperre“ soll verhindern, daß es zu vorschnellen Sexualkontakten kommt, ehe man sich richtig kennt. Das Entdecken gemeinsamer Interessen und Neigungen und das gegenseitige Kennenlernen brauchen Zeit, bis beide wissen, ob sie sich verstehen und wirklich mögen.

Menschliche Sexualität bedarf der Gestaltung. Dabei spielt das verantwortliche Verhalten der Partner untereinander eine entscheidende Rolle. Diskutiert folgende Grundsätze einer partnerschaftlichen Sexualität und ergänzt gegebenenfalls die Aussagen:
Laß Dich nicht verführen.
Du darfst nie Gewalt anwenden.
Du darfst dem Partner nicht schaden.
Du sollst warten lernen.
Du mußt die Hemmungen achten.
Du sollst zärtlich sein.
Du sollst soviel Freude schenken wie möglich.
Du sollst ehrlich sein in der Liebe.

Zwei Meinungen über Sexualität

Damals

Mit der größten Sorgfalt muß eine zarte Schamhaftigkeit im Kinde großgezogen werden. Da es in den Geschlechtsteilen nur Ausscheidungsorgane sieht, ist es leicht, ihm klarzumachen, daß es diese nicht unnötig berühren und ansehen darf ... Man muß ihm ruhig und bestimmt sagen: ‚So etwas gehört sich nicht!' ... Die Aufmerksamkeit soll möglichst vom Körper abgelenkt werden, und es muß dem Kinde selbstverständlich sein, daß es schamhaft, keusch und anständig ist ... Sollte es fragen, was denn eigentlich unkeusch ist, so kann man etwa antworten: ‚Das ist etwas ganz Schlimmes. Es gibt böse Menschen, die aus niedriger Lust sich unpassend berühren und Ähnliches bei anderen versuchen. Das ist furchtbar häßlich und ganz abscheulich.'

Heute

Der ganze Leib – von der Fußsohle bis zum Haupthaar – ist voller Sinnlichkeit. Der ganze Leib ist eine Quelle vielfacher Lust durch taktile Reize. Den Leib und seine Möglichkeiten nicht zu erforschen bedeutet daher einen Mangel an Selbsterfahrung, wie es auch ein gleicher Mangel wäre, seine geistigen Qualitäten nicht zu aktivieren. Wer seinen Leib als Quelle der Lust erfährt, der kann ihn bejahen, und wer seinen Leib bejaht, der bejaht sich selbst. Positive Leiberfahrung wird zur positiven Selbsterfahrung.

1 Vergleicht die beiden Aussagen. Welche grundsätzlichen Auffassungen von Sexualität kommen darin zum Ausdruck?
2 Wenn ihr an eure eigene Sexualität denkt – spiegelt sie sich in einem der Texte wider?
3 Könnt ihr selbst unbefangen über Fragen der Sexualität sprechen?
Mit wem unterhaltet ihr euch?
4 Was sagt ihr zu den beiden folgenden Bewertungen der Sexualität?

Die Sexualität gehört zu den Kräften, die die Existenz des Menschen bestimmen. Sie prägt sein Mann-Sein oder sein Frau-Sein. Die Begegnung von Mann und Frau ist grundlegend für die Reifung des Menschen. Die Formen dieser Begegnung sind mannigfach. Sie beginnen schon mit den Beziehungen von Mutter und Sohn, von Vater und Tochter. Auch andere Beziehungen, in denen sich Mann und Frau begegnen, sind von der Sexualität geprägt.

Der Ort für die volle sexuelle Gemeinschaft von Mann und Frau ist jedoch die Ehe. Dies ergibt sich aus ihrer Eigenart als engster Lebens- und Liebesgemeinschaft. In der Ehe sind die Beziehungen der Partner auf Dauer und Ausschließlichkeit gerichtet. Hier können die Partner einander Geborgenheit schenken und damit auch gemeinsam die notwendigen Voraussetzungen für die Annahme eines Kindes schaffen.

„Sexualität" klingt technischer und scheint besser in die machbare Welt hineinzupassen. Sexualität ist allgegenwärtig geworden. Von der Kinoleinwand, von Zeitungen, Zeitschriften und Plakaten dringt sie auf den Betrachter ein. Früher schwieg man weitgehend über die geschlechtliche Liebe. Aber hat das bedeutet, daß man ihre Beglückung nicht erfuhr? Manche meinen, das Verschweigen der geschlechtlichen Liebe in früheren Zeiten sei ein Stück alter Unfreiheit gewesen, auf deren Beseitigung man heute hinarbeiten müsse. Ob es der Liebe wirklich besser entspricht, wenn man alles, was zu ihr gehört, unverhüllt zur Schau stellt und ausspricht?

18. Gefühle und Empfindungen

*Mirka

Auch Kinder haben Liebesgeschichten, besonders wenn sie bereits zwölf sind. Ich weiß das, denn als ich zwölf war, hatte ich eine. Karlheinz übrigens auch, und Peter und Michael. Aber ich erzähle meine, weil ich die am besten kenne.

Das war in den großen Ferien im Zeltlager, und das Mädchen hieß Mirka. Mirka hieß eigentlich Marianne, aber alle Kinder nannten sie Mirka, auch unsere Gruppenleiterin. Nur der Herr Pfarrer sagte Marianne zu ihr.

Auf jeden Fall verliebte ich mich bereits am dritten Tag in sie. Das war ein Donnerstag, an dem es Apfelstrudel gab wie an jedem Donnerstag, die ganzen Ferien hindurch.

Unsere Gruppe machte eine Wanderung zum Wald. Dort sollte ein Spiel bestimmt werden. Fast alle Jungen wollten Räuber und Gendarm spielen und fast alle Mädchen das Pfänderspiel. Da aber viel mehr Jungen als Mädchen in unserer Gruppe waren, wurde für Räuber und Gendarm entschieden. „Das ist demokratisch", sagte Fräulein Beate, unsere Gruppenleiterin.

Der Zufall wollte es, daß wir beide in derselben Gruppe waren. Wir hatten das Los der Räuber gezogen, und alle Jungen und Mädchen, die das gleiche Los gezogen hatten, verschwanden, während die Gendarme laut auf hundert zählten.

Blindlings raste ich zwischen den Tannenbäumen, durch Gestrüpp und über Baumwurzeln, immer tiefer in den Wald, der zunehmend dunkler wurde. Ich rannte so lange, bis ich mich weit genug entfernt glaubte, um nicht gleich gefunden zu werden, versteckte mich dann in einer Vertiefung und wartete. Völlig aufgeregt saß ich da, bis sich plötzlich, neben mir im Gebüsch, etwas regte. Ich schaute mich um und sah etwas Weißes durchs Gebüsch schimmern. Ich hielt die Luft an und schmiegte mich noch enger in die Vertiefung. Jetzt wollte ich noch nicht gefunden werden. Das Weiße im Gebüsch konnte ich aber noch gut verfolgen. Die Äste knackten, und die Gestalt kam immer näher und näher, und als sie vor mir stand, erkannte ich sie. Es war Mirka. Ich flüsterte ihren Namen. Ohne zu erschrecken, drehte sie sich nach mir um, kam dann auf mich zu und sagte: „Das ist kein gutes Versteck."

„Sollen wir noch weitergehen?" fragte ich.

„Da vorn ist eine Lichtung", sagte sie und zeigte in eine Richtung.

Wir gingen weiter, wir gingen und gingen, aber von einer Lichtung war nichts zu sehen. Ganz im Gegenteil. Es wurde immer dunkler und unheimlicher, und schließlich entschlossen wir uns, nicht mehr weiterzugehen. Wir setzen uns auf die Erde und streckten die Beine lang.

„So weit werden sie uns nicht suchen", sagte ich.

„Bestimmt nicht", sagte sie. „Wir brauchen uns nicht mal zu verstecken."

Da saßen wir nun, Minuten vergingen. Eine Stunde verging. Wir saßen da, wohl in der kühnen Hoffnung, die Gendarme gingen so weit, um uns zu suchen. Weit und breit war keine menschliche Stimme zu hören, nur die von Mirka und manchmal auch meine. Meistens war aber nur das Gezwitscher der Vögel zu hören.

„Sollen wir zurückgehen?" fragte Mirka.

„Ja", sagte ich, „das Spiel ist sicher schon aus."

Wir standen auf und gingen. Nach einer Weile sahen wir vor uns eine Futterkrippe.

„Die habe ich vorher nicht gesehen", sagte Mirka.

„Ich auch nicht", mußte ich zugeben. „Dann haben wir uns verlaufen", sagte Mirka.

Also gingen wir bis an den Platz zurück, an dem wir gewartet hatten.

„Sollen wir hier warten?" fragte ich Mirka.

„Wir ruhen uns eine Weile aus", sagte sie.

Mirka hatte blondes, schulterlanges Haar. Ihr Gesicht war von der Sonne gebräunt. Wenn sie lachte, wurde ein Grübchen neben ihrem linken Mundwinkel sichtbar. Sie war elf Jahre alt, ein Jahr jünger als ich, aber genauso groß. Ihre Augen waren blau. Sie trug eine weiße Cordhose und ein weißes T-Shirt.

Während wir so dasaßen und warteten und ich sie anschaute, verliebte ich mich in sie.

Sie sagte: „Mir ist kalt", und da habe ich meinen Arm um sie gelegt, und als sie mich dann anschaute, habe ich sie geküßt. Dann sind wir beide rot geworden, und Mirka erzählte von der Schule.

Das ging eine ganze Weile, bis plötzlich ein Krachen und Rufen im ganzen Wald zu hören ist. Es waren Fräulein Beate und die Kinder.

Zuerst schimpfte Fräulein Beate, dann war sie froh, daß sie uns gefunden hatte, und dann schaute sie so mißtrauisch und redete was von Vertrauen. Sie sagte: „Alle müssen immer beieinander bleiben" und „Zwei können sich nicht einfach selbständig machen." Sie war furchtbar komisch. Mirka und ich hatten ein schlechtes Gewissen. Warum, das wußten wir selbst nicht, aber es war einfach da. Dazu machten die anderen Kinder blöde Witze, und als Fräulein Beate androhte, nun nicht wieder solche Spiele zu machen, hatten alle anderen eine Wut auf uns. Das alles war mir damals ziemlich egal. Es war so schön, jemanden zu haben, in den man verliebt war, und in den folgenden Tagen traf ich mich regelmäßig mit Mirka. Zwar waren wir in der Gruppe immer zusammen, aber allein konnten wir nur zwischen der Mittagsruhe und der Teestunde sein. Das war eine Viertelstunde, manchmal auch zwanzig Minuten. In dieser Zeit besprachen die einzelnen Gruppenleiter, wie sie unseren Aufenthalt sinnvoll gestalten könnten.

Die Zeit im Zeltlager verging schnell. Allzubald war der letzte Tag angebrochen. Alle wurden von ihren Eltern abgeholt. Als die ersten Autos herauffuhren, gingen wir noch einmal hinter die Gerätehütte, küßten uns und versprachen uns gegenseitig, sehr viele Briefe zu schreiben. Das taten wir auch. Ich glaube drei Monate lang. Aber dann bin ich dreizehn geworden und habe mich in Gertrud verliebt und etwas später in Monika. Von Mirka habe ich nichts mehr gehört.

Manfred Eichhorn

Begegnung

Sie öffnete die Küchentür, schob ihn langsam durch die Diele, öffnete die Tür zu ihrem Zimmer.

„Hier", sagte sie, „in meinem Zimmer, nicht dort."

„Mirzowa", flüsterte er.

„Wie kommst du auf diesen Namen? Mirzow heiße ich, und Katharina."

„Alle nennen dich so, und ich kann nicht anders an dich denken. Zeig es mir jetzt." Er wurde rot, weil er wieder ‚es' gesagt hatte und nicht ‚sie'.

„Es macht mich traurig", sagte sie, „daß es für dich eine Sünde ist."

„Ich will es sehen“, sagte er.
„Niemand –“, sagte sie, „mit niemand darfst du darüber sprechen.“
„Nein.“
„Versprichst du es?“
„Ja“ –
Sie hielt immer noch den Mantel fest um die Brust gerafft und sah ihn nachdenklich an.
„Zeig es mir jetzt“, sagte er.
Wenn sie lacht oder kichert, dachte er, schieß ich; aber sie lachte nicht: sie zitterte vor Ernst, ihre Hände flatterten, als sie die Knöpfe öffnen wollte, ihre Finger waren eiskalt und starr.
„Komm her“, sagte er leise und sanft, „ich mache es.“ Seine Hände waren ruhig, sein Schrecken saß tiefer als der ihre; unten in den Fußgelenken spürte er ihn, es schien ihm, als seien sie biegsam wie Gummi, und er würde umkippen. Er öffnete die Knöpfe mit der rechten Hand, fuhr mit der linken dem Mädchen übers Haar, wie um es zu trösten.
Ihre Tränen kamen ganz plötzlich, lautlos, ohne Ankündigung, ohne Getue. Sie liefen einfach die Wangen herunter.
„Warum weinst du?“
„Ich habe Angst“, sagte ich, „du nicht?“
„Ich auch“, sagte er, „ich habe auch Angst.“
Er war so unruhig, daß er den letzten Knopf fast abgerissen hätte, und er atmete tief, als er die Brust der Mirzowa sah; er hatte Angst gehabt, weil er sich vor dem Ekel fürchtete, vor dem Augenblick, wo er aus Höflichkeit würde heucheln müssen, um diesen Ekel zu verbergen, aber er ekelte sich nicht und brauchte nichts zu verbergen. Er seufzte noch einmal. So plötzlich, wie sie gekommen waren, hörten die Tränen des Mädchens auf zu fließen. Sie blickte ihn gespannt an: jede Regung seines Gesichts, den Ausdruck seiner Augen, alles nahm sie genau in sich auf, und jetzt schon wußte sie, daß sie ihm Jahre später einmal dankbar sein würde, weil er es gewesen war, der die Knöpfe geöffnet hatte.
Er blickte genau hin, berührte sie nicht, schüttelte den Kopf, und ein Lachen stieg in ihm auf.
„Was ist“, fragte sie, „darf ich auch lachen?“
„Lach nur“, sagte er, und sie lachte.
„Es ist sehr schön“, sagte er, und er schämte sich wieder, weil er ‚es‘ gesagt hatte, nicht ‚sie‘, aber er konnte dieses ‚sie‘ nicht aussprechen.
„Mach es wieder zu“, sagte sie.
„Nein“, sagte er, „mach du es zu, aber warte noch einen Augenblick.“ Still war es, scharf drang das Sonnenlicht durch den gelben Vorhang, der dunkelgrün gestreift war. Dunkle Streifen lagen auch auf den Gesichtern der Kinder. Mit vierzehn, dachte der Junge, kann man noch keine Frau haben.
„Laß mich's zumachen“, sagte das Mädchen.
„Ja“, sagte er, „mach es zu“, aber er hielt ihre Hände noch einen Augenblick zurück, und das Mädchen sah ihn an und lachte laut heraus.
„Warum lachst du jetzt?“
„Ich bin so froh, und du?“
„Ich auch“, sagte er, „ich bin froh, daß es so schön ist.“
Er ließ ihre Hände los, ging ein paar Schritte zurück und wandte sich ab, als sie die Bluse zuknöpfte.

Heinrich Böll

Filmbeispiel

Flirt Nr. 322297 (26 min.)

Der Film will zuallererst unterhalten, will von selbstverständlichen Beziehungen zwischen jungen Leuten in selbstverständlicher Weise erzählen. Er bietet außerdem Stoff zu ernsthafterer Auseinandersetzung, z. B. über das Problem der Loslösung eines Jugendlichen von „seiner" Gruppe eines Mädchens wegen. Der Film kann aber auch durch die Distanz, mit der ein Erwachsener im Gegensatz zum direkt angesprochenen Jugendlichen ihn sieht, helfen, Phänomene jugendlichen Erlebens und Verhaltens besser zu erkennen, zu verarbeiten und zu verstehen.

19. Wege zur Liebe

Auch Liebe will gelernt sein. Wir müssen uns darum bemühen, uns selbst und den anderen immer besser kennenzulernen. Damit eine Partnerschaft gelingt, müssen Formen des Zusammenlebens entdeckt und erprobt werden. Wenn Liebe zu einer echten Begegnung werden soll, bei der Menschen mit Leib und Seele beteiligt sind, dann müssen Entwicklungsstufen ermöglicht und durchschritten werden.

Liebe kennt viele Wege. Sie sind aber nur dann richtig, wenn sie gepflastert sind mit gegenseitigem Vertrauen, mit Rücksichtnahme und mit dem Willen, den anderen „glücklich" zu machen; aber auch mit gegenseitiger Offenheit und Toleranz.

Liebe fällt nicht vom Himmel. Sie hat ihre Voraussetzungen und Bedingungen. Nur wo diese mit berücksichtigt werden, kann Liebe zwischen Menschen gelingen.

Liebe will gelernt sein

Vater: Sag' mal, Fred. Stimmt es, daß du schon eine Freundin hast?

Fred: Wieso?

Vater: Also, du must ja nicht gleich rot werden. Ich habe erfahren, daß du dich häufig mit einem Mädchen triffst, mit ihr Fahrradtouren machst, zum Schwimmen gehst, das Kino besuchst . . .

Fred: Ja, es stimmt. Sie heißt Heike und geht in meine Parallelklasse.

Vater: Warum hast du sie nicht einmal mit nach Hause gebracht?

Fred: Ich dachte, ihr würdet euch furchtbar aufregen, wenn . . .

Mutter: Also, so altmodisch sind wir ja auch nicht mehr. Haben wir nicht bisher versucht, gemeinsam über alle Fragen und Probleme zu sprechen? Ich muß sagen, mir ist es viel lieber, wenn ich das Mädchen kenne, mit dem du befreundet bist. Bring sie doch einmal zum Kaffee mit.

Vater: Weißt du, Fred, du mit deinen 14 Jahren bist ja jetzt kein Kind mehr, und ich finde es gar nicht so ungewöhnlich, daß dir ein Mädchen gefällt. Aber ich bin gegen Heimlichkeiten.

Fred: Was ihr immer denkt! Wir machen schon nichts Schlimmes. Wir mögen uns eben und freuen uns, wenn wir zusammen etwas unternehmen können.

Vater: Was heißt denn hier „Schlimmes"? Ich denke mir bestimmt nichts Schlechtes dabei, wenn ihr befreundet seid. Im Gegenteil, ich weiß, daß Jungen und Mädchen erst lernen müssen, miteinander umzugehen. In eurem Alter ist es besonders wichtig, rücksichtsvoll zu sein und die Gefühle des anderen nicht zu verletzen. Eure Freundschaft ist doch ein erster Schritt zur Liebe, oder?

Fred: Also, einen Heiratsantrag habe ich Heike bestimmt noch nicht gemacht.

Mutter: Nun reagier doch nicht gleich so gereizt. Es geht doch darum, daß ihr euch darüber im Klaren seid, wie weit ihr beide in eurer Beziehung gehen könnt. Wenn man sich gern hat, spielen auch Zärtlichkeiten eine Rolle, oder? Du brauchst hier nicht verlegen zu werden, Fred, das gehört dazu. Ober meinst du, ich hätte mit Vater nur diskutiert, als wir uns kennenlernten? Worauf es ankommt, ist doch, daß ihr darauf achtet, wieviel ihr euch gegenseitig zumuten könnt. Das gilt besonders für euch Jungen. In eurem Alter seid ihr oft in Gefahr, von einem Mädchen zuviel Zärtlichkeiten zu fordern und es damit unter Druck zu setzen. Wie oft geschieht es, daß ein Mädchen nicht nein sagen will, um den Freund nicht zu verlieren, weil sie ihn gern hat. Aber in Wirklichkeit hat sie Angst. Und du willst doch bestimmt nicht, daß Heike einmal in eine solche Situation kommt. Wir Frauen sind da ganz schön empfindlich. Und darauf meine ich, solltest du Rücksicht nehmen.

Fred: Na ja, solange kennen wir uns noch nicht. Und bisher haben wir wirklich nur unsere Freizeit miteinander verbracht, ohne daß sich da mehr entwickelt hätte ...

Vater: Umso wichtiger ist, daß wir uns rechtzeitig darüber unterhalten. Es gibt ja auch keine festgelegten Regeln. Deshalb müßt ihr offen und ehrlich miteinander umgehen. Das ist bestimmt nicht ganz einfach. Liebe will eben gelernt sein.

Mutter: Also, wie steht's: Bringst du Heike am Sonntag zum Kaffee mit?

Fred: Na klar! Dann könnt ihr selbst sehen, wie nett sie ist.

1 Was bedeutet für euch der Satz „Liebe will gelernt sein"? Vergleicht auch den nachfolgenden Text.

2 Stellt einen Katalog von Verhaltensweisen zusammen, die euch wichtig sind für eine gute Beziehung zwischen Jungen und Mädchen. Im Text sind schon einige Stichworte genannt.

Wie vollzieht sich der Weg zueinander?

a) Der *Tanz* ist in allen Zeiten die natürlichste Weise gewesen, in der Jugendliche sich einander näherten. Tanzen ist die Urform der spielerischen Begegnung von Jungen und Mädchen, bei der man zusammentrifft und sich wieder freigibt. Er hilft den Schüchternen, ihre Schüchternheit zu überwinden, und hält die Begegnung in einem vorläufigen Rahmen.

b) Mit der zunehmenden Vertrautheit im Umgang mit dem Partner wächst der Wunsch und das Bedürfnis nach körperlicher Berührung und nach dem Austausch von Zärtlichkeiten, den man als *Reizspiel* bezeichnet. In den Reizspielen lernen die Partner die gefühlsmäßigen und sexuellen Besonderheiten des anderen Geschlechts kennen, passen sich einander an und versuchen, mit ihren Zärtlichkeiten sich gegenseitig zu gefallen und Freude zu machen, ohne einander zu schockieren, zu verletzen oder Schaden zuzufügen.

C. Die Frage nach dem Sinn des Lebens

7. Grenzsituationen im Leben des Menschen

1. Menschen in Not

Stellt euch vor:
- einer aus eurer Klasse würde verunglücken und würde so schwer verletzt, daß er nachher nur noch im Rollstuhl sitzen könnte;
- einer eurer Freunde wird überführt, etwas gestohlen zu haben;
- ein Klassenkamerad wird am Ende des Schuljahres nicht versetzt und traut sich nicht, nach Hause zu gehen;
- ihr stellt fest, daß ein ausländischer Mitschüler von anderen ständig gehänselt und verfolgt wird;
- in eurer Nachbarschaft lebt ein alter Mensch einsam und allein;
- ein Mitschüler ist von einem Lehrer ungerecht behandelt worden.

Wie würdet ihr auf diese Situationen reagieren?
(Es bieten sich Partner- oder Gruppengespräche an, in denen jeweils ein Beispiel behandelt wird. Anschließend Vorstellung der Ergebnisse und gemeinsame Diskussion. – Die Situationen und eure Lösungsvorschläge lassen sich auch im Rollenspiel veranschaulichen.)

2. Was sind Grenzsituationen?

Die behandelten Beispiele sprechen von Unglück, Vereinsamung, Krankheit, Verzweiflung, Versagen und Schuld. In all diesen Fällen geht es um Grenzsituationen, in die wir Menschen geraten können. Doch was ist mit dem Begriff „Grenze“ gemeint?

Versucht diese Frage anhand der folgenden Geschichten genauer zu beantworten. Die erste handelt von einem „Schicksal“, die zweite von einer notwendigen „Entscheidung“.

Motorradunfall

Viele Jahre hatte Rolf gespart, bis er sich endlich seine große Maschine kaufen konnte. Wenn wir samstags zusammensaßen, sagte er: „Du, Gabi, ich kaufe mir erst dann eine Maschine, wenn ich mir eine richtige große leisten kann. Dann bin ich im Motorradclub einer der Bosse. Die mit den kleinen Maschinen nimmt doch niemand für voll!“ In unserer Stammkneipe, in der sich immer die Jugendlichen versammelten, bezahlte ich stets die Rechnung, damit Rolf sein Geld sparen konnte. Endlich war es dann soweit.

Rolf hatte genug Geld angespart und wir gingen beide los, um eine richtig tolle Maschine zu kaufen. Eine große japanische schien uns die passende zu sein. Gleich am Abend mußte sie Rolf seinen Kumpels vorführen. Auch die Mitglieder des Motorradclubs „Die Hühnerjäger" musterten das Prachtstück mit Achtung. Nun waren die Abende und Wochenenden ausgefüllt. In Gruppen fuhren wir die ganze Gegend ab. Immer neue Ziele. Ich natürlich die ganze Zeit auf dem Beifahrersitz. Nach den Fahrten saßen wir dann zusammen und feierten. Es war eine schöne Zeit mit der Gruppe und auch zwischen Rolf und mir; unsere Freundschaft wurde immer fester. Ich konnte mir ein Leben ohne ihn nicht mehr vorstellen. Eines Abends sagte Peter: „Aus Wense haben die vom Club angerufen. Vier von uns sollen mal eben schnell rüber fahren zu einer Besprechung – diesmal ohne Frauen."

Peter, Michael, Johann und Rolf fuhren hin. Rolf sagte noch: „Bleib einfach hier sitzen, es dauert nicht lange, wir sind in einer Stunde wieder da." Weg waren sie.

Wir warteten 2 Stunden, 3 Stunden . . .

Gegen Mitternacht kamen Peter, Michael und Johann zur Tür herein, mit bleichen Gesichtern. Wo war Rolf?

„Rolf ist tot", sagte Michael zögernd, „ein Auto hat ihm die Vorfahrt genommen, er hat sich beim Zusammenprall überschlagen. Er ist noch an der Unfallstelle gestorben. Es war schrecklich." „Es dauerte so lange, bis die Polizei kam", fügte Peter noch hinzu.

Mir wurde ganz schwarz vor Augen. Wie ich nach Hause gekommen bin, weiß ich nicht mehr. Ich weiß nur noch, daß meine Mutter in der Nacht an meinem Bett saß, und daß wir zusammen weinten.

Was soll nun werden?

Verführung

Unsere Party war in vollem Gange. Die Stimmung war gut. Tolle Musik. Als ich mich vom letzten Beat erholte, kam Jens auf mich zu und flüsterte: „Komm mal mit nach hinten!" Ich wußte nicht, was er wollte. Fragen konnte ich nicht, denn er ging gleich weiter. Neugierig folgte ich.

In der Ecke waren schon vier andere von unserer Clique. Sie machten alle einen unheimlich gespannten Eindruck. „Was gibt's", fragte ich.

„Also hört mal zu", begann Jens leise, „Ich hab' ein paar Gramm Hasch besorgt. Garantiert sauber. Heute machen wir den ersten Trip. Wird ein irres Gefühl!" „Bist Du wahnsinnig", entfuhr es mir spontan. „Ihr seid ja verrückt! Habt Ihr noch nichts von den Folgen gehört? Nachher hängt man drin und kommt nicht mehr von dem Zeug los!" „Quatsch!", meinte Jens. „So eine kleine Dosis ist völlig ungefährlich. Ich hab's schon probiert. Ich sag' Euch, ein irres Gefühl ist das, wenn man ein bißchen high wird. Ihr erlebt alles hier dann viel intensiver!" „Ich mach' nicht mit", sagte ich, „mir ist das zu riskant!" „Feigling!" sagte Jens, „gehörst Du nun zur Clique oder nicht? Ich sag's nochmal: völlig ungefährlich!"

Und er tat jedem von uns eine kleine Pille ins Cola-Glas.

Ich bekam Angst.

3. Grenzsituationen und die Frage nach dem Lebenssinn

Die nachfolgenden Halbsätze sollen dazu anregen, über das eigene Leben nachzudenken. Lest euch zunächst alle Halbsätze durch. Versucht dann, die Sätze selbst zu vervollständigen, die für euch wichtig sind (Einzelarbeit).

Wenn ich einmal sehr krank werde, . . .
Wenn mich ein Unglück trifft, so daß ich nicht mehr so weiterleben könnte wie jetzt, . . .
Wenn ich verzweifelt bin, . . .
Wenn ich merke, daß ich in der Schule nicht mehr mitkomme und eigentlich abgehen müßte, . . .
Wenn ich einmal enttäuscht werde, . . .
Wenn ich meinen besten Freund verlieren würde, . . .
Wenn mir ein „Penner" auf der Straße begegnet, . . .
Wenn ich sehe, daß ein Mensch sehr einsam ist, . . .

Wir können uns in einem Sitzkreis unsere Antworten vorlesen und darüber sprechen.
Wie denkt ihr über folgende Sprüche, die man immer wieder hört:

Enttäuschungen sind dazu da, überwunden zu werden.
Schicksalschläge machen stark.
Lerne Leiden zu ertragen.
Not macht erfinderisch.
Man darf sich nicht unterkriegen lassen.
Erst in der Not zeigen sich die wahren Freunde.

4. Mit Grenzsituationen fertig werden (Zwei Beispiele, die uns vielleicht weiterhelfen)

Mit der blauen Schürze – Mein erster Tag in Bethel

(Bethel ist eine Pflegeanstalt bei Bielefeld, in der schwerstbehinderte Menschen betreut werden.)

Als Kandidat ‚mit der blauen Schürze' wurde ich nach Neu-Ebenezer versetzt und betrat zum erstenmal in meinem Leben um 6 Uhr morgens die Station 7. Der Stationsbruder Hollan – sein Name wird von allen, die bei ihm die Diakonie lernten, mit Dankbarkeit genannt – schlug die Decke vom ersten Bett an der Tür zurück und sagte: „Sie können gleich damit anfangen, unseren Fritz zu baden!" Was ich erblickte, hätte mich beinahe zur Tür hinausgejagt; ein gänzlich verblödeter junger Mann von 20 Jahren, ein wundgelegenes Bündel von Haut und Knochen, dessen Knie dauernd im Krampf bis an die Achselhöhlen hinaufgezogen waren, wo sie mit Watte gegen weiteres Wundreiben umwickelt waren, ohne Fähigkeit, ein Wort zu sprechen, der gefüttert und von Kot gereinigt werden mußte – er lag in einem Torfbett, das eigens für diese unsauberen Kranken erfunden wurde. Kurz, ich sah zum ersten Male in meinem Leben diesen Nullpunkt menschlicher Existenz. Als ich dieses entsetzliche Bündel nackt in die Arme gelegt bekam, um es im Badezimmer zu baden, hätte ich es beinahe auf die Erde geworfen. Als nach einer Viertelstunde das Unwesen gewickelt und verbunden unter der Decke lag, dachte ich: Hier bleibst du keinen Tag! Dann aber geschah es, daß dieses schreckliche Bündel sich bewegte und einen Arm in die Höhe streckte. Erschrocken sah ich mich nach dem Bruder Hollan um: Was gibt es jetzt? Bruder Hollan hatte bis jetzt meinen Umgang mit dem Kränksten der Station, vielleicht von ganz Bethel, nur still beobachtet und nichts gesagt, weil er dachte, ich müßte am besten allein den Weg zu dem kranken Jungen finden. Aber jetzt mußte er doch nachhelfen. Noch heute höre ich den Ton seiner Stimme, in dem sich Mitleid mit mir und Staunen über so viel Unverstand eines akademisch gebildeten Theologen verbanden: „Herr Kandidat, merken Sie es noch nicht, Fritz will Ihnen danken!“ Aber ich, ich hatte diesen Fritz gar nicht für einen Menschen gehalten. Wie muß der Kranke darunter gelitten haben, mir abspüren zu müssen, daß ich ihn überhaupt nicht als Mensch, sondern als einen ekligen Gegenstand betrachtete. Aber er ließ mich das nicht entgelten, sondern suchte mir meine Not dieser ersten Begegnung mit dieser seiner Menschenruine zu nehmen, indem er mir dankte. Er, der Kranke und Blöde, war gemeinschaftsfähig. Ich, der Gesunde, war es nicht, sondern mußte es durch ihn werden. Wir sind schnell gute Freunde geworden. (F. von Bodelschwingh, ein Enkel des berühmten Begründers der Anstalt Bethel bei Bielefeld, berichtet diese Szene in einem Vortrag über die Frage der ‚Euthanasie‘ des sogenannten ‚Gnadentodes‘ für unheilbar Kranke.)

Welche Empfindungen hat dieser Text bei euch ausgelöst?
Wie ist der Sinneswandel des Erzählers zu erklären?
Welche Bedeutung hat das Erlebnis für den Erzähler?

5. Auch Dich kann es treffen

Jährlich werden 300000 Bundesbürger durch Unfall oder Krankheit zu Behinderten. Mittlerweile leben vier Millionen unter uns. In Heidelberg sorgt man dafür, daß Invalide nicht Almosenempfänger werden.

Die Chance, trotzdem weiterzuleben

Das Leben als herrliches, aufregendes Abenteuer war für die heute 21jährige Maria Griesbacher kurz nach ihrem zehnten Geburtstag zu Ende. Sie fiel beim Spielen vom Baum und brach sich die Wirbelsäule. Querschnittsgelähmt sitzt sie seither im Rollstuhl.

Das Leben, wie er es bisher gekannt hatte, war für den Kfz-Meister Rolf Miesmer aus Freiburg am 1. Juli 1970 zu Ende. Beim Ausritt mit einem jungen Pferd übersah er einen

Quergraben, stürzte und brach sich die Wirbelsäule. Miesmer, 36 Jahre alt, verheiratet und Vater zweier Kinder, ist seither querschnittsgelähmt. Er kann sich nur im Rollstuhl fortbewegen.

Gleich brutal, nur weniger plötzlich, wurde die gewohnte Lebensbahn des technischen Zeichners Johann Dressing aus Kaiserlautern unterbrochen. Verursacht durch eine Erkältung, verschlechterte sich vom 20. Lebensjahr ab seine Sehfähigkeit. Heute, mit 26 Jahren, liegt die letzte Erinnerung an eine lichterfüllte Welt schon mehr als zwei Jahre zurück. Johann Dressing ist seit Weihnachten 1971 völlig blind.

Frührentner und Fürsorgefälle wären das Mädchen und die zwei Männer geworden, gäbe es in der Bundesrepublik nicht Institutionen, die Behinderten durch berufliche Umschulung einen Platz als Gleichberechtigte in der Gesellschaft bieten. Nach erfolgreicher Rehabilitation (Wiedereingliederung) kann der Behinderte meist wieder aus eigener Kraft leben und für seine Familie sorgen.

Maria Griesbacher, Miesmer und Dressing werden gegenwärtig in der größten und modernsten dieser Einrichtungen in Heidelberg auf neue Berufe vorbereitet. 1700 Behinderte leben hier in einem Gebäudekomplex von der Größe eines mittleren Universitäts-Campus.

Rolf Miesmer, früher Kraftfahrzeugmeister, wird in einem 30monatigen Lehrgang zum Maschinenbauingenieur ausgebildet, der ehemalige technische Zeichner Johann Dressing zum Datenverarbeitungskaufmann.

Die Lebensbedingungen in Heidelberg sind ganz auf die Bedürfnisse der Behinderten zugeschnitten. So gibt es für Rollstuhlfahrer eigene Aufzüge und Toiletten; keine Bordkanten verstellen ihnen irgendwo den Weg.

Zur Ausbildung können Hunderte von Lernprogrammen von einem Computer abgerufen werden. Er speichert, korrigiert und prüft die Antworten. In vielen Hörsälen können eigene Fernsehprogramme empfangen werden. Patienten, die während der Ausbildung erkranken, setzen ihren Unterricht von der zum Zentrum gehörenden Klinik aus fort.

1700 behinderte Menschen, das sind 1700 Optimisten und Pessimisten, Ehrgeizige und Faule, seelisch Stabile und Zerbrechliche. Wie einer psychisch mit der Behinderung fertig wird, weiß niemand.

Rolf Miesmer, der querschnittsgelähmte ehemalige Betriebsleiter, hat sich bis heute fast drei Jahre nach seinem Reitunfall nicht mit seiner Situation abfinden können. „Für mich spielte sich früher das Leben vor allem im Freien ab. Ich war begeisterter Sportler. Ich hätte mir nie einen Büroberuf ausgesucht. Und genau dazu hat mich der Unfall gezwungen. Das werde ich nie ganz überwinden."

Miesmer hat außerdem Angst, zu versagen. Der Leistungsdruck, der Zwang, seine Ausbildung in dreißig Monaten abschließen zu müssen, machen ihn fertig. Angst hat er auch vor dem erneuten Kampf um eine anerkannte Position in der Gesellschaft, die er sich in seinem früheren Leben längst erworben hatte.

Viel unbeschwerter ist der querschnittsgelähmte 17jährige Wolfgang Petersen. Der Feinmechanikerlehrling war vor zwei Jahren von einem Auto gerammt und auf ein entgegenkommendes Fahrzeug geschleudert worden. Dabei brach seine Wirbelsäule. Obwohl auch für Wolfgang die Erinnerungen an „früher" mit Wehmut erfüllt sind – an den Wänden seines Zimmers hängen Urkunden von Leichtathletik-Wettkämpfen –, hat er sich mit seinem Los abgefunden.

Vor sechs Monaten verlobte er sich mit einer jungen Schwesternschülerin, die er bei einem Ausflug auf dem Königsstuhl bei Heidelberg kennenlernte. Wolfgang hat sich mit einem Epileptiker angefreundet; mit ihm fährt er nach Mannheim ins Autokino, in eine Kneipe, zum Bogenschießen, Schwimmen oder Bowling. Den Führerschein hat er trotz seiner 17 Jahre bevorzugt machen können. Seine Berufsgenossenschaft, die auch die Ausbildung bezahlt, beteiligte sich an den Kosten eines Opel 1700.

Werner Boll, Vorstand der Stiftung Rehabilitation in Heidelberg, ist zuversichtlich, daß der Zeitplan für den Ausbau neuer Einrichtungen eingehalten wird. Schon in drei Jahren sollen dann 10000 bis 15000 Ausbildungsplätze verfügbar sein. Geldgeber sind hauptsächlich die Bundesregierung, die Länder und die Bundesanstalt für Arbeit.

Wenn dieses Ziel dennoch nur schwer zu erreichen ist, dann liegt das mit daran, daß die Bevölkerung über die Berufsförderung behinderter Mitbürger nahezu nichts weiß. Ohne Lebensziel in totaler Abhängigkeit von Eltern oder Fürsorge, von Angehörigen schamhaft verborgen, leben noch viele tausend Behinderte in diesem Land. Häufig wissen sie nicht einmal, daß sie Recht und Anspruch auf Rehabilitation haben und daß die Kosten ihrer Ausbildung auf jeden Fall von der gesetzlichen Renten- und Unfallversicherung, der Sozialhilfe oder der Bundesanstalt für Arbeit übernommen werden.

stern, März 1973

1 Könnt Ihr euch vorstellen, wie Ihr euch verhalten würdet, wenn euch plötzlich ein solches Geschick widerfährt?

2 Wie würdet Ihr euch bei einem Freund oder Bekannten verhalten, der in eine solche Situation geraten ist. (Möglichkeiten für ein Rollenspiel)

Wie tiefgreifend ein behindertes Kind das Leben einer Familie und ihre Beziehung zur Umwelt verändert, schildert die folgende Reportage

„Wir sind froh, daß wir Annika haben“

Carolin war zwei Jahre alt, und ich erwartete mein zweites Kind. Carolin sollte nicht als Einzelkind aufwachsen. Für mich war eigentlich immer klar: vier Köpfe erst bilden eine Familie. Wir freuten uns auf den oder die Neue. Wir suchten nach Namen und planten: Wie sieht zukünftig unser Tagesablauf aus; wo stellen wir das Kinderbett hin; können wir in diesem Jahr in Urlaub fahren; alles typische Familien-Überlegungen. Natürlich gab es auch bange Fragen: Hoffentlich geht alles gut – Hauptsache, unser zweites Kind ist gesund.

Unsere Annika kam auf die Welt. Sie war nicht gesund. Sie hatte „Mucoviscidose“. Die erste Reaktion meines Gynäkologen war: „Hoffentlich geht alles schnell vorbei“.

Ich begriff nur langsam. Einen Tag nach der Geburt informierte mich umständlich der Kinderarzt. Ein Test hätte gezeigt, daß bei Annika der Verdacht auf Mucoviscidose bestände; ich sollte mir aber keine Sorgen machen, die Tests hätten eine verhältnismäßig hohe Fehlerquote; ein anderer Test werde in etwa vier Wochen durchgeführt und „dann hätten wir Klarheit“. So sagte er, und ich machte mir tatsächlich keine ernsthaften Sorgen. Als ich mit meinem Mann sprach, stellte ich fest, daß ich vergessen hatte nachzufragen, was Mucoviscidose eigentlich ist.

Nach acht Tagen wurde ich aus dem Krankenhaus entlassen. Mein Mann und Carolin holten Annika und mich ab. Carolin schenkte ihrer neuen Schwester sofort ihr liebstes Schlaftier: Sie hatte Annika aufgenommen. Wir waren noch nicht soweit. [. . .]

Wir hatten Angst, unsere Zukunftsplanungen standen vor dem Zusammenbruch, wir fieberten dem entscheidenden Test entgegen.

Mittlerweile kannte ich auch die Symptome der Mucoviscidose: Dünne fettige Stühle, Bauchschmerzen und Husten. Ich beobachtete meine Tochter genau; bei jedem Husten schreckte ich auf, bei jedem Schreien vermutete ich Bauchweh. Die Ungewißheit war schrecklich, ich wollte endlich Gewißheit. Die Anspannung in unserer Familie war extrem.

Als der Tag da war, fuhren wir alle in die Uniklinik. In einem trostlosen Raum drängte sich meine Familie und ein junger Zivildienstleistender um einfache Geräte. Auf einem alten braunen Tisch lag eine lange Namensliste. Annikas Name war der letzte. Die Spalten mit den Meßergebnissen waren in ihrer Zeile noch frei. Annikas Schreien half nicht . . .

Ihr wurde ein wenig Schweiß abgenommen. Das war es dann auch schon. Wir fuhren wieder nach Hause. Ergebnis: Der Kochsalzgehalt im Schweiß unserer Tochter ist erhöht – das sichere Zeichen für eine Mucoviscidose. Zur allerletzten Klarstellung mußte der Test wiederholt werden: Wieder der trostlose Raum, wieder Annikas Schreien – und wieder das gleiche Ergebnis. Nun war die Aufgabe für uns eindeutig beschrieben: Wir haben ein behindertes Kind mit der lebensbedrohenden Erbkrankheit – Mucoviscidose. Darauf war ich, darauf waren wir alle nicht vorbereitet.

Eigentlich versteht es sich nicht von selbst, daß ich sofort bereit war, die sehr belastende Behandlung von Annika durchzuführen: Das tägliche, insgesamt über eine Stunde dauernde Abklopfen des Brustkorbs bei jeweils unterschiedlicher Schräglage ihres Körpers zur Lokkerung des Schleimes in den Bronchien. Die Diät. Die Medikamenteneingabe bei jedem Essen zur Stützung der Funktion der Bauchspeicheldrüse. Das Vitaminpräparat. Der Eßlöffel Schleimverflüssiger. Der Teelöffel Antibiotika. Natürlich hat sich Annika gegen die Massage gewehrt, natürlich hat sie oft die Medikamente herausgespuckt. Ich habe ihr die Therapie aufzwingen müssen; ich mußte mich oft gegen meine eigenen Erziehungseinstellungen verhalten; ich spürte ständig den Widerspruch zu meinem Ideal einer Beziehung zwischen Mutter und Kind.

Dann lernte ich die vielen kleinen Entscheidungen beim Ausüben der Therapie kennen, bei denen mir oft auch der Arzt nicht helfen konnte. Die Phase des „Mache ich alles richtig?" begann. Schließlich ziehe ich ja nicht irgendeine Therapie durch, sondern ich behandle meine eigene Tochter. Soll ich sie abklopfen, wann es mir in den Tagesablauf paßt, oder soll ich flexibler sein und mich nach ihren Bedürfnissen richten? Klopfe ich in der richtigen Stärke – nur dann hat es Sinn –, oder tue ich ihr unnötig weh? Koche ich richtig? Ziehe ich Annika zu warm an? Erkältet sie sich, besteht die Gefahr, daß sich das Krankheitsbild der Mucoviscidose nicht mehr korrigierbar verschlechtert. Wie häufig soll ich sicherheitshalber Fieber messen, um rechtzeitig Antibiotika zu geben? – Annika nahm mich voll in ihren Bann.

Dann kam die Angst Carolin gegenüber. Vernachlässige ich sie zu sehr? Sie braucht mich doch auch. Und mein Mann? Wieviele Ehen gehen heute unter „normalen" Umständen kaputt, wie groß ist die Gefahr, daß unsere Ehe unter der Last von Annika in die Brüche geht? Wie sollen wir uns überhaupt verhalten, unseren Verwandten, Freunden, unseren Mitmenschen gegenüber? Sollen wir schweigen? Wieviel sollten wir Annika zuliebe sagen? All dies drohte mich zu erdrücken.

Heute ist Annika vier Jahre alt und geht in den Kindergarten. Sie ist ein aktives kleines Mädchen mit weißblonden Haaren und blauen Augen. Sie ist unkompliziert und hat einen enormen Dickkopf. Sie hat viele Freunde, die auch manchmal beim Abklopfen dabei sind. Sie nimmt schon selbst unaufgefordert ihre Tabletten beim Essen. Trotz ihrer täglichen besonderen Belastung hat sie sich zu einer kleinen Persönlichkeit entwickelt.

Carolin ist in die Schule gekommen. Ich habe meinen Beruf als Lehrerin mit „halber Stelle" wieder aufgenommen. Natürlich: Ohne meine Schwiegermutter, die einspringt, wenn sich der „Stundenplan" von uns drei und meinem Mann nicht aufeinander abstimmen läßt, ohne die Frau, die mir zweimal in der Woche im Haushalt hilft, ginge vieles nicht. Vor der Schule und vor dem Abendessen klopfe ich Annika ab. Dann Unterricht, Hausarbeit, zweimal pro Woche zur Krankengymnastin, regelmäßige Arztbesuche usw. Für mich selbst bleibt wenig Zeit. Ja, es ist viel, aber gemeinsam schaffen wir es.

Wir haben mitgeholfen, daß sich eine kleine Gruppe von Familien, die sich in der gleichen Lage wie wir befinden, zusammengefunden hat, sich regelmäßig trifft, zusammen arbeitet und spricht. Solche Gespräche helfen. Ich hätte es vor vier Jahren nicht gedacht.

Wir Eltern haben in diesen vier Jahren viel hinzugelernt. Wir haben uns selbst besser kennengelernt und haben versucht, uns gegenseitig zu unterstützen. Die Therapie ist zu einem Bestandteil unseres Alltags, sie ist für uns normal geworden. Wir unterscheiden schärfer zwischen Wichtigem und Unwichtigem, wir sind kritischer geworden.

Unser Freundeskreis hat sich verändert. Wir haben viele hilfreiche Menschen kennengelernt, das hätten wir nicht vermutet. Wir teilen unsere Zeit besser ein, wir gehen nicht mehr zu jeder Einladung. Und was wohl das Wichtigste ist: wir haben gelernt über unsere Probleme zu reden. Das entlastet und hat mich auch ein wenig freier gemacht. Wir leben bewußter, wir nützen die Gegenwart.

Bei all dem wissen wir aber, daß die Zukunft unsicher ist. All unsere Bemühungen in der Therapie können den Verlauf von Annikas Krankheit nicht ein für allemal stoppen. Die düstere Prognose gehört auch zu unserem Alltag.

Unsere Hoffnungen? Natürlich die Forschung, aber viele sind von solchen Hoffnungen schon getäuscht worden; wir wissen, daß es an Forschern und an Geld fehlt. Wir hoffen, daß Annika sich ihren Anlagen gemäß entfalten kann, daß man ihr nicht ignorant oder mit Mitleid begegnet, daß unsere Mitmenschen ihr Leben als sinnvoll anerkennen, daß man sie nimmt wie jeden anderen auch. Damit hilft man ihr, und diese Hilfe ist nicht nur sinnvoll, sie macht auch Sinn. Wir haben es erfahren.

Wir sind froh, daß wir Annika haben.

Frankfurter Rundschau v. 10. 1. 81

1 Überlegt gemeinsam, warum die Familie sagen kann:
„Wir sind froh, daß wir Annika haben." – Stellt zusammen, was sich durch die Geburt der Tochter geändert hat:
- in der Familie,
- zwischen den Ehepartnern,
- im Verhältnis zur Außenwelt,
- im alltäglichen Lebensablauf.

2 Warum wird die „Grenzerfahrung", ein behindertes Kind in der Familie zu haben, offenbar so positiv erlebt? – Welcher Zusammenhang besteht zwischen Grenzerfahrung und eigener Lebensgestaltung?

5. Grenzsituation: Selbstmord

Wie die Zeitungen berichten, steigt nicht nur die Zahl der Selbstmorde; auch das Alter der Menschen, die sich töten, nimmt immer weiter ab.

Daß Jugendliche, Kinder gar, mit ihrem Leben abgeschlossen haben und auf die Zukunft verzichten, will uns nicht in den Kopf. Tatsache ist, daß sich am Ende dieses Jahres schätzungsweise 1500 Menschen im Alter zwischen 15 und 25 das Leben genommen haben werden. Vor 30 Jahren waren es „nur" 862. Tatsache ist weiter, daß sich

1949 „nur“ 24 Kinder unter 15 töteten, daß es in diesem Jahr hingegen viermal soviel sein werden.

Bei den Kindersuiziden ist außerdem zu berücksichtigen, daß die Dunkelzifffer enorm hoch ist, weil der Freitod von Kindern oft als Unglücksfall stilisiert wird. Mögen auch die Zahlen auf den ersten Blick gering erscheinen, etwa 100 Kinder bis zu 14 Jahren im Jahr, so muß hinzugefügt werden: Niemals war die Zahl so hoch wie jetzt. Und: jährlich *wollen* sich 10000 Kinder und Jugendliche das Leben nehmen.

Nach Ungarn, der CSSR, Finnland, Dänemark und Österreich rangiert die Bundesrepublik auf Rang sechs der Suizidländer. Pro Jahr töten sich zwischen 13000 und 14000 Bundesbürger, jeden Tag 35. Auf jeden Selbstmörder kommen mindestens zehn Menschen, die ihr Leben beenden wollen – das sind 130000 oder 140000 Selbstmordversuche im Jahr.

DIE ZEIT Nr. 39 v. 21. 9. 1979

Aktuelle Meldung:

Mehr Selbstmorde als tödliche Verkehrsunfälle

WIESBADEN, 5. Mai (dpa). In der Bundesrepublik sterben nach Angaben des Statistischen Bundesamtes in Wiesbaden jedes Jahr mehr Menschen von eigener Hand als bei Verkehrsunfällen. Rund 13 200 Einwohner der Bundesrepublik haben im Durchschnitt der Jahre 1981 und 1983 Selbstmord begangen, heißt es in einer am Samstag veröffentlichten Übersicht des Bundesamtes in Wiesbaden. Damit übersteige die Zahl der Selbstmorde pro Jahr die der im Straßenverkehr Getöteten um rund 2000.

1983 setzten 8500 Männer und 4600 Frauen ihrem Leben ein Ende. Bezogen auf jeweils 100 000 Einwohner bedeute das eine Selbstmordrate von 29,0 bei Männern und 14,3 bei Frauen. Besonders selbstmordgefährdet sind nach der Statistik Personen im Alter zwischen 40 und 50 Jahren. Im Internationalen Vergleich nimmt die Bundesrepublik mit einer durchschnittlichen Selbstmordrate von 21,3 einen mittleren Platz ein.

Ernst Klee sprach mit dem Heidelberger Psychoanalytiker Helm Stierlin

Der Selbstmörder ist der Sensibelste

Warum begehen Jugendliche Selbstmord?

Ich glaube, man kann bei jedem Selbstmord, bei Erwachsenen und Jugendlichen davon ausgehen, daß jeweils dreierlei zusammenkommt; Erstens ein Zustand von Erschöpfung, von Hilfs- und Hoffnungslosigkeit, das Gefühl, daß man völlig am Ende seines Lateins sei. Zweitens ein Zustand der Isolation und Entfremdung: Man hat niemand, mit dem man über seine Ausweglosigkeit und Hoffnungslosigkeit sprechen kann. Er besteht häufig gerade dann, wenn man stark in ein menschliches, zumal familiäres Spannungsfeld eingeschlossen ist, dieses aber wie ein Gefängnis erlebt, aus dem man nicht ausbrechen kann. Und drittens eine Wut- und Rachedynamik, die sich sowohl gegen sich selbst als auch gegen nahestehende andere richtet. Es wird mit der Erpressung mit Selbstmord ein Spiel getrieben: Der Selbstmörder bürdet dem oder den Überlebenden ein Schuldgefühl auf, das sich niemals wieder abtragen läßt. [. . .]

Worin sehen Sie die Unterschiede zwischen den Selbstmorden von Jugendlichen und von Kindern?

Die zum Selbstmord führende Grundfamilienkonstellation ist meines Erachtens bei Kindern wie bei Jugendlichen ähnlich.

Selbstmorde von Kindern sind sehr selten. Bei den wenigen Fällen, mit denen ich mich befassen mußte, fand ich eine enorm gestörte Familiensituation, ein mörderisches Klima in der Familie. Ich erinnere mich an eine Familie, wo sich das eine Kind, es war neun Jahre alt, bereits im Schrank erhängt hatte und das zweite Kind auch stark selbstmordgefährdet war. Zwischen den Ehepartnern herrschte eine ungeheure aggressive Spannung. Diese Spannung übertrug sich auch auf die Kinder. [. . .]

Töten sich Jugendliche und Erwachsene überhaupt aus grundsätzlich anderen Gründen?

Ich glaube, daß Ausweglosigkeit und Erschöpfung, dieses Gefühl, ich werde überfordert, was immer ich tue und ich werde nicht verstanden und werde nicht anerkannt – diese Grundkonstellation ist bei selbstmordgefährdeten Kindern, Jugendlichen und Erwachsenen gleich. Nur die Ausgangslagen sind anders. Zum Beispiel gibt es bei den Erwachsenen viele, die chronische Krankheiten haben, das Leben einfach satt haben, es ganz realistisch abwägen und zu dem Schluß kommen, da ist für mich nichts mehr drin. Bei Jugendlichen ist dies nicht der Fall. Ihr Grunderlebnis ist vielmehr: In dieser menschlichen Situation, in dieser Familiensituation ist für mich nichts drin.

Das heißt, außerfamiliäre Faktoren, wie Schulstreß sind nur auslösende Momente?

Das würde ich so sehen. Die Situation ist für Schüler und Studenten in unserer heutigen Leistungsgesellschaft besonders schwierig. Der größte Druck geht von den Eltern aus. Dieser Druck orientiert sich an den Schulnoten. Das ganze Drama von Überfordertsein und dazu das Gefühl, es nutzt ja alles nichts, was ich tue, das beginnt mit dem schlechten Schulzeugnis und endet in Kurzschlußreaktionen, die dann zum Selbstmord führen. Das ist häufig. Dennoch würde ich der Schule nicht die Hauptschuld geben, wie das oft getan wird. Der Erwartungsdruck der Eltern ist die treibende Kraft. [. . .]

DIE ZEIT Nr. 39 v. 21. 9. 79

Der Selbstmord ist gewiß die radikalste Infragestellung des Lebenssinns. Was treibt Menschen dazu, was veranlaßt Jugendliche in unserem Alter, sich selbst zu töten?

Indem wir nach den Gründen für den Selbstmord fragen, suchen wir indirekt auch Antworten auf die Frage nach dem Sinn des Lebens.

1 Überlegt, welche Gründe und Ursachen es für einen Selbstmord gibt (Beispiele, die ihr kennt, von denen ihr gehört habt).

2 Mit welchen Argumenten würdet ihr einen Menschen davon abbringen, Selbstmord zu verüben?

3 Welche Hilfen könntet ihr anbieten?

*Filmbeispiel

Selbstmord

(Ferenc Kosa – Ungarn 1967 – 26 min.; nicht bei allen Bildstellen erhältlich)

Kurzspielfilm nach einer Novelle von Attila Jozsef. Ein alleingelassener Junge nimmt Gift, erlebt im Dämmerschlaf seine eigene Beerdigung. Beim Aufwachen, im Gespräch mit seiner Mutter, wird der Grund seiner Verzweiflung deutlich.

8. Glückserwartungen und Glücksverheißungen

1. Auf der Suche nach Glück

Es gibt Sehnsüchte, die nicht altern. Zu denen gehört das Glück. Welcher Mensch wünschte sich nicht, glücklich zu sein? Aber wissen wir, was das Glück ist? Wissen wir, wo wir es finden können oder von wem wir es erwarten dürfen? Kennen wir jemanden, von dem wir sagen könnten, er sei glücklich? . . .

Ja. Von einem wird uns erzählt, daß er das Glück gefunden habe. Es ist ein junger Mann. Sein Name ist Hans. Dieser hat die ungeheure Entdeckung gemacht: das Glück liegt in dir!

Liegt es aber in jedem von uns, dann haben wir Einfluß darauf. Also: Jeder ist seines Glückes Schmied.

Vielleicht ist es aber nicht zufällig, daß Hans eine Märchenfigur ist. Denn Märchen sind ja nur für denjenigen wahr, der an sie glaubt . . .

Hans im Glück

Hans ist, soweit man von seinem Leben weiß, ein schlichter Handwerksbursche gewesen. Er hatte sieben Jahre gedient und wollte nun wieder nach Haus, zur Mutter. Und da er sehr brav gewesen war, belohnte ihn sein Meister fürstlich. Er gab ihm einen Klumpen Gold. Hans knüpfte den Schatz in ein Tuch, warf die kostbare Last über die Schulter – und war sehr glücklich.

Mit der Zeit aber spürte er, daß das goldene Gepäck ihn ganz schrecklich drückte. Da war er nicht mehr zufrieden. Und es kam ein Reitersmann daher. Wie herrlich ist so ein Pferd! Man braucht nicht zu Fuß zu gehen. Man kann einfach sich tragen lassen. Man stößt sich nicht an spitzen Steinen. Man nutzt seine Schuhe nicht ab. Hans tauschte das Gold gegen das Pferd – und war sehr glücklich.

Plötzlich tritt ihn der Teufel. Er spornte das Tier. Es warf ihn ab. Da war er nicht mehr zufrieden mit dem Pferd. Und es kam ein Bauer daher mit einer Kuh. Wie herrlich ist so eine Kuh! Man kann gemächlich hinter ihr herspazieren; und wenn es einen gerade gelüstet, hat man Milch und Butter und Käse. Hans tauschte das Pferd gegen die Kuh – und war sehr glücklich.

Mittlerweile war es recht heiß geworden. Man brauchte eine ganze Stunde, um über das Moor zu kommen. Die Zunge klebte einem am Gaumen. Aber gerade dafür hatte er ja die Kuh. Er band sie also an einen Baum und hielt ihr seine lederne Kappe unter; doch nicht ein einziger Tropfen Milch war aus ihr herauszubekommen. Schließlich wurde das Tier noch ganz ungemütlich und versetzte ihm mit dem Hinterbein einen solchen Tritt gegen den Kopf, daß Hans nicht wußte, wo er war. Da war er nicht mehr zufrieden mit der Kuh. Und es kam ein Schlächter daher mit einem jungen Schwein. Wie herrlich ist so ein Schwein! Schweinefleisch schmeckt viel besser als Rinderbraten. Und dann diese Schweinewürste! Hans tauschte das Ferkel gegen die Kuh – und war sehr glücklich.

Jetzt kam einer des Weges mit einer Gans, die seit acht Wochen Fettlebe gemacht hatte. Wie herrlich ist so eine Gans! Und das ist eine ganz unverdächtige Gans – während sein

Schweinchen, wie er nun hören muß, dem Bürgermeister der Nachbarschaft gestohlen worden war. Da war er nicht mehr zufrieden mit dem Schwein. Er genoß schon im voraus den Gänsebraten und das Gänseschmalz und die weißen Federn der Gans, aus denen man das weichste Kissen verfertigen kann. Er tauschte das gefährliche Schwein gegen die vielversprechende Gans – und war sehr glücklich.

So kam er an das letzte Dorf vor der Heimat. Da stand ein fröhlicher Scheren-Schleifer. Der war glänzend aufgelegt, weil, wie er Hans erzählte, Handwerk so einen goldenen Boden habe. Da war Hans nicht mehr zufrieden mit der Gans. Er tauschte sie gegen zwei Schleifsteine – und war sehr glücklich.

Die Steine wurden schwerer bei jedem Schritt. Er wurde müde und hatte großen Durst. Da war er nicht mehr zufrieden mit den Steinen. Schließlich fand er einen Brunnen, legte seine Habe auf den Rand und beugte sich nieder zum Trunk. Mit einer ungeschickten Bewegung stieß er die Steine in die Tiefe – und war sehr glücklich. Und kniete nieder und dankte seinem Schöpfer, Tränen des Glücks in den Augen. Und sagte zu sich: ich bin ein Sonntags-Kind; immer, wenn etwas schief zu gehen drohte, kam der Richtige des Wegs.

Leichten Herzens, frei von jeder Bürde, kam er glücklich zu Hause an. Und hier endet die Geschichte des ‚Hans im Glück'.

1 Sprecht über die Glückserfahrung, die Hans macht. Mit welchen anderen Begriffen läßt sich das Glück in unserem Märchen umschreiben?

2 Könnt ihr so, wie Hans, gleichfalls Glück erfahren? Oder habt ihr andere Vorstellungen vom Glück? Mit welchen Begriffen würdet ihr eure Glückvorstellungen umschreiben?

*Schreibt alle Begriffe, die ihr als Umschreibung für das Glück gefunden habt, mit einem dicken Filzstift auf eine Wandzeitung (Vielleicht lassen sich die gefundenen Begriffe ordnen oder einteilen).

2. Glückserwartungen und Glücksverheißungen im Alltag

Tagtäglich werden uns durch die Presse und in der Werbung offen oder versteckt Glücksangebote gemacht. Daneben gibt es eine Menge Schlager, in denen das Glück besungen wird.

1 Um welche Glückserwartungen und Glücksverheißungen handelt es sich?
Sammelt Artikel aus Zeitungen und Zeitschriften, sucht Beispiele aus der Werbung (Texte und Bilder), in denen vom Glück gesprochen wird. Erstellt daraus eine Collage.

***2** Bringt Lieder und Schlager mit, die vom Glück handeln und macht daraus einen musikalischen Zusammenschnitt.

3 Versucht bei der Auswertung, die gefundenen Glücksvorstellungen ebenfalls mit Begriffen zu fassen und schreibt sie wieder auf eine Wandzeitung. Vergleicht das Ergebnis mit eurer ersten Begriffsammlung.

***4** Schreibt alle gefundenen Begriffe untereinander und bewertet sie – jeder für sich – danach, wie wichtig sie für eure Glücksvorstellungen sind.

a Tragt die Begriffe in die Tabelle ein und kreuzt bei jedem Begriff an, wie wichtig er euch ist (1 = sehr wichtig bis 5 = unwichtig).

Glücksbegriff	1	2	3	4	5
. . .					

b Um ein Gruppenergebnis zu erzielen, könnt ihr an der Tafel aufschreiben, wieviel Kreuze unter den einzelnen Zahlen gemacht wurden.
c In einem Koordinatensystem können die Ergebnisse für die einzelnen Begriffe auch als Kurven sichtbar gemacht werden.
d Auch hier ist wieder eine Befragung anderer Personen möglich.

3. Beispiele für Glück

Die folgenden Beispiele geben verschiedene Auffassungen von Glück wieder.
Wie wird Glück erfahren? Nehmt dazu Stellung.

Ich war in einem Bauernhaus

Ich war in einem Bauernhaus zu Gast. Eine Öl-Lampe, aus einer Sardinen-Büchse gefertigt, gab einen Lichtkreis. Auch die Kuh war im Zimmer. Auch die Kinder schliefen im Raum; sie wurden gerade zu Bett gebracht, doch war es nur eine Art großer Kiste. Ausgezogen wurden sie auch nicht. Stühle gab es nur wenige, aber das machte nichts; so standen eben die Frauen.

Es gab hellroten Wein, der bäuerlich ungeschönt war, aus dem Holzfaß, mit dem Duft der roten, rottmannischen Erde, nachschmeckend wie eine Tonscherbe, wenn man sie feuchtet. Aus hundert Weinen würde ich den herausschmecken.

Im Kamin ein paar glimmende Zweige, drei rußige Tiegel. Als Schöpflöffel sah ich eine Konserven-Dose, deren Henkel-Stiel aus gewickeltem Draht war. Nirgendwo ersichtliche Vorräte. Aber, wer weiß, wie sie es machen, diese schwärzlichen Frauen im Kopftuch, deren Geduld unermeßlich ist; ein wenig Gebrutzel, und, über Stunden hin, ohne Eile, immerfort kleine Gerichte, so überzeugend, so unvermengt, so natürlich, so tauglich.

Unter meinem Stuhl lief ein Huhn durch. Wir kamen auf die kahlen Berge zu sprechen und daß die Ziegen die jungen Bäume abfressen. „Wenn ihr die nicht hättet", sagte ich, „so hättet ihr Wälder, so hättet ihr Holz, hättet reichere Quellen. Ihr könntet stauen, wie es die Römer gemacht haben, ich sah es. Wald, Feuchte und Vorrat-Wasser im Sommer; die Winter-Regen würden nicht, wie es jetzt ist, euer Erdreich wegschwemmen."

„Sicher!" erwiderte mein Gastherr. „Die Ziegen knabbern alles, was grün und was jung ist. Da kommt kein Baum auf. Da drüben am Hang könnten Ölbäume stehen, über den ganzen Berg hin. Wie viele."

Ich sah, seine Fantasie schlug Flammen.

Ich sagte: „Die Ziegen haben euch arm gemacht und sie tun es immer noch weiter. Nicht die Türken. Die Ziegen. Aber das ist doch ganz einfach. Ihr müßt die Ziegen abschaffen. Auch die Ziegen vom Nachbarn. Im ganzen Lande die Ziegen. Sonst wird nichts."

Er sah mich nachdenklich an, eher unwirsch. Ich merkte, ich hatte ihm die Fantasien verdorben, denen ich nicht gönnte Fantasien zu sein und zu bleiben. Ich wollte die Fantasie in die Tat zerren. Sicherlich dachte er: „So sind die."

„Wir leiden nicht Not“, sagte er dann, „wir haben Öl, was wir brauchen. Wir haben Früchte und Wein, Mandeln, Gemüse, wir haben ein wenig Getreide. Nun möchten wir auch ein wenig Milch und Käse, dazu brauchen wir Ziegen. Was willst du. Es fehlt uns an nichts.“

Erhart Kästner

Brot, Orangen, Schokolade

Tanguy schlief. Jemand faßte ihn an der Schulter. Er öffnete die Augen und sah Günther vor sich. Sein Freund machte ihm ein Zeichen, er solle schweigen. Dann setzte Günther sich auf sein Bett. Ohne ein Wort zu sagen, packte er ein Päckchen aus, das er in den Händen hielt, und zeigte den Inhalt: Brot, zwei Orangen, eine Tafel Schokolade, zwei Bananen, eine Schachtel Keks, ein großes Stück Torte.

„Ich wollte dir vorher nichts sagen, denn ich war diesmal nicht ganz sicher, ob ich etwas bekommen würde. Du hättest dann nicht schlafen können und wärst enttäuscht gewesen, wenn ich ohne etwas zurückgekommen wäre . . . Wir werden jetzt zwei gleiche Teile machen und sie sofort essen. Mit Ausnahme der Kekse, die ich morgen bei den Latrinen gegen Fleisch eintauschen will. Es gibt nichts Besseres als ein Stück Fleisch, um einem wieder Kraft zu geben. Also, fangen wir an.“

Zum erstenmal in seinem Leben weinte Tanguy vor Hunger. Er schaute auf die Herrlichkeiten, die Günther auf seinem Strohsack ausbreitete, und wagte nicht, sie für wirklich zu halten oder zu berühren. Seit drei Monaten hatte er weder eine Orange noch eine Banane gesehen: schon allein der Anblick dieser Früchte machte ihn fassungslos. Er fragte sich, wie die Orangen wohl schmecken würden. Endlich brachte er ein paar Worte heraus.

„Ich kann nicht . . . Das gehört mir nicht . . . Man hat es dir gegeben . . . Ich will nicht . . .“

„Du willst nicht? Ich leiste einen Eid darauf, daß du wohl oder übel deine Apfelsine, dein Stück Brot, deine Banane und das halbe Stück Torte essen wirst.“

Tanguy aß. Er war glücklich beim Essen; so glücklich, daß er sich nicht vorzustellen vermochte, wie jemand glücklicher sein könnte. Er lächelte und blickte Günther bewegt an. Seine Hände zitterten vor Erregung. Er versuchte, sich zu beherrschen und langsam zu essen; aber er konnte es nicht. Nach links und rechts warf er ängstliche Blicke. Er sagte sich, sie müßten alles aufgegessen haben, ehe jemand aufwachte, sonst würden die Deportierten sich beschweren und behaupten, man habe auf ihre Kosten Schwarzhandel getrieben. Als alles verzehrt war, strahlte Tanguy vor Freude. Er schwitzte. Er fand keine Worte und ließ sich in Günthers Arme sinken:

„Ich habe dich lieb . . . (Tanguy wußte nicht, warum er Tränen in den Augen hatte). Ich habe dich ebenso lieb wie meine Mutter; vielleicht sogar noch mehr . . . Ich habe dich lieb.“

Auch Günther war froh. Er wischte seine Hände ab und kletterte auf seinen Strohsack. Tanguy konnte lange nicht einschlafen. Er weinte ganz leise vor sich hin: aber zum erstenmal seit seiner Ankunft im Lager weinte er vor Glück.

Michel del Castillo

„Benzin reden“ ist ihr Hobby

In seinem schwarzen Lederanzug sieht Jürgen Bialijahl auf den ersten Blick viel älter aus als sechzehn. Der Bäckerlehrling kommt aus Wuppertal. Er besitzt ein Herkules-Kleinkraftrad. 50 ccm, 6,25 PS, „für das man auch einen Führerschein braucht“, wie er betont. 105 km/h Spitze und es kostet 2800. Dies ist schon sein zweites Motorrad. Das erste ist ihm vor zwei Monaten geklaut worden. „Das war die gleiche Karre, denn das ist ja für sechzehn der absolute Traum. Ab achtzehn kauf ich dann sofort ’ne 250er – oder mehr. Das hängt von meinem Verdienst ab. Warum ich fahre? Man kann die Fahrtrichtung bestimmen – jaa, man kann die Fahrtrichtung bestimmen.“ Er schaut forschend in die Runde, ob er verstanden wird.

Carmen Thomas, ZEIT-Magazin Nr. 47 v. 12. 11. 1976 (gekürzt)

4. Inga und ich machen Menschen glücklich

Als wir im Herbst wieder mit der Schule angefangen hatten, sagte die Lehrerin eines Tages, wir sollten uns immer bemühen, andere Menschen glücklich zu machen. Niemals aber sollte man etwas tun, wovon Menschen unglücklich werden könnten.

Am Nachmittag saßen Inga und ich auf unserer Küchentreppe und sprachen darüber. Und da beschlossen wir, sofort damit anzufangen, Menschen glücklich zu machen. Das Schlimme war nur, wir wußten nicht genau, wie wir es anstellen sollten. Wir wollten es daher erst einmal mit Agda, unserem Hausmädchen, versuchen. Wir gingen zu ihr in die Küche. Sie scheuerte gerade den Fußboden. „Trampelt mir nicht auf dem Fußboden herum, wenn er noch naß ist“, rief sie.

„Agda“, sagte ich, „kannst du uns etwas nennen, was wir tun könnten, was dich glücklich macht?“

„Ja, das kann ich! Wenn ihr sofort aus der Küche verschwindet und mich in Ruhe scheuern laßt, dann macht mich das unglaublich glücklich!“

Wir gingen. Aber wir fanden es nicht besonders erfreulich, auf diese Art Menschen glücklich zu machen. Und so hatte es Fräulein Lindgren wohl auch nicht gemeint. Mutti war im Garten und pflückte Äpfel. Ich ging zu ihr und sagte: „Mutti, sag irgend etwas, was ich tun kann, damit du glücklich wirst!“

„Ich bin doch glücklich“, sagte Mutti. Das war doch ärgerlich! Aber ich wollte nicht nachgeben, sondern sagte: „Aber ich könnte doch vielleicht etwas tun, damit du noch glücklicher wirst?“

„Du brauchst nichts weiter zu tun, als auch weiterhin mein liebes, gutes, artiges Mädchen zu bleiben“, sagte Mutti. „Dann bin ich ausreichend glücklich.“

Dann ging ich zu Inga zurück.

Ich sagte ihr, die Lehrerin hätte keine Ahnung, wie schwer es sei, jemanden zu finden, den man glücklich machen dürfe.

„Wir versuchen es mit Großvater“, sagte Inga.

Und wir gingen zu Großvater.

„Ah, das sind doch sicher meine kleinen Freunde, die da kommen!“ sagte Großvater. „Nun bin ich aber glücklich!“

Das war doch auch ärgerlich! Wir waren kaum zur Tür herein, da war Großvater schon glücklich! Da gab es für uns ja nichts mehr zu tun.

„Großvater", sagte Inga, „erzähle uns nur nicht, daß du schon glücklich bist. Wir wollen etwas tun, damit du glücklich wirst. Du mußt uns helfen und dir etwas ausdenken. Die Lehrerin hat gesagt, wir sollen andere Menschen glücklich machen."

„Ihr könntet mir vielleicht aus der Zeitung vorlesen", schlug Großvater vor.

Ja, natürlich konnten wir das. Aber das taten wir doch so oft, das war doch nichts Besonderes. Plötzlich rief Inga:

„Du armer, armer Großvater, dauernd hockst du hier oben in deinem Zimmer. Es wird dich sicher sehr glücklich machen, wenn wir einmal mit dir spazierengehen."

Großvater sah aus, als sei er nicht sonderlich begeistert von diesem Vorschlag, aber er versprach uns, mitzukommen. Wir gingen also. Inga und ich gingen jeder auf einer Seite von Großvater und führten ihn, denn er kann ja selbst nicht sehen, wo er geht. Durch ganz Bullerbü zogen wir mit ihm und erzählten und berichteten ihm die ganze Zeit, was wir sahen.

Es hatte angefangen, ein wenig zu wehen und zu regnen, aber das kümmerte uns nicht. Wir hatten uns in den Kopf gesetzt, Großvater glücklich zu machen.

Plötzlich sagte Großvater:

„Glaubt ihr nicht, es reicht jetzt? Ich würde gern nach Hause gehen und mich hinlegen."

Da führten wir Großvater wieder auf sein Zimmer zurück, und er zog sich sofort aus und legte sich ins Bett – dabei war es noch nicht einmal Abend. Inga stopfte die Decken fest um ihn. Großvater sah etwas müde aus. Bevor wir gingen, fragte Inga:

„Großvater, wann bist du heute am glücklichsten gewesen?"

Wir glaubten beide, er würde sagen, er sei auf dem Spaziergang am glücklichsten gewesen. Aber Großvater sagte: „Am glücklichsten, Kinder, war ich heute, als ich . . . ja, als ich in mein molliges, weiches Bett kriechen konnte. Denn ich bin sehr müde."

Dann mußten Inga und ich Schularbeiten machen. An diesem Tag hatten wir also keine Zeit mehr, weitere Menschen glücklich zu machen. Wir waren auch nicht sicher, ob unsere Art, Menschen glücklich zu machen, richtig war. *Astrid Lindgren*

Wie würdet ihr den beiden antworten? Welche Vorstellungen von Glück haben die beiden?
Kann man Menschen zum Glück zwingen?
Entspricht meine Vorstellung von Glück immer auch den Vorstellungen anderer?

5. Falsche Glücksverheißung

Die Fabel vom Seepferdchen

Es war einmal ein Seepferdchen, das eines Tages seine sieben Taler nahm und in die Ferne galoppierte, sein Glück zu suchen. Es war noch gar nicht weit gekommen, da traf es einen Aal, der zu ihm sagte:

„Psst. Hallo, Kumpel. Wo willst du hin?"

„Ich bin unterwegs, mein Glück zu suchen", antwortete das Seepferdchen stolz.
„Da hast Du's ja gut getroffen", sagte der Aal, „für vier Taler kannst du diese schnelle Flosse haben, damit kannst du viel schneller vorwärtskommen."
„Ei, das ist ja prima", sagte das Seepferdchen, bezahlte, zog die Flosse an und glitt mit doppelter Geschwindigkeit von dannen. Bald kam es zu einem Schwamm, der es ansprach:
„Psst. Hallo, Kumpel. Wo willst du hin?"
„Ich bin unterwegs, mein Glück zu suchen", antwortete das Seepferdchen.
„Da hast du's ja gut getroffen", sagte der Schwamm, „für ein kleines Trinkgeld überlasse ich dir dieses Boot mit Düsenantrieb; damit könntest du viel schneller reisen."
Da kaufte das Seepferdchen das Boot mit seinem letzten Geld und sauste mit fünffacher Geschwindigkeit durch das Meer.
Bald traf es auf einen Haifisch, der zu ihm sagte:
„Psst. Hallo, Kumpel. Wo willst du hin?"
„Ich bin unterwegs, mein Glück zu suchen", antwortete das Seepferdchen.
„Da hast du's ja gut getroffen. Wenn du diese kleine Abkürzung machen willst", sagte der Haifisch und zeigte auf seinen geöffneten Rachen, „sparst du eine Menge Zeit."
„Ei, vielen Dank", sagte das Seepferdchen und sauste in das Innere des Haufisches und wurde dort verschlungen.
Die Moral dieser Geschichte: wenn man nicht genau weiß, wohin man will, landet man leicht da, wo man gar nicht hin wollte. *R. F. Mager*

Überlegt, wer oder was alles uns Glück verspricht, um uns dann, wie der Haifisch zu „verschlingen" (Rundgespräch).
Ist das vielseitig versprochene Alltagsglück nicht oft der Fabel vergleichbar?

6. Abschließendes Nachdenken: Was ist Glück?

1 Überlegt euch eine Situation, in der ihr richtig glücklich und vielleicht auch eine, in der ihr sehr unglücklich wart. Versucht zu begründen warum.
2 Wertet eure Beispiele aus, indem ihr folgende Fragen untersucht:
Gibt es Bedingungen, die das „Glück" befördern oder es verhindern? Würdet ihr Glück mehr als „Augenblicksereignis" oder als einen „Dauerzustand" beschreiben? Vergleicht dazu eure Beispiele.
3 Was sagt ihr zu dem Satz: Das Glück muß erkämpft werden? Vergleicht dazu die folgende Tagebucheintragung einer 14jährigen Schülerin:
„Ich leide sehr an dieser Welt, an allem, was Welt ausmacht. Ich glaube auch nicht, daß es hier etwas gibt, das man Glück nennen darf. Es gibt keine bessere Zukunft. Angesichts des Elends, vor dem wir alle die Augen schließen, negiere ich alle positiven Empfindungen. Das Leid erdrückt mein Glücksempfinden, erklärt alles für tot, nichtig und unbedeutend.
Andererseits weiß ich:
Es gibt so viele schöne Dinge, die dieses Leben lebenswert machen. An allem ist etwas Schönes, etwas Gutes zu finden, das gibt dem Leben allein schon einen großen Sinn.
Es ist allerdings lange nicht alles gut auf dieser Welt, und es gibt so viel zu ändern. Aber das Sich-Ändern muß bei jedem von uns selbst zuerst anfangen."

9. Stars und Idole – Vorbilder

1. Zum Einstieg: Stars aus erster Hand

Die meisten von uns haben wohl einen Star oder ein Vorbild, an dem man sich orientieren kann. Wir können hieran anknüpfen, wenn wir uns fragen, welche Rolle ein Star oder Vorbild in unserem Leben spielt und aus welchen Gründen das so ist.

1 Jeder von uns kann jetzt seinen Star oder sein Vorbild auf einen Zettel schreiben und zugleich darauf vermerken, in welchen Bereich er gehört (z. B. Musik, Kunst, Sport, Politik), und welche besondere Eigenschaft an ihm geschätzt wird.
2 Wir wollen dann anschließend die Zettel einsammeln und an der Tafel auswerten, indem wir die Angaben in eine Tabelle eintragen.

Star/Vorbild	Bereich	Eigenschaft
...	...	...

3 Jetzt können wir gemeinsam feststellen, welche Bereiche vertreten sind und was einen Star oder ein Vorbild besonders auszeichnet.
4 Angeregt durch diese Beispiele ist es hoffentlich leichter zu entdecken, was zu einem Star, zu einem Idol und vielleicht auch zu einem Vorbild gehört. Versucht jetzt in Partner- oder Gruppenarbeit charakteristische Bestimmungsmerkmale zu sammeln, indem ihr euch fragt: Was erwarte ich von (m)einem:

	Bestimmungsmerkmale
Star	...
Idol	...
Vorbild	...

Tragt euer Ergebnis selbständig an der Tafel in dieses Raster ein (Mehrfachnennungen werden mit einem x gekennzeichnet).
5 Diskutiert gemeinsam das Ergebnis und versucht zu bestimmen, was ein Star – ein Idol – ein Vorbild ist. Bewertet eure Bestimmungen. (Vergleicht euer Ergebnis mit den Aussagen eines Jugendlexikons.)
***6** Für die folgende Stunde könnt ihr zu Hause (evtl. auch zu mehreren) Material (Bilder, Texte, Tonbeispiele) über den sammeln, der für euch ein Star – Idol – Vorbild ist.
Bereitet das Material so vor, daß ihr zur folgenden Unterrichtsstunde in etwa fünf Minuten der Klasse alles für euch Wichtige berichten könnt. Berücksichtigt dabei auch folgende Punkte:
- Warum er mir gefällt
- Warum er für mich wichtig ist
- Was ich über ihn weiß/nicht weiß

2. Wünsche werden scheinbar Wirklichkeit

Der eigentliche Grund für das Gedeihen der Fanclubs ist, daß sie für die aktivsten Fans ein unentbehrlicher Teil der eigenen Existenz geworden sind. Denn ihre Clubs machen sie weniger für die Stars als für sich selbst. In der Grauzone zwischen Wirklichkeit und Tagträumerei, Arbeit und Freizeitbeschäftigung, Verpflichtung und Gefälligkeit leben die Lehrlinge und jungen Angestellten die Talente und Wünsche aus, die ihnen der Alltagsberuf unterdrückt oder beschränkt.

Provoziert euch dieser Text? Wenn ihr selbst einen Star als Idol habt, findet ihr euch in der Darstellung des Textes zutreffend beschrieben? –
Diskutiert aufgrund der folgenden Materialien und aus eigener Erfahrung über die Bedeutung, die ein Star für das Leben eines Fans hat.

Fußball – das ist mein Leben

Als er von der Masse nach vorn geschoben wird, spürt er, wie er den Boden unter den Füßen verliert. In den Gesichtern der meisten Jugendlichen steht die Angst. Daß sie durch oder über den Zaun wollen, das wußte er schon vorher . . .

Der Junge sieht, wie vor ihm die Menschen schreiend übereinanderstürzen. Er springt nach vorn.

Drei Tage später erwacht er aus seiner Bewußtlosigkeit. Die Lebensgefahr ist vorbei „Das ist mein Berufsrisiko als Fan". Und wenn es schlimmer gekommen wäre? „Dann würde ich eben vom Rollstuhl aus die HSV-Spiele anschauen". Er ist fünfzehn.

Fan – Dasein

Petra und Dieter sind glücklich, als sie noch während der Show in die Garderobe eingelassen werden und bis zum Schluß im Dunstkreis ihrer Stars bleiben dürfen. Petra kann ihren praktischen Sinn mit ihrer romantischen Ader verbinden: Sie bügelt Tony Holiday die Hose. Ein Glück kommt selten allein. Wenig später ernennt Tony sie zur neuen Leiterin seines zentralen Fanclubs. Dieter spricht mit Mary Roos über Streß und Erfolg, läßt sich mit ihr fotografieren. Er glänzt vor Freude. Er hat den Höhepunkt des Fan-Daseins erreicht, den Augenblick, für den sich alle Mühen lohnen. Er ist privilegiert, den Stars hautnah, ist für einen Abend ein Mensch in ihrem Leben. *stern 6/79*

Barry Ryan: Alle meine Träume

„Ich sitze auf der riesigen Couch in Barry Ryans riesigem Wohnzimmer in der Londoner North Audley Street 22a. Es ist 14 Uhr. Der Star und sein ungewöhnlicher Gast, ein Puma, haben soeben ihr Frühstück beendet. Barry zündet sich die erste Zigarette an. Während er über meine Frage nach seinen Träumen sinnt, schnuppert der Puma an meinen Schuhen, und mir ist nicht ganz geheuer dabei, wenngleich das Raubtier erst sechs Monate alt ist.

Barry hat mit seinen zwei Hits „Eloise" und „Love is Love" eine Menge Geld verdient. Welche Wünsche und Träume hat er sich schon erfüllen können? „Schon viele – und ein paar verrückte waren auch dabei. Zum Beispiel: Schon als Kind wollte ich einmal mit Lord Leckenfields Prachtkutsche fahren. Dieser Lord war so um 1860 rum Londons großer Playboy. Dank „Eloise" konnte ich es mir leisten, für ein paar Stunden Playboy zu spielen. Aber die ersten „Pfunde" trug ich zu Lobb in der St. James Street, zu Londons berühmtesten Schuhmacher. Ich ließ von ihm meine ersten Maßstiefel anfertigen – aus dem feinsten und weichsten Leder. Seitdem gehe ich wie auf Wolken. Natürlich hat sich Barry noch mehr Wünsche erfüllt: neue Wohnung, teure Kleider, eine kostbare Gitarre. Er nimmt Flugunterricht, speist in den vornehmsten Restaurants und ist bei Prominenten zu Gast. Aber diese Dinge sind in dem neuen Leben des Barry Ryan nun fast schon selbstverständlich."

*Filme:

Das Tor zum Garten der Träume Nr. 322961 (30 min.)
Zwei Freundinnen gewinnen in einem Preisausschreiben einen Besuch bei ihrem Traumstar Bernd Clüver, der jedoch für sie nicht das erwartete Gespräch zustandekommen läßt und deshalb zur Enttäuschung wird

Gesicht von der Stange Nr. 321615 (12 min.)
Ein Fragezeichenfilm: Geschichte eines Lehrmädchens aus einem Friseursalon, das durch den Einfluß von Kolleginnen und Freunden seinen Typ völlig verändert

Günter Netzer – Gespräche nicht nur über Fußball Nr. 322456 (24 min.)
Der Film bringt ein Porträt des populären Fußballstars Günter Netzer, das sich durch seine Lebendigkeit in Regie und Kamera auszeichnet. Neben einigen üblichen Fragen zur privaten Sphäre gibt es Aussagen, die das Verhältnis dieses Sport-Stars zum Publikum und zur Politik, zur Werbung und zur Manipulation deutlich machen.

3. Ein Star wird gemacht

Popmusik

Arbeitsaufgaben:

1 Unter welchen Gesichtspunkten und mit welcher Absicht beschreibt der Artikel die Popmusik?
2 Welche Werbemethoden und Werbeträger werden genannt, und wie werden sie eingesetzt?
3 Wie sieht nach Meinung des Artikels die Musikindustrie ihre Kunden – die Schallplattenhörer – und wie versucht sie, mit ihnen ins Geschäft zu kommen?
4 Sucht eigene Beispiele – vielleicht sogar aus eurer Umwelt oder aber aus der Politik – die zeigen, wie Stars aufgebaut werden.

Wie jede andere Industrie, so ist auch die Schallplattenindustrie darauf angewiesen, ihre Produkte möglichst wirksam zu verkaufen: Musik ist zu einer Ware geworden. Das gilt in besonderem Maße für die Popmusik.

Ihre wichtigsten Werbeträger sind:

1. Die Musik selbst (Komponist, Arrangeur, Aufnahmetechniker und Solist richten sich bewußt nach dem Geschmack der Käufer).
2. Öffentliche Konzerte der Stars, z. T. finanziert und veranstaltet von der jeweiligen Schallplattenfirma: Schlager- und Popfestivals.
3. Fernsehen und Rundfunk (die Musikprogramme der Rundfunksender bestehen zu 60–70% aus „Unterhaltungsmusik“). Besonders wichtig sind Hitparaden und Sendungen mit Discjockeys.
4. Zeitschriften und Zeitungen, die durch Veröffentlichungen von Hitlisten, durch Berichte über Stars und durch Anzeigen für die Schallplattenindustrie werben.

Natürlich sind die Schallplattenhersteller an der Propagierung ihrer Produkte durch Rundfunk, Fernsehen und Publizistik besonders interessiert, obwohl sie keinen direkten Einfluß auf diese Medien haben. Die Schallplattenfirmen beschäftigen deshalb hochbezahlte Werbespezialisten (sog. „Promotion-Männer“), die bestimmte Stars und ihre Aufnahmen betreuen.

Die folgenden Fragen wurden einem einflußreichen „Promotion-Mann“ gestellt, der für den deutschen und englischen Markt zuständig war. Wie würden Sie die Arbeit eines „Promotion-Mannes“ charakterisieren? „Die Hauptaufgabe eines ‚Promotion-Mannes‘ besteht darin, einen Künstler bzw. eine Schallplatte mittels persönlicher Auftritte in Fernsehen und Rundfunk zu fördern (promote) und auszubeuten (exploit). Ein ‚Promotion-Mann‘ arbeitet in jedem Land in der gleichen Weise. Es ist eine Art von Popularisierung (publicity), die ebenfalls von der Presse (speziell: Schlagerillustrierte) betrieben werden kann.“ Können Sie die Höhe der Summen nennen, die für die Publicity in Massenkommunikationsmitteln ausgegeben werden?

„Die Höhe des ausgegebenen Geldes hängt ganz von der Gruppe und ihrer Schallplattenfirma ab. Man kann unmöglich die Summen fixieren. Aber oft gehen Tausende (Pfunde) dabei drauf.“

Welche Medien werden bei der Förderung beansprucht?

„Fernsehen, Rundfunk und Presse sind gewöhnlich die Schlüsselstellungen, die für den Erfolg einer Gruppe von der ‚Promotion‘ besetzt werden müssen, weil sie den breitesten Weg, den intensivsten Zugang zur Aufmerksamkeit des Publikums gewährleisten.“

Stimmt es, daß, wenn Schlager sich absolut nicht verkaufen lassen, manche Schallplattenfirmen die ‚Hit-Paraden‘ manipulieren, um doch noch (durch ‚Suggestion‘) zu Verkaufserfolgen zu gelangen?

„Der einzige Weg, um eine Schallplatte in die ‚Hit-Parade‘ zu bekommen, ist der, sie ‚hineinzukaufen‘. Das wird manchmal getan. Aber das ist eine Sache, über die wir nicht sprechen.“

Die Werbeaktivität der Schallplattenfirmen richtet sich natürlich in besonderem Maße auf solche Rundfunk- und Fernsehsendungen, die vor allem für Jugendliche bestimmt sind, und auf diejenigen Zeitschriften, die besonders von Jugendlichen gelesen werden. Es gibt in der Bundesrepublik eine Reihe von Jugendzeitschriften, die Berichte über Popmusik-Stars und über neue Schallplatten in den Mittelpunkt stellen. Das meistgelesene Blatt dieser Art ist BRAVO. BRAVO erreicht nach eigenen Angaben in jeder Woche mehr als drei Millionen Jugendliche. Seine Bedeutung als Werbeträger ist beträchtlich, und zwar nicht nur für die Schallplattenindustrie, sondern für die Konsumgüterindustrie überhaupt. Wer den „Jungen-Markt“ kommerziell ausschöpfen möchte, wirbt deshalb für seine Erzeugnisse mit Vorliebe in BRAVO.

Von den 100 Seiten einer BRAVO-Nummer entfielen auf

1. Werbung (Anzeigen) — 24 Seiten
   Mehr als die Hälfte aller Anzeigen warb für Mode und Kosmetikartikel. 70% waren besonders jugendlich aufgemacht.
2. Modefibel — 16 Seiten
   Vier Weltstars stellen neue Erzeugnisse der Textilindustrie vor.
3. Redaktioneller Teil — 60 Seiten
   Berichte über Stars: 45 Seiten; über ein neues Auto: 3 Seiten. Die restlichen Seiten verteilen sich auf Roman, Kreuzworträtsel usw. *Werner Hahn/Hermann Rauhe*

*Filmbeispiel
Lonely Boy Nr. 320698 (27 min.)
Dokumentarbericht über den Schlagerstar Paul Anka, seine Karriere und die Reaktionen seiner jugendlichen Verehrerinnen.

4. Vorbilder als Leitbilder

Fragen zum gemeinsamen Nachdenken (Gruppengespräche mit anschließender Klassendiskussion):

- Sind Stars und Idole Vorbilder?
- Was bedeutet der Satz: „Sein Verhalten war vorbildlich". Oder „Sie ist eine vorbildliche Schülerin". Oder: „Er war ein Vorbild für die ganze Nation".
- Wen würdet ihr als ein Vorbild für euch betrachten? Kennt ihr Vorbilder der Erwachsenen?

5. Vorbild sein – muß das sein?

Kinder lernen von ihren Eltern. Sie ahmen sie nach, übernehmen ihre Verhaltensweisen. Aber sie lassen sich nicht dressieren. Nicht immer wenn Erwachsene „mit gutem Beispiel vorangehen", werden es die Kinder ihnen gleichtun. Wichtiger als sie den eigenen Vorstellungen von Ordnung und Wohlverhalten anpassen zu wollen ist es, ihre Kreativität und ihre Eigenständigkeit zu fördern.

Ein Beispiel

„Wenn du dein Arbeitszimmer so unaufgeräumt läßt, brauchen wir uns nicht zu wundern, wenn in Eriks Zimmer das Chaos herrscht!" Das ist die Schlußphase einer ehelichen Auseinandersetzung. Sprecherin ist Frau N., der das Arbeitszimmer ihres Mannes mal wieder ein Dorn im Auge ist. Nachdem alles Zureden nicht geholfen hat, kam sie auf die Idee, mit der schlechten Vorbildwirkung zu drohen. Erik ist der gemeinsame Sprößling, sechs Jahre, gerade in die Schule gekommen. Herr N. zeigte Wirkung: Er räumte auf – er will schließlich kein schlechtes Vorbild für seinen Sohn sein.

So steht am Ende ein gutes Ergebnis: Frau N. ist zufrieden, weil das Arbeitszimmer ihres Mannes endlich aufgeräumt ist; Herr N. ist zufrieden, weil er das Gefühl hat, seinem Sohn ein gutes Vorbild gewesen zu sein. Bleibt zu fragen, was aus Erik wird: Darf das Ehepaar N. hoffen, daß Erik ein Mensch wird, der Ordnung liebt.

Kommentar:
Bedenken wir: Wenn der Ordnungssinn, der Frau N. so wichtig ist,

von Erik allzu ernst genommen wird, dann besteht die Gefahr, daß die kreativen Fähigkeiten unterentwickelt bleiben. Schließlich: Wissen wir eigentlich so genau, wie unser Kind im Jahre 2010 (es ist dann ungefähr 35) sein muß, damit es in seinem Leben bestehen kann? Können wir ihm Vorbild in eine Zukunft sein, von der wir nicht einmal schwache Vorstellungen haben? Mit ziemlich großer Sicherheit können wir doch nur dieses voraussagen:

Künftig werden sich die Lebensbedingungen ständig und rasch ändern, so daß unsere Kinder nur dann bestehen können, wenn sie gelernt haben, immer weiter, lebenslang weiter zu lernen und das Gelernte in ihre Lebenspraxis umzusetzen. Sie werden Sicherheit nur in der Stärke ihrer Persönlichkeit finden können, nicht in ihrer unstabilen

Umwelt. Sie müssen einfallsreich, kreativ sein, denn Wissen und Lebenserfahrung werden ihnen in entscheidenden Lebenssituationen selten weiterhelfen. Sie müssen bereit sein, sich helfen zu lassen und anderen zu helfen.

Wenn ich mir überlege, wie solche Menschen erzogen werden können, dann komme ich zu einem überraschenden Ergebnis: Viel wichtiger als uns in möglichst vielen Lebensvollzügen vorbildlich zu erleben, ist für unsere Kinder, daß sie uns fragend, scheiternd, schwach kennenlernen und daß sie mitkriegen, wie wir damit fertig werden.

Damit meine ich natürlich nicht, daß wir vor unseren Kindern ständig problembeladen und unwissend um Entscheidung ringend herumlaufen sollen. Ich meine auch nicht, daß wir unsere miesen Seiten hervorkehren sollten. Sondern ich will dazu auffordern, daß wir uns so geben, wie wir tatsächlich sind. Es gibt heute nur noch wenige Bereiche, wo Kinder wirkliche Menschen kennenlernen – wenigstens in der eigenen Familie sollen sie einer echten Frau, einem echten Mann samt ihren Vorzügen und Schwächen begegnen. Statt Eltern zu haben, die Ideale verkörpern, sollen sie miterleben, wie Menschen mit sich, mit anderen, mit ihrem Leben zurechtkommen. Das fällt uns Eltern leichter, als uns zu Vorbildern aufzuschwingen, und es bringt uns unseren Kindern näher.

Statt uns anzustrengen, möglichst gute Vorbilder zu sein, sollten wie lieber überlegen, was unser Kind jetzt, in diesem Augenblick braucht. Vielleicht braucht es Liebe, vielleicht Verständnis, vielleicht eine Erklärung oder ein Lob. Das hilft ihm mehr, im Leben zu bestehen, als das beste Vorbild. *Helmut Kentler*

In diesem Artikel wird kritisch zum Vorbild der Eltern Stellung genommen. Warum?
Was wird positiv – was negativ vom Vorbild ausgesagt? Versucht, allgemein zu formulieren, wer oder was zu recht als Vorbild gelten kann.
(Vielleicht sprecht ihr jetzt noch einmal über die Eingangsfragen. Kommt ihr zu anderen Antworten?)

6. Ein Beispiel gelungener Ich-Findung

In der folgenden Lebensbeschreibung wird uns ein außergewöhnlicher Mensch vorgestellt.

1 Überlege, ob man diesen Menschen auch bewundern kann und ob es möglich ist, sich mit ihm zu identifizieren.
2 Vergleicht diesen Menschen mit den Stars aus Film, Musik und Fernsehen.
3 Sucht Menschen in eurer Umgebung, die in ähnlicher Weise (vielleicht nicht ganz so spektakulär) ihr Leben meistern und gestalten und beschreibt sie genauer.
4 Gibt es eigentlich Hemmnisse, sich solche Menschen zum Vorbild zu nehmen? Welche?

„Es gibt doch noch viel Schlimmeres – Ich kann sehr gut ohne Beine leben"

Erich (47) und Martha (47) Krüger aus Horneburg sind zufrieden mit ihrem Sohn Frank (19). Er hat viele Freunde, ist gut in der Schule, wird im Mai das Abitur mit einem Schnitt von etwa 1,8 machen, dann in Hamburg Englisch und Geschichte studieren, um später selbst Lehrer am Gymnasium zu werden. Der Wunsch des Jungen, das Elternhaus mit einer eigenen Wohnung zu tauschen um selbständig und unabhängig zu werden, bedrückt die Eltern keineswegs. Im Gegenteil. Es macht sie stolz und glücklich. Denn ihr Sohn hat es nicht immer ganz leicht gehabt. Am 20. November 1960 wurde Frank geboren. Ohne Beine. Als eines von über 2000 Contergan-Kindern, die mit Mißbildungen zur Welt kamen, weil ihre Mütter während der Schwangerschaft ein Medikament nahmen, das zuvor nicht ausreichend auf mögliche Nebenwirkungen getestet worden war.

Behindert, betont Frank bei jeder Gelegenheit, fühle er sich wirklich nicht. Und das ist längst nicht nur ein Spruch. Im Sommer war er mit einem Kumpel in England. Zelten. Vor zwei Jahren flog er mit einer Schülergruppe nach Amerika.

Mit seinen Freunden macht er nahezu alles mit. Feten, Feiern, Abende in Diskotheken oder Kneipen. Seine große Leidenschaft ist Billard, und auch beim Tischtennis fegt er vom Rollstuhl aus so manchen Gegner von der Platte. Im Horneburger Schützenverein hat er einen ganzen Sack voll Nadeln und Plaketten errungen und wurde sogar schon einmal als zweitbester Luftgewehr-Schütze Niedersachsens ermittelt.

Auch die Eltern meinen, daß ihr Sohn wegen der Behinderung heute auf kaum noch etwas verzichten muß. Doch sie verkennen nicht, daß ihr Frank es zumindest jahrelang schwer gehabt hat. Doppelt schwer, denn die Sorgen und Probleme, mit denen sich alle Kinder und Jugendlichen herumplagen, blieben natürlich auch ihm nicht erspart.

Den Schock, ein Kind ohne Beine geboren zu haben, überwand Martha Krüger damals relativ schnell. Sie erkannte, daß ihr Sohn sicherlich noch weit mehr Hilfe und Zeit erfordern würde als jedes andere Kind.

Zunächst blieb dazu jedoch wenig Gelegenheit. Fast die Hälfte der ersten Lebensjahre verbrachte der Junge in Krankenhäusern. Zahlreiche Operationen an den kleinen Füßen, die fast unmittelbar am Körper sitzen, sollten die Behinderung lindern helfen.

Der Versuch jedoch, Frank mit Prothesen unabhängig vom Rollstuhl zu machen, scheiterte. Während der vier Jahre in der Nottensdorfer Grundschule quälte er sich mit den Dingern noch ab, dann stellte Frank die Prothesen endgültig in die Ecke. Die Beschwerden waren zu groß, die kurzen Beinansätze der Belastung nicht gewachsen.

Einem erfolgreichen Schulbesuch tat das aber keinen Abbruch. In der Grundschule gehörte er ebenso zu den Besten wie in der 5. und 6. Klasse auf der Realschule. Mit zwölf Jahren zeigte Frank viel Mut, wagte zusammen mit seinem Freund den von seinen Lehrern längst empfohlenen Wechsel auf das Gymnasium nach Buxtehude.

Diesen Mut, glaubt Frank heute, verdankt er der Erziehung. Seine Eltern hatten von Anfang an vermieden, das behinderte Kind nur zu behüten und zu beschützen. Immer – mitunter fast brutal – wurde der Junge zur Selbständigkeit erzogen.

[. . .]

Kurzum: Frank wurde von den Eltern nie als Behinderter betrachtet und behandelt. Im Gegenteil. Ihm wurde stets vorgehalten: „Was willst du denn – du kannst das doch."

Nicht nur die Erfahrungen mit dem eigenen Sohn, auch Fachleute geben den Eltern recht. Die Erziehung zur Selbständigkeit, und sei sie noch so hart, ist der einzige Weg, um den Behinderten später ein Leben zu ermöglichen mit einer weitgehenden Unabhängigkeit.

[. . .]

Genugtuung konnte er schon sehr früh beim Schwimmen empfinden. In der Grundschule war er der erste, der sich über Wasser halten konnte, und der schon wenig später sämtliche Schwimm-Scheine erwarb.

Richtige Probleme hat er in der Schule nie gehabt, auch nicht auf dem Gymnasium. Im nächsten Jahr, das steht schon fest, wird er ein weit überdurchschnittliches Abitur ablegen.

Für die guten schulischen Leistungen hat er nie viel tun müssen, Hausaufgaben waren für ihn fast immer ein Fremdwort. Daß er kein Streber war, erleichterte den Kontakt zu anderen Schülern. Frank: „Ich habe meist jeden Mist mitgemacht, den sich jemand ausgedacht hatte." An Freunden hat es ihm auch am Gymnasium nicht gefehlt.

Aber er braucht sie auch, allein schon, um jeden Raum in der Schule erreichen zu können. Bis vor die Eingang-Tür kommt er noch selbst.

Im eigenen Wagen, der mit Automatik-Getriebe und Handgriff für Gas und Bremse auch für ihn leicht zu bedienen ist, liegt neben dem Beifahrer-Sitz stets der zusammengeklappte Rollstuhl. Frank kann ihn selbst ein- und ausladen und umsteigen. Doch vor der Eingangs-Tür zur Schule befinden sich vier Stufen. Eine unüberwindbare Hürde. Da braucht er hilfreiche Hände, die ihn mit dem Rollstuhl hochziehen.

[. . .]

Das Gespräch reizt ihn auch bei Jugendlichen, die nach längerem Zögern andeuten, er müsse ja wohl unheimliche Probleme haben. Frank: „Die klär ich dann gerne auf. Ich habe keine Probleme. Kann mich waschen, meine Wäsche, sogar mein Auto." Letzteres überläßt er zwar gern seinem Vater, aber das sollen andere Jungen ja auch machen.

[. . .]

Im Vergleich zu anderen Jugendlichen sieht er keine großen Unterschiede. Nur daß die anderen Beine haben und laufen können. Schneller und überall. Ansonsten sei alles gleich. Freundinnen hat er schon mehrere gehabt. Probleme habe es da nicht mehr gegeben als in anderen Freundschaften auch. Zur Zeit möchte er lieber unabhängig sein und keine feste Bindung eingehen. Was bei Jungen seines Alters wohl auch nichts Besonderes ist.

Die Gespräche über seine Behinderung fallen ihm nicht schwer. Frank ist überzeugt, daß er leichter mit den fehlenden Beinen fertig wird als etwa ein Unfall-Opfer. Weil der sich noch erinnern kann, wie es ist, wenn man Beine hat.

Gesprächs-Partner verblüfft er oft mit einem kleinen Gegen-Angriff: „Auch du hast irgendeine Macke, kein Mensch ist fehlerlos. Und ich hab eben keine Beine."

Groll gegenüber den Verantwortlichen der Pharma-Firma, die mit ihrem Medikament Contergan letztlich für seine Behinderung verantwortlich sind, kennt Frank nicht: „Ich will nicht für alle der über 2000 Fälle sprechen, aber bezogen auf meine Person muß ich sagen: Es wurden schon viel schlimmere Fehler von Menschen gemacht." *Stader Tageblatt*

7. Zum Nach-denken

Berechnung

Ein Eichelhäher fand auf seinen Streifzügen ein kunstvolles Nestchen. Als er aber erfuhr, der kleine Zaunkönig habe es erbaut, lachte er höhnisch und rief: „Welch erbärmliches Machwerk!"

Ein andermal gewahrte er auf einer Felsplatte einen Haufen zusammengeworfenen Gestrüpps mit Heu und Federn in der Mitte. Als ihm gesagt wurde, dies sei das Nest des Adlers, rief er voll Bewunderung: „Welch kunstvoller Bau!" *Rudolf Kirsten*

Märchen vom winzig kleinen Mann

Es war einmal ein winzig kleiner Mann, der lebte in den Sümpfen am Mississippi. Stand er neben anderen Menschen, selbst wenn die nicht sehr groß waren, so reichte er ihnen bis zum Knie. Er wäre gern etwas größer gewesen, also sprach er zu sich: „Ich will das größte Tier in der Nachbarschaft fragen, wie es sich anstellen läßt, daß ich etwas größer werde."

Er ging zum Pferd und fragte:

„Mein liebes Pferd, kannst du mir sagen, was ich tun muß, um etwas größer zu werden?"

Das Pferd sprach:

„Du mußt viel Mais essen und immer herumrennen, mindestens zwanzig Meilen am Tag, und wenn du das tust, wirst du mit der Zeit so groß und stark werden wie ich."

Der winzig kleine Mann tat, wie ihm geheißen, aber der Mais lag ihm schwer im Magen, vom vielen Traben schmerzten ihn die Füße, und von all der verzweifelten Anstrengung wurde er ganz traurig . . . nur größer wurde er nicht. Also kehrte er in sein Haus zurück und dachte darüber nach, warum der gute Rat des Pferdes bei ihm so gar nichts genutzt habe.

Endlich sagte er sich: „Vielleicht war das Pferd nicht der rechte Ratgeber in meinem Fall. Ich will den Ochsen fragen."

Er besuchte also den Ochsen und sagte:

„Lieber Ochse, kannst du mir sagen, was ich tun muß, damit ich etwas größer werde?"

Der Ochse antwortete:

„Du mußt viel Gras fressen und dann mußt du brüllen, und wenn du ganz laut gebrüllt hast, du wirst schon sehen, dann bist du plötzlich so groß wie ich."

Der winzig kleine Mann befolgte auch diesen Rat gewissenhaft, aber vom Gras bekam er Bauchschmerzen und vom vielen Brüllen wurde seine Stimme heiser, das Schlimmste war jedoch, er wurde nicht größer, sondern kleiner und kleiner. Da kehrte er wieder in sein Haus zurück, setzte sich vor die Tür und dachte darüber nach, warum bei ihm aller guter Rat nichts geholfen habe.

Kurz darauf kam die Eule vorbei. Sie flog zu den Sümpfen hinüber und schrie dabei:

„Dumme Leute haben immer Mißgeschick, dumme Leute haben immer Mißgeschick."

„Warte einen Augenblick, Eule", sagte der winzig kleine Mann, „ich möchte dich etwas fragen."

„Aber bitte schön", sagte die Eule höflich und setzte sich auf einen Ast, „was kann ich für dich tun?"

„Ich möchte größer werden" sagte der winzig kleine Mann. „Aber was immer ich auch versuche, ich werde nicht größer. Ich bin schon ganz verzweifelt."

Da sprach die Eule:

„Warum willst du eigentlich unbedingt größer werden, als du bist?"

„Ganz einfach", antwortete der winzig kleine Mann, „wenn es einen Streit gibt, ist es gut, groß und stark zu sein, damit man nicht den kürzeren zieht."

„Hat denn schon jemand versucht, dich zu verhauen?" fragte die Eule.

„Nein, das nicht", gab der winzig kleine Mann zu.

„Na, siehst du", meinte die Eule, „du brauchst dich gar nicht zu schlagen. Also, warum willst du dann größer und stärker sein, als du bist?"

„Es ist da noch etwas", sagte der winzig kleine Mann. „Wenn ich groß wäre wie die anderen, könnte ich ganz weit sehen."

„Klettere doch auf einen Baum", riet ihm die Eule, „dann siehst du weiter als der größte Mann."

„Eigentlich hast du recht", sprach der winzig kleine Mann.

„Also", sagte die Eule, „ich sehe, wir verstehen uns. Ob nämlich jemand nun riesengroß oder winzig klein ist, darauf kommt es nicht an. Warum wünschst du dir, daß deine Beine wachsen! Wünsch dir lieber, daß dein Verstand wächst. Dann wirst du deine Sorgen loswerden."

Frederik Hetmann

D. Verantwortung für sich und die Welt

10. Ehe und Familie

1. Erfahrungen mit der Familie

Jeder von uns hat seine Erfahrungen mit der Familie. Jeder kennt die guten Seiten dieser Lebensgemeinschaft; jeder hat aber auch ihre Schattenseiten schon erlebt, wenn Jung und Alt tagtäglich miteinander auskommen müssen. Kein Mitglied ist ausgenommen, wenn Freude oder Leid, Sorgen oder glückliche Stunden sich abwechseln, wenn Stimmungen schwanken oder wenn Krisensituationen zu bewältigen sind.

1 Um uns zu Anfang ein möglichst umfassendes Bild von der Familie zu machen, sollten wir jetzt alles zusammentragen, was wir aus eigener Erfahrung über die Familie wissen. Wir können Stichworte, Feststellungen, Fragen und Probleme notieren (Partner- oder Gruppenarbeit).
Folgende Hinweise könnten vielleicht eine Hilfe zum Einstieg sein:
- Was ich Gutes in der Familie erfahren habe . . .
- Was mich in der Familie ärgert . . .
- Wann ich mich so richtig wohlfühle . . .
- Wann ich am liebsten davonlaufen möchte . . .

Vorschlag zur Auswertung:
Macht an der Tafel (oder mit Hilfe des Tageslichtschreibers oder einer Wandzeitung) eine Tabelle, in der selbständig jede Gruppe ihre Ergebnisse eintragen kann (Mehrfachnennungen werden mit einem **x** versehen).

Merkmale der Familie	
Gute Seiten	schlechte Seiten
. . .	. . .

2 Diskutiert gemeinsam euer Ergebnis.
- Welche Seite überwiegt?
- Gibt es wichtige oder weniger wichtige Merkmale in eurer Tabelle?
- Wie schätzt ihr insgesamt die Familie ein?

3 Fragt nach den möglichen Gründen und Ursachen der genannten Merkmale (evtl. wieder Gruppenarbeit)

Gute Seiten	Gründe/Ursachen
. . .	. . .

Schlechte Seiten	Gründe/Ursachen
. . .	. . .

2. Familie früher ...

Vor 150 Jahren noch lebten vier von fünf Familien vom Ertrag des Bodens, den sie bestellten. Die Väter waren meist Bauern und Handwerker. Sie leiteten den mit dem Haushalt räumlich verbundenen Wirtschaftsbetrieb und wiesen den übrigen Familienmitgliedern ihre Arbeit zu. Die Mutter stand dem Haushalt vor. Die älteren Kinder halfen Vater und Mutter in deren Arbeitsbereichen. Die kleineren Kinder spielten in der Nähe der Eltern. Neben den Großeltern lebten oft noch ledige Verwandte und Angestellte im Haushalt mit. Jeder erfüllte eine ihm zugemessene Aufgabe. Die Mahlzeiten wurden gemeinsam eingenommen, die Wechselfälle des Lebens gemeinsam getragen: Die Kinder wurden zu Hause geboren, die Kranken zu Hause gepflegt. Auch den Tod erwartete man zu Hause im Kreis der Angehörigen.

Der Tag hatte 14 Arbeitsstunden. Der Feierabend war kurz. Ferien konnte man sich weithin nicht leisten.

... und heute

Vater: geht um 6.30 Uhr in die Fabrik, kommt um 16.30 Uhr heim, beschäftigt sich mit seinem Hobby, liest die Zeitung, setzt sich vor das Fernsehgerät und möchte nicht mehr gestört werden.

Mutter: bringt Jutta um 7.30 Uhr zum Kindergarten, gibt vorher Wolfgang einige Aufträge, geht anschließend zur Arbeit ins Büro, kommt um 17.00 Uhr zurück, räumt die Wohnung auf, kocht vor, richtet das Abendessen, bringt Jutta ins Bett, setzt sich vor das Fernsehgerät, soll noch die Schularbeiten Wolfgangs nachsehen, ist zu müde dazu.

Wolfgang: geht 7.30 Uhr zur Schule, wärmt sich mittags Essen auf, geht zum Fußballspiel, erledigt kurz vor 17.00 Uhr noch Mutters Aufträge, macht schnell ein paar Hausaufgaben, darf seine Eltern nicht stören, sieht mit den Eltern fern, wird vom Vater schließlich ins Bett gescheucht.

Uli: Uli, der Erstkläßler, schlendert um 9.00 Uhr zur Schule, kommt um 13.00 Uhr vom Spiel nach Schulschluß zurück, trocknet auf Wolfgangs Befehl das Geschirr ab, verschwindet anschließend zum Spielen, holt 16.30 Uhr Jutta vom Kindergarten, macht Hausaufgaben, sieht fern und geht zu Bett.

Jutta: wird in den Kindergarten gebracht, nachmittags von Uli geholt, spielt ein wenig, fragt zuviel, wird ins Bett gesteckt.

1 Vergleicht die bäuerliche Familie von früher mit der heutigen Familie, Beachtet folgende Gesichtspunkte

- Zeit, in der alle Familienmitglieder zu Hause sind
- Ort, an dem sich die Familienmitglieder außerhalb aufhalten
- Tätigkeiten der Familienmitglieder außerhalb der Familie
- Tätigkeiten der Familienmitglieder innerhalb der Familie
- Versorgung der Kinder

2 Tragt die Hauptmerkmale der traditionellen und der heutigen Familie in eine Tabelle ein. Euch fällt vielleicht noch mehr ein als ihr den beiden Texten entnehmen könnt. Überlegt weiter, welche gesellschaftlichen Gründe für die Struktur der damaligen und der heutigen Familie maßgebend waren bzw. sind.

Traditionelle Familie	Heutige Familie
Hauptmerkmale . . . (gesellschaftliche) Gründe . . .	Hauptmerkmale . . . (gesellschaftliche) Gründe . . .

3 Überlegt nun, welches die Vor- und Nachteile einer Groß- oder Kleinfamilie sind. Auch dafür ist wieder eine Tabelle möglich.

Großfamilie	Kleinfamilie
Vorteile . . . Nachteile . . .	Vorteile . . . Nachteile . . .

4 Wodurch werden bei uns heute Großfamilien eher verhindert und Kleinfamilien gefördert? – Bedenkt dabei, daß es ganz äußerliche Ursachen und sehr persönliche Gründe dafür gibt!

3. Die Rolle der Frau hat sich gewandelt

Dienen lerne beizeiten das Weib . . .

Dienen lerne beizeiten das Weib nach ihrer Bestimmung!
Denn durch Dienen allein gelangt sie endlich zum Herrschen,
Zu der verdienten Gewalt, die doch ihr im Hause gehöret.
Dienet die Schwester dem Bruder doch früh, sie dienet den Eltern,
Und ihr Leben ist immer ein ewiges Gehen und Kommen
Oder ein Heben und Tragen, Bereiten und Schaffen für andre.
Wohl ihr, wenn sie daran sich gewöhnt, daß kein Weg ihr zu sauer
Wird, und die Stunden der Nacht ihr sind wie die Stunden des Tages,
Daß ihr niemals die Arbeit zu klein und die Nadel zu fein dünkt,
[. . .] *Goethe*, 1796/97

Der Mann muß hinaus ...

Der Mann muß hinaus
Ins feindliche Leben,
Muß wirken und streben
Und pflanzen und schaffen,
Erlisten, erraffen,
Muß wetten und wagen,
Das Glück zu erjagen.
Da strömet herbei die unendliche Gabe,
Es füllt sich der Speicher mit köstlicher Habe,
Die Räume wachsen, es dehnt sich das Haus.
Und drinnen waltet
Die züchtige Hausfrau,
Die Mutter der Kinder,
Und herrschet weise
Im häuslichen Kreise,
Und lehret die Mädchen
Und wehret den Knaben,
Und reget ohn' Ende
Die fleißigen Hände
Und mehrt den Gewinn
Mit ordnendem Sinn,
[. . .]

Schiller, 1799

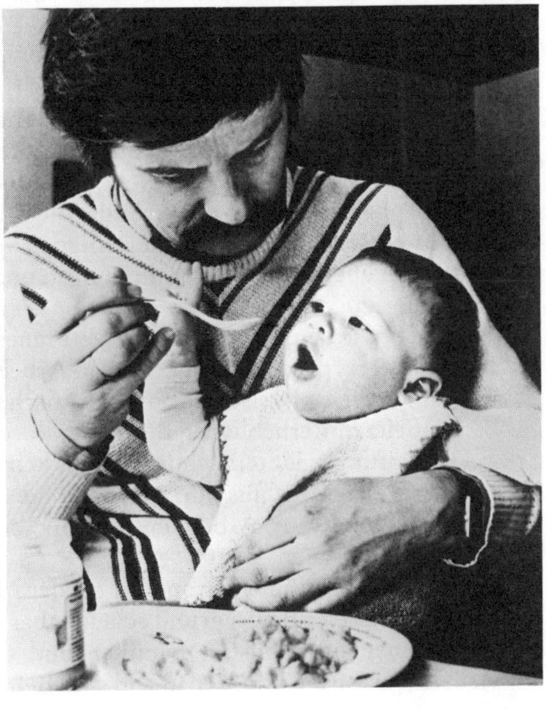

1 Beschreibt den Aufgabenbereich der Frau und ihre Stellung innerhalb der Familie in früherer Zeit.
2 Vergleicht die Beschreibung mit den Aufgaben und der Stellung der heutigen Frau, so wie ihr sie kennt.

Was hat sich grundlegend geändert?

4. Die heutige Frau im Konflikt zwischen Beruf und Familie

Vorschläge zur (alternativen) Behandlung des Themas:
1 Erklärt anhand der beiden Texte, warum viele Frauen heute diesen Konflikt auf sich nehmen.
2 Erstellt ein Interview zum Thema „Berufstätigkeit der Frau – ja oder nein?" Befragt dabei Frauen aus eurer Umgebung nach ihrer Meinung und ermittelt dabei
– warum sie arbeiten oder nicht
– ob sie Kinder haben oder nicht
– wie die Probleme des Haushaltes bewältigt werden
3 Stellt eure Beobachtungen zur Situation von Kindern berufstätiger Frauen zusammen
4 Fertigt eine Collage zum Thema „Frauen im Beruf" an und erklärt diese.

Situation erwerbstätiger Frauen mit Familienpflichten

Aus den Statistiken des letzten Jahrhunderts ist erkennbar, daß sich der Anteil der Frauen an der erwerbstätigen Bevölkerung nicht sehr wesentlich verändert hat. Als neue Entwicklung ist festzustellen:
– die Zunahme außerhäuslicher Tätigkeit,
– die steigende Erwerbstätigkeit von verheirateten Frauen mit Kindern,
– eine sich verändernde Motivation zur Erwerbstätigkeit,
– die sich verbessernde berufliche Qualifikation.

Als Anhaltspunkt für die Gründe, die Frauen veranlassen, sich für eine Erwerbstätigkeit zu entscheiden, kann eine Untersuchung des Soziologischen Forschungsinstituts Göttingen über die Arbeitsbedingungen und die Arbeitseinstellung erwerbstätiger Frauen herangezogen werden.

Befragt wurden 499 erwerbstätige Frauen, davon 372 Arbeiterinnen in für weibliche Beschäftigte typischen Tätigkeiten an Arbeitsplätzen mit geringem Qualifikationsniveau und mit hohen physischen und psychischen Belastungen (z. B. Montagearbeit, Fließbandarbeit; mit erheblicher Belastung durch Lärm und Monotonie).

Die Göttinger Untersuchung erhebt keinen Anspruch auf statistische Repräsentativität; das Gesamtergebnis dürfte aber einige Anhaltspunkte über die Arbeitssituation und die Einstellung zur Arbeit bei einem Teil der in den untersten Tätigkeitsbereichen arbeitenden Frauen geben:

Finanzielle Erwägungen spielen bei der Motivation, erwerbstätig zu sein, eine erhebliche Rolle. Dieser Beweggrund scheint aber nicht so stark zu sein, wie man aufgrund der Einkommenssituation der Familien und der Art der Tätigkeit der befragten Frauen vielleicht erwarten könnte: 36 v.H. der Befragten sahen (im Vergleich zur Situation nicht erwerbstätiger Hausfrauen) immaterielle Vorteile durch soziale Kontaktmöglichkeiten usw. 34 v.H. nannten finanzielle Vorteile. Und auf die Frage „Würde Ihnen – abgesehen von finanziellen Erwägungen – etwas fehlen, wenn Sie nicht mehr berufstätig wären?" antworteten 69 v.H. mit ja und 20 v.H. mit nein.

Bei der Einstellung zur Berufstätigkeit spielen die Belastung am Arbeitsplatz und der Umfang der Belastung durch Hausarbeit eine Rolle. Erwerbstätige Hausfrauen mit vergleichsweise geringer Belastung durch Hausarbeit waren lieber erwerbstätig – aber selbst von denjenigen, die außer der Berufsarbeit mehr als 30 Wochenstunden Hausarbeit zu leisten hatten, erklärten noch 64 v.H., daß sie lieber berufstätig sind. Dieses Ergebnis ist deshalb interessant, weil es sich bei den Befragten um Frauen handelt, die an der untersten Stufe beruflicher Möglichkeiten stehen und von denen man anzunehmen geneigt ist, daß sie ihre Erwerbstätigkeit nur aus finanziellen Gründen zu ertragen bereit sind.

Insgesamt erklärten 73 v.H., daß sie lieber erwerbstätig sind, 50 v.H. gaben an, daß sie Spaß an ihrer Arbeit haben, 35 v.H. meinten, daß sie mit der Doppelbelastung auf Dauer nicht fertig werden.

Aus diesen Ergebnissen kann gefolgert werden, daß diese Frauen interessiert wären:
- an einer Verbesserung der Arbeitsbedingungen,
- an einer partnerschaftlichen Aufteilung der Familienaufgaben auf Mann und Frau,
- an einer Wahlmöglichkeit zwischen Familientätigkeit und Berufstätigkeit.

Die Göttinger Untersuchung gibt auch Hinweise auf die Einstellung der befragten Frauen zum (früher gesetzlich verankerten) Leitbild der Hausfrauenehe.

Es entschieden sich für folgende Ansichten:

39 v.H. Eine Frau sollte ebenso berufstätig sein wie der Mann. Hausarbeit und Kindererziehung sollten Mann und Frau gemeinsam übernehmen.

35 v.H. Eine Frau sollte ruhig arbeiten, auch wenn der Mann genug verdient, sofern Kinder und Haushalt ihr genügend Zeit lassen.

26 v.H. Eine Frau ist vor allem Hausfrau und Mutter, sie sollte nur arbeiten, solange sie noch nicht verheiratet ist oder weil der Mann nicht genug verdient.

Zu einem ähnlichen Ergebnis kommt die Untersuchung des Instituts für angewandte Sozialwissenschaft (infas) „Die Rolle des Mannes und ihr Einfluß auf die Wahlmöglichkeit der Frau". Ein Vergleich mit den Ergebnissen früherer Untersuchungen dieses Instituts zeigt außerdem, daß gesellschaftliche und berufliche Aufgaben der Frau im öffentlichen Bewußtsein heute viel stärker anerkannt werden als noch von zehn Jahren. Noch im Jahre 1968 meinten 66 v.H. der verheirateten Arbeiterinnen, daß sich eine Frau nur ihrer Familie widmen soll, während nur 27 v.H. dafür waren, daß eine Frau über Haushalt und Familie hinaus auch andere Aufgaben wahrnehmen sollte. 1975 aber bejahten 75 v.H. der verheirateten Arbeiterinnen die Rolle der Frau in Öffentlichkeit und Beruf.

Pross hat festgestellt, daß die ausschließliche Befassung mit Familienaufgaben nach wenigen Berufsjahren seltener wird und daß das Muster der lebenslangen oder nach kurzer Unterbrechung fortgesetzten Berufsarbeit wahrscheinlich weiter an Bedeutung gewinnen wird.

5. Mann und Frau als Partner

Sieht so die Zukunft aus?

Männer und Frauen, die in Zukunft eine Ehe schließen und eine Familie aufbauen wollen, sollen diese Aufgabe arbeitsteilig übernehmen. Beide teilen sich die Arbeit, die Haushalt, Erziehung und Fürsorge für die Kinder mit sich bringen, soweit sie nicht von „Kollektiven“ übernommen wird. Denn auch wenn genügend Kinderkrippen, Tagesstätten und Ganztagsschulen vorhanden sind, bleibt noch ein beträchtlicher Rest an Familienarbeit, der um der Kinder willen notwendig ist.

Beide Eheleute sind berufstätig und tragen zum Unterhalt der Familie bei. Wenn es heute selbstverständlich ist, daß die Frau mehrere Jahre aus dem Beruf ausscheidet, um sich ganz der Familie zu widmen, so sollten sich in Zukunft Mann und Frau abwechseln, einmal bleibt der Mann einige Tage der Woche, ja sogar ein Jahr zu Hause, einmal die Frau. Nur in solcher neuen Rollenverteilung ist es möglich, daß die Frau in ihrer beruflichen Entwicklung nicht zurückbleibt und wirtschaftlich, sozial und politisch ein gleichwertiger Partner wird. Was der Mann dabei an „Beförderungen“ und Einkommen verlöre, würde durch das „Vorankommen“ der Frau ausgeglichen. Beide würden etwas langsamer, aber im gleichen Tempo fortschreiten, und wenn ihre Ehe nicht halten sollte, stünden beide auf eigenen Füßen, und keiner würde benachteiligt.

Voraussetzung und Folge dieser neuen Arbeitsteilung in Familie und Beruf wäre, daß Mädchen in Zukunft nicht mehr anders erzogen werden als Jungen. Mädchen werden nicht mehr allein auf ihre Frau- und Mutterrolle ausgerichtet, und die Jungen müßten lernen, mit Säuglingen, dem Kochtopf, der Näh- und Waschmaschine umzugehen. Die Mädchen treffen ihre Berufswahl nicht mehr unter dem gesellschaftlichen Zwang, daß sie ja doch heiraten, sondern bekommen eine ebenso lange, gründliche und nicht geschlechtsspezifische Erziehung wie ihre Brüder. Wirklich alle Berufe müßten den Frauen offenstehen, und sie müßten die gleichen Aufstiegschancen haben und endlich die gleiche Bezahlung bekommen wie die Männer.

Diese neue Arbeitsteilung würde auch den Mann befreien: Er stünde nicht mehr unter dem pausenlosen Zwang, immer mehr und Besseres leisten zu müssen, den beruflichen Ehrgeiz seiner Frau mit erfüllen und für die Familie immer mehr verdienen zu müssen.

Auch die Kinder würden von dieser neuen Rollenverteilung profitieren: Sie erlebten nicht mehr nur die Mutter als „Bezugsperson“. Kinder, die auch von Vätern gewickelt, trockengelegt, gefüttert, gebadet, in den Schlaf gewiegt und getröstet worden sind, werden ein anderes Vaterbild und zu Vaterfiguren (Gott!) ein anderes Verhältnis haben als solche Kinder, für die der Vater meist unsichtbar war und in der Erziehung höchstens als „strafende Autorität“ in Erscheinung trat.

Diskutiert diesen Vorschlag. Informiert euch, welche gesetzlichen Maßnahmen gerade in der letzten Zeit erlassen wurden, um die Situation der Frau in Familie und Beruf zu verbessern.

Wie sich Mädchen und Jungen ihre Ehepartner vorstellen – Eine Umfrage

Birgit: Mein Mann soll gut aussehen und einen guten und gepflegten Eindruck machen. Er soll ein bißchen Liebe für mich und die Kinder übrig haben. Gut verdienen könnte er auch. Nicht, daß ich geldgierig bin, aber sonst muß man immer zählen, und das Geld reicht an keiner Ecke. Sportlich soll er sein. Und er soll auch oft zu Hause sein und nicht immer verreisen . . .

Michael: Ich werde Junggeselle bleiben, denn ich stelle mir vor, daß es die Frauen immer nur auf das Geld absehen. Die Frauen meckern auch immer, wenn die Männer mal betrunken nach Hause kommen. Und man hat auch immer Ärger mit den Kindern. Und dann brauchte ich auch eine große Wohnung, wenn ich verheiratet bin; aber wenn ich nicht verheiratet bin, nur ein Zimmer. Mehr Miete muß ich auch bezahlen. Aber wenn ich nicht verheiratet bin, zahle ich nur wenig Miete . . .

Marion: Mein Mann soll nett sein und charmant. Also ich meine damit, wenn wir ausgehen, soll er sich in der Gesellschaft anständig benehmen. Aber er müßte auch zu Hause nett sein. Vor allen Dingen soll er nicht so dick sein. Wenn ich arbeiten gehe, und er geht arbeiten, setzt der die Kartoffeln auf, der zuerst zu Hause ist. Er sollte selten schlechte Laune haben. Wenn wir Kinder haben, soll er nicht so streng sein . . .

Uwe: Wenn ich von der Arbeit komme, hat sie mir das Essen an den Tisch zu bringen. Sonntags muß sie mir das Frühstück ans Bett bringen. Sie macht die Wohnung sauber, damit es ordentlich ist, wenn Besuch kommt. Sonntags kauft oder backt sie Kuchen. Abends macht sie mir Brote für den nächsten Tag zur Arbeit fertig. Und morgens kocht sie Kaffee. Und so geht das dann Tag für Tag.

Regina: Schlank, groß und kräftig. Seine Haare können lang sein, aber sie müssen gepflegt werden. Einen Bart könnte er auch haben, der muß aber ebenfalls gepflegt sein. Er soll mich lieben und nie verlassen. Er müßte ab und zu mit mir ausgehen, in ein Tanzlokal oder in ein Café. Ich möchte so viele Kinder haben, bis ich keins mehr ernähren kann. Er sollte nicht so an seiner Arbeit hängen, daß er mich darüber vergißt. Er sollte mindestens ein Jahr älter sein als ich und größer. Auto fahren soll er auch. Er darf nicht trinken. Mit anderen Frauen darf er nicht gehen . . .

Und wie stellt ihr euch euren künftigen Partner vor?

6. Familie als Lebensgemeinschaft

Erziehung

Ein Mensch braucht von seiner Geburt an viele Jahre, um sich körperlich, geistig und seelisch so zu entwickeln, daß er in der Gesellschaft selbständig und selbstverantwortlich leben kann. Eine solche Entwicklung geschieht nicht einfach „von selbst", sie muß vielmehr planmäßig, nämlich durch Erziehung, hergestellt und gefördert werden. Nur durch eine richtige und gute Erziehung kann ein Kind so heranwachsen, daß es ein befriedigendes Leben zu führen vermag. Aber ein Kind lernt nicht nur durch das, was die Erzieher *planmäßig* von ihm verlangen, sondern auch durch zahlreiche Einflüsse und Wirkungen, die das gesellschaftliche Leben selbst an das Kind heranträgt: durch die Art und Weise des Familienlebens; durch die „Einflüsse auf der Straße"; durch Massenmedien und Konsumangebote usw.

Ein Kind kommt auf die Welt als „vitales Bündel" von Bedürfnissen; es ist zwar in gewissem Umfange durch seine Erbanlagen vorgeprägt, aber diese lassen einen weiten Spielraum für Entwicklungen: Was aus diesen Erbanlagen wird, entscheidet sich im Verlauf des weiteren Lebens und vor allem eben auch durch die Auswirkungen der Erziehung.

Das Kind hat schon bei seiner Geburt ausgeprägte *materielle Grundbedürfnisse* (Essen, Kleidung, Wohnung) und *seelische Grundbedürfnisse* (Liebe, Anerkennung, Zuwendung). Diese Bedürfnisse kann es zunächst nur äußern, zu ihrer Befriedigung kann es selbst noch nichts beitragen. Es ist dazu auf eine Fürsorgeperson (in der Regel die Mutter) angewiesen, die beständig für es da ist. Nur wo ein solch durchgängiger Dauerkontakt besteht, können sich beim Kind die Grundlagen für Vertrauen, Liebe und Zuneigung entwickeln. Findet es niemanden, der seine Bedürfnisse befriedigt, so muß es sterben, es kann aus eigener Kraft nicht überleben. Das gilt übrigens nicht nur hinsichtlich der materiellen Bedürfnisse – wie man oft noch glaubt –, sondern auch hinsichtlich der seelischen. Kinder verkümmern zum Beispiel etwa in Kinderheimen oder in Krankenhäusern, wenn sie zwar gute Verpflegung erhalten, aber keine dauerhafte Zuwendung bzw. zu wenig persönlichen Kontakt mit Erwachsenen.

Das Kind lernt in der Familie durch unmittelbare Erfahrung eine Reihe von „Grundmustern" des sozialen Verhaltens und der sozialen Beziehungen, die für das spätere Leben von großer Bedeutung sind. Auch bekommt es durch die Eltern die Grundlagen für das Verständnis von Gut und Böse vermittelt, indem es die Werte und Normen übernimmt, die ihm in der Erziehung mitgeteilt werden.

Auch wenn es gilt, daß im späteren Verlauf der Entwicklung der Mensch sich von seiner Erziehung in gewisser Weise zu lösen vermag und sein Leben nach eigenen Entscheidungen ausrichten kann, so muß doch gesagt werden, daß ohne die Hilfe und den Einfluß der Eltern ein Kind weder physisch noch geistig noch sozial sich entwickeln kann.

Das Kind kann aber all diese schwierigen Lernprozesse umso besser vollziehen, je mehr es sich in der Familie geborgen und aufgehoben weiß und je mehr es die Familie als eine „solidarische Gemeinschaft" erlebt, zu der es „dazugehört". Wo in einer Familie das

Gefühl der wechselseitigen Zuneigung und Anerkennung vorherrschend ist, stellt diese Lebensgemeinschaft für alle Mitglieder den Raum dar, in dem sie sich entfalten und verwirklichen können.

1 Untersucht den Text der folgenden Fragestellungen:
- Welche Bedeutung hat die Familie für die Entwicklung des Kindes?
- Wie ist das Verhältnis der Eltern zum Kind zu charakterisieren?

2 Überlegt, (einzeln oder in Gruppen) welchen Altersstufen die Aussagen im folgenden Katalog zugeordnet werden können. Einige Sätze passen zu mehreren Altersstufen. Vergleicht anschließend eure Ergebnisse und diskutiert, wo sie unterschiedlich ausfallen.

Die Eltern

- sorgen rechtzeitig für die richtige Nahrung.
- überlassen ihrem Kind ganz die Sorge für sein eigenes Leben und die Verantwortung für sein Tun, raten aber, wenn sie gefragt, und helfen, wenn sie gebeten werden.
- helfen ihrem Kind, mit eigenem Geld umzugehen.
- dringen nicht ein in Dinge, die ihr Kind lieber für sich behalten möchte, versuchen aber doch, es vor schlimmen Gefahren zu schützen.
- helfen ihrem Kind bei der Erlernung der ersten Fähigkeiten und geben ihm durch Anerkennung Selbstvertrauen.
- versuchen, ihrem Kind ihre eigenen Entscheidungen zu erklären.
- lassen sich über die Gesundheit des Kindes regelmäßig beraten (Mütterberatung).
- versuchen, ihrem Kind Maßstäbe für richtiges oder falsches Verhalten zu vermitteln.
- vermitteln ihrem Kind durch die ständige Nähe der Mutter oder des Vaters das Gefühl der Geborgenheit.
- muten ihrem Kinde zu, daß es in sehr vielen Fragen, die es selbst betreffen, die richtige Entscheidung selber finden soll, und versuchen daher nicht, alle Schwierigkeiten von ihm fernzuhalten.

Das Kind

- verfolgt eigene Interessen.
- übernimmt die Sorge für sein Leben und für das Leben mit dem von ihm gewählten Partner, vielleicht sogar für seine Eltern.
- ist in allen Dingen ganz angewiesen auf seine Eltern.
- lernt, sich in einer Gemeinschaft zu behaupten und sich in sie einzuordnen.
- kritisiert seine Umwelt und möchte sie anders haben.
- vertraut seinen Etern völlig.
- sieht die Schwächen seiner Eltern und kann sie oft nicht verstehen.
- übernimmt erste Aufgaben selbständig.
- beginnt über Erfahrungen mit seiner Umwelt selbst nachzudenken.
- macht erste bewußte Erfahrungen mit seiner Umwelt.
- fragt nach dem Sinn seines Lebens und der ihm gestellten Aufgaben.

– beantworten Fragen des Kindes und führen es schrittweise in seine Umwelt mit ihren Schönheiten und Gefahren ein.	– sieht die Schwächen der Eltern, bemüht sich aber, sie zu verstehen.
– überlassen es dem Kind, seine Freunde zu finden.	– wird fähig zu lernen und zu arbeiten.
– helfen ihrem Kind, sich im Kreis der Geschwister und anderer Kinder einzuordnen und zu behaupten.	– entdeckt Gefahren in seiner Umwelt und lernt, sie zu bestehen.
– sind bereit zu Gesprächen und lassen andere Meinungen des Kindes gelten.	– lernt, auf andere Rücksicht zu nehmen und ist fähig, die Rechte anderer anzuerkennen.
– ermuntern ihr Kind, erste Aufgaben selbständig zu übernehmen.	– fällt eigene Urteile über richtiges und falsches Verhalten.
– helfen ihrem Kind, in Fragen seines Lebens eigene Entscheidungen zu treffen.	– möchte weitgehend selbst entscheiden können, läßt sich aber unbewußt von Vorbildern leiten.
– helfen ihrem Kind, den richtigen Rhythmus zwischen Arbeitszeit und freier Zeit zu finden.	– fragt gelegentlich seine Eltern zwar um Rat, ist aber in seinen Entscheidungen völlig frei und selbst verantwortlich.
– geben ihrem Kind erste Einblicke in ungerechte Verhältnisse und menschliche Leiden.	– lernt, eigene Wünsche und Neigungen zu nennen.
– stellen ihren Tageslauf weitgehend auf die Versorgung ihres Kindes ein und verzichten auf die Erfüllung mancher Wünsche.	– braucht das Gespräch mit seinen Eltern, hat aber seine eigenen Meinungen und will überzeugt werden.
– helfen mit, daß ihr Kind lernt, erste Konflikte zu bestehen.	

Ein Memorandum vom Kind für den Erzieher

1 Verwöhne mich nicht. Ich weiß ganz gut, daß ich nicht alles, was ich verlange, haben muß. Ich teste Dich ja nur.

2 Habe keine Angst, mit mir bestimmt umzugehen. Ich ziehe es vor. Dann weiß ich, woran ich bin.

3 Zwinge mich nicht. Das lehrt mich, daß nur Macht zählt und ruft nur meinen Trotz hervor. Ich reagiere besser auf Anleitung.

4 Sei nicht wechselhaft. Das verwirrt mich, und ich versuche desto mehr, alles zu erreichen, was ich will.

5 Mache nur Versprechungen, die Du einhalten kannst. Wenn Du ein Versprechen nicht einlöst oder wieder zurücknimmst, erschütterst Du mein Vertrauen zu Dir.

6 Falle nicht auf meine Herausforderungen herein, wenn ich etwas sage oder tue, nur um Dich aus der Fassung zu bringen. Dann werde ich nämlich versuchen, noch mehr solche Siege zu erringen.

7 Sorge Dich nicht so sehr, wenn ich sage: „Ich hasse Dich." Ich meine es ja nicht so, ich möchte nur, daß es Dir leid tut, wenn Du mir etwas angetan hast.

8 Mache nicht, daß ich mich kleiner fühle, als ich bin. Dann werde ich mich nämlich wie ein toller Kerl benehmen müssen.

9 Tue nichts für mich, was ich selbst tun kann. Dann fühle ich mich wie ein Baby und stelle Dich weiterhin in meinen Dienst.

10 Befasse Dich nicht zu sehr mit meinen schlechten Gewohnheiten. Das veranlaßt mich nämlich, sie zu behalten.

11 Korrigiere mich nicht vor anderen Leuten. Es beeindruckt mich viel mehr, wenn Du ruhig und allein mit mir sprichst.

12 Versuche nicht, mein Benehmen während eines Streites zu besprechen. Aus bestimmten Gründen kann ich zu dieser Zeit nicht so gut zuhören und meine Mitarbeit ist noch schlechter. Du kannst ja handeln, aber besprechen sollten wir es später.

13 Versuche nicht zu predigen. Du wirst Dich wundern, wie gut ich weiß, was richtig und falsch ist.

14 Sage mir nicht, daß meine Fehler Sünde sind. Ich muß lernen, Fehler zu machen, ohne zu glauben, daß ich damit schlecht bin.

15 Nörgele nicht. Um mich zu schützen, muß ich tun, als ob ich taub wäre.

16 Verlange keine Erklärungen für mein falsches Benehmen. Ich weiß wirklich nicht, warum ich es getan habe.

17 Stelle meine Ehrlichkeit nicht in Frage. Ich bekomme leicht Angst und erzähle Lügen.

18 Schenke meinen kleinen Leiden nicht so viel Aufmerksamkeit. Es könnte sein, daß ich sonst eine schwache Gesundheit zu schätzen lerne, wenn sie mir so viel Aufmerksamkeit einträgt.

19 Schütze mich nicht vor Folgen. Ich muß aus Erfahrungen lernen.

20 Entziehe Dich nicht, wenn ich wirklich etwas wissen will. Sonst wirst Du merken, daß ich aufhöre zu fragen und mir meine Antworten woanders suche.

21 Denke nicht, es sei unter Deiner Würde, Dich bei mir zu entschuldigen. Eine ehrliche Entschuldigung erzeugt in mir warme Gefühle Dir gegenüber.

22 Deute nie an, daß du perfekt oder unfehlbar bist. Du wärst ein zu großes Vorbild für mich.

23 Sorge Dich nicht, daß Du wenig Zeit für mich hast. Was zählt, ist, wie wir diese Zeit verbringen.

24 Werde nicht ängstlich, wenn ich mich fürchte. Denn dann werde ich noch furchtsamer. Zeige mir lieber Mut!

25 Vergiß nicht, daß ich ohne sehr viel Verständnis und Ermutigung nicht gedeihen kann. Aber das brauche ich Dir doch gar nicht zu sagen, oder?

26 Behandle mich, wie du deine Freunde behandelst, dann werde ich auch dein Freund sein! Denk daran, daß ich mehr von einem Vorbild als von einem Kritiker lerne

nach Vickey Solz

Welchen dieser Aussagen könnt ihr zustimmen? Welche Aussagen lehnt ihr ab? – Vielleicht legt ihr euren Eltern dieses Memorandum vor und fragt sie nach ihrer Meinung.

7. Zum Nachdenken

Deine Kinder sind nicht deine Kinder

Deine Kinder sind nicht deine Kinder. Sie sind die Söhne und Töchter der Sehnsucht des Lebens nach sich selbst.

Sie kommen durch dich, aber nicht von dir, und obwohl sie bei dir sind, gehören sie dir nicht.

Du kannst ihnen deine Liebe geben, aber nicht deine Gedanken, denn sie haben ihre eigenen Gedanken.

Du kannst ihrem Körper ein Heim geben, aber nicht ihrer Seele, denn ihre Seele wohnt im Haus von morgen, das du nicht besuchen kannst, nicht einmal in deinen Träumen.

Du kannst versuchen, ihnen gleich zu sein, aber suche nicht, sie dir gleich zu machen.

Denn das Leben geht nicht rückwärts und verweilt nicht beim Gestern.

Du bist der Bogen, von dem deine Kinder als lebende Pfeile ausgeschickt werden.

Arabische Weisheit

Lob des Ungehorsams

Sie waren sieben Geißlein
und durften überall reinschaun,
nur nicht in den Uhrenkasten,
das könnte die Uhr verderben,
hatte die Mutter gesagt.

Es waren sechs artige Geißlein,
die wollten überall reinschaun,
nur nicht in den Uhrenkasten,
das könnte die Uhr verderben,
hatte die Mutter gesagt.

Es war ein unfolgsames Geißlein,
das wollte überall reinschaun,
auch in den Uhrenkasten,
da hat es die Uhr verdorben,
wie es die Mutter gesagt.

Dann kam der böse Wolf

Es waren sechs artige Geißlein,
die versteckten sich, als der Wolf kam,
unterm Tisch, unterm Bett, unterm
Sessel,
und keines im Uhrenkasten,
sie alle fraß der Wolf.

Es war ein unartiges Geißlein,
das sprang in den Uhrenkasten,
es wußte, daß er hohl war,
dort hat's der Wolf nicht gefunden,
so ist es am Leben geblieben.

Da war Mutter Geiß aber froh.

Franz Fühmann

Sprecht über Sinn und Grenze des Gehorsams. Soll man immer gehorchen? (Vielleicht könnt ihr eine Situation im Rollenspiel darstellen, in der es um Gehorsam in Familie oder Schule geht.)

Meine Schwester zieht aus

Sie hatte ihre Prüfung bestanden. Das mußte natürlich gefeiert werden. Meine Schwester hatte dazu ihre Freunde und Freundinnen eingeladen. Ich durfte an diesem Abend kellnern. Meine Eltern hatten sich spendabel gezeigt: ein kaltes Buffet gab es und die verschiedensten Getränke. Die Stimmung war gut. Es wurde getanzt und gelacht. Grund genug dazu war ja vorhanden. Denn meine Schwester hatte auch gleich einen guten Arbeitsplatz bekommen und ihre Kollegen und Kolleginnen auch. Das war nicht selbstverständlich.

In einer Pause, als alle ein wenig verschnauften, fragte mein Vater plötzlich: „Na, Kinder, wie geht's nun weiter? Was habt ihr für Pläne? Eine entscheidende Hürde habt ihr ja jetzt mit Erfolg genommen. Auch seid ihr jetzt unabhängig. Also, was habt ihr vor?"

Meine Schwester begann sofort mit Begeisterung zu berichten: „Wir wollen uns zu viert eine Wohnung mieten. Franz, Rolf, Heike und ich sind uns schon einig. Wir können uns die Miete teilen, jeder richtet sich ein Zimmer ein, die Küche haben wir gemeinsam; vielleicht auch einen zusätzlichen Gemeinschaftsraum, in dem wir uns regelmäßig treffen können. Und dann . . ."

„Was?", unterbrach mein Vater, sichtlich aus der Stimmung gebracht, „ihr wollt so einfach zusammenziehen, in eine gemeinsame Wohnung, unverheiratet . . ."

„Wieso denn nicht?" fragte meine Schwester erstaunt, „wir haben alles schon durchgerechnet, es ist billiger, als wenn sich jeder einzeln eine kleine Wohnung suchen würde. Außerdem haben wir Kontakt untereinander, können uns gegenseitig helfen, die Arbeiten in der Wohnung aufteilen; das gemeinsame Essen ist billiger und macht mehr Spaß; die Freizeit können wir zusammen gestalten und im übrigen tun und lassen, was wir für richtig halten."

Ich hörte natürlich gespannt zu. Meinem Vater verschlugs offenbar die Sprache, meine Mutter sah richtig erschrocken aus.

„Aber Kind", sagte sie, „wie lange kennt ihr euch denn schon. Meint ihr, daß das alles so einfach geht? So einfach zusammenleben in einer Wohnung!"

„Natürlich wird es auch Probleme geben", fiel Franz ein, „aber mit denen müssen wir eben fertig werden; das gibt es doch in jeder Lebensgemeinschaft, oder? Unser Vorteil ist, daß jeder gleichberechtigt ist, so daß wir Probleme oder Konflikte, wenn sie kommen, gemeinsam lösen können. Keiner kann über den anderen einfach bestimmen oder verfügen, weil keiner abhängig vom anderen ist. Das sind doch tolle Voraussetzungen für ein Zusammenleben. Und so offen müssen wir auch sein, das wissen wir: wenn es nicht klappt mit uns oder wenn einer sich nicht mehr wohlfühlt bei uns, können wir uns eben wieder trennen. Diese Freiheit haben wir, Gott sei Dank!"

„Und wann soll eure Aktion starten?" fragte mein Vater sichtlich erregt. „Machen kann man ja doch nichts mehr dagegen! Die jungen Herrschaften sind ja mündig, wie es so schön heißt."

„Zwei Wohnungen haben wir schon in Aussicht", antwortete meine Schwester, „wenn alles gut geht, kann ich nächsten Monat meine Sachen packen und ausziehen."

„Was, nächsten Monat schon?“ rief meine Mutter entsetzt.

„Laß nur“, sagte mein Vater, „die Jugend soll ihre eigenen Erfahrungen machen. Für uns ist das nichts. Wir halten noch an dem Wert einer richtigen Ehe und Familie fest.“ Dabei schielte er zu mir herüber.

„Ob der tatsächlich so richtig ist, dieser Wert?“ wandte Franz noch ein. Aber meine Eltern hatten den Raum schon halb verlassen.

Die Tochter zieht aus

Frage: „Unsere Tochter ist nach dem 19. Geburtstag ausgezogen. Sie lebt in derselben Stadt mit einem jungen Mann zusammen. Dieser Vorgang hat uns sehr angegriffen. Wir haben uns bemüht, das Kind ordentlich zu erziehen. Wir haben ihm schulisch keinen Stein in den Weg gelegt. Es hätte alles lernen dürfen. Nach dem Abitur nahm es einen Job an, um Geld zu verdienen. Mahnungen schlug es in den Wind. Wir sind machtlos. Die Kreise, in denen es verkehrt, sind stärker. Was können wir tun? Können wir unsere Tochter zurückgewinnen?“

Die Antwort auf diese Frage gibt der Stuttgarter Kinderbuchautor und Psychologe Dr. Reinhard Abeln.

Mit Ihrem Problem stehen Sie nicht allein da. Zahlreiche Eltern sind heute fassungslos, wenn ihre Kinder, die das 19. Lebensjahr vollendet haben, aus dem Haus drängen und selbst verantwortlich ihr eigenes Leben leben wollen. Natürlich empfinden Sie nun großen Schmerz über Ihre Situation. Sie haben sich ernsthaft darum bemüht, Ihre Tochter gut und ordentlich zu erziehen. Und nun müssen Sie die Enttäuschung erleben, daß Ihr Kind einen eigenen Weg gehen möchte.

Versetzen wir uns einmal kurz in die Situation Ihrer Tochter. Sie ist nach dem Gesetz also ein mündiger Mensch. Sie möchte jetzt in ihrem Alter frei und finanziell unabhängig sein und ohne Einmischung und Kontrolle seitens ihrer Eltern selbst Entscheidungen treffen.

Dazu drängt es fast alle jungen Menschen. Sie möchten selbständig etwas tun und nicht immer nur das, wozu die Eltern – wenn auch wohlmeinend – ihnen raten. Sie möchten für ihr eigenes Leben und für ihre eigenen Handlungen Verantwortung tragen.

Die Eltern sind darüber selten glücklich. Das ist verständlich. Auf der anderen Seite aber müssen wir Eltern einsehen, daß der Zeitpunkt der Volljährigkeit auch formal den Abschluß der Erziehung bedeutet. Jetzt sind die jungen Menschen – sprich Erwachsenen – selbst für ihre Lebensform und für ihren Beruf verantwortlich.

Es ist jetzt für Sie im Moment sehr schwer. Sie spüren, daß Ihnen Ihre Tochter nun entwachsen ist; daß sie sich in diesem und jenem Punkt zu Ihnen in Widerspruch setzt; daß sie ihr Leben und ihre Welt nach anderen Gesichtspunkten formt als denen, die Sie für richtig halten.

Das gilt vor allem für das Zusammenleben Ihrer Tochter mit einem jungen Mann.

Was Sie tun können? Sie können Ihre Tochter nicht gewaltsam nach Hause zurückholen. Sie sind ja, wie Sie schreiben, Ihrer Erziehungspflicht in der rechten Weise nachgekommen. Jetzt wird von Ihnen gefordert: vor allem zu Ihrem Kind, das in der Freiheit zu sich selbst finden muß, aber auch – sofern Sie ein gläubiger Mensch sind – vielleicht in noch stärkerem Maß zu Gott, der den gefahrvollen Lebensweg Ihres Kindes begleiten möge.

Sie sollten Ihr Haus immer für Ihre Tochter geöffnet halten. Ihre Tochter darf wissen, daß Sie immer für sie da sind und Sie ihr auch weiterhin viel Wohlwollen entgegenbringen.

Lassen Sie bitte alle Schwierigkeiten und Spannungen, die zwischen Ihnen und Ihrer inzwischen erwachsenen Tochter bestehen, niemals zur Feindschaft werden.

Kirchenbote, v. 12. 2. 1984.

Was meint ihr zu den Plänen der jungen Leute?
Könnt ihr die Zweifel und die heimliche Abwehr der Eltern verstehen?
Kennt ihr ähnliche Beispiele?
Wißt ihr vielleicht von Wohngemeinschaften, in denen mehrere Familien zusammenleben?
Könnt ihr euch vorstellen, daß die anfangs von euch genannten schlechten Seiten einer Familie in einer größeren Wohngemeinschaft nicht auftauchen oder eher beseitigt werden würden?

Das folgende Beispiel gibt Einblicke in neue Formen des Zusammenlebens, die bewußt den Rahmen der Kleinfamilie sprengen.

Einzelgänger und Paare in der Gruppe

Auf dem Fußboden im Flur sitzt Dr. med. Moira M., 30, und singt. Der kleine Boris hämmert auf dem Xylophon, Gregor und Eva hören bäuchlings zu. Moira hat Kinderdienst.

In der Küche poltert Till. Er deckt den Tisch für neun Personen. Weil dem 30jährigen Doktoranden der Germanistik nichts Besseres einfiel, gibt es heute zum Abendessen Spaghetti und Tomatensauce.

Moira ist nicht mit Till verheiratet, und von den drei Kindern gehört ihr nur eines. Die knabenhaft wirkende Assistenzärztin mit dem schmalen, angestrengten Gesicht lebt mit der dreijährigen Tochter Eva von ihrem Mann getrennt. Seit einem Jahr wohnt sie zusammen mit Till in einer Berliner Großfamilie – sechs Erwachsene, drei Kinder. Moira: „Jetzt haben sich die Probleme gelöst, an denen meine Ehe gescheitert ist."

Sie ist gescheitert an der Doppelrolle der Moira M. als Ärztin und Mutter und, so Moira, am Egoismus ihres Mannes. „Mein Mann bereitete sich damals auf sein Examen vor; er lebte völlig unregelmäßig und blieb abends meist nicht zu Hause, ich war immer ziemlich fertig nach dem Dienst, aber täglich mußte ich das Kind irgendwo abholen und den ganzen Haushalt machen."

Für Moira lösten sich die Probleme, als sie mit ihrem Kind in eine Großfamilie zog: Hier teilen sich drei Männer und drei Frauen Hausarbeit und Kindererziehung. Moira muß nur noch an einem Nachmittag in der Woche den Haushalt besorgen und mit den Kindern spielen. Wenn sie Nachtdienst hat, kann sie anschließend ausschlafen, ein anderer macht dann ihre Arbeit.

In der Großfamilie leben, hat nach Aussage aller wesentliche Vorteile.

Mit Hilfe der Gruppe kann eine Mutter ihren Beruf ausüben, ohne sich durch den nebenbei laufenden Haushalt und ihr schlechtes Gewissen Mann und Kind gegenüber zermürben zu lassen.

Die Kindererziehung verläuft weniger eingleisig, weil die Kinder viele erwachsene Gesprächspartner zur Auswahl haben, nicht nur ihre Eltern. Für Einzelkinder löst sich außerdem das Problem der Einsamkeit.

Die Lösung von Eheproblemen ist einfacher, weil die Gruppe die Spannungen schon in den Anfängen abfangen und lösen helfen kann.

Junge Leute, die aus dem Elternhaus flüchten, sind nicht auf miese Zimmerwirtinnen angewiesen, sondern können mit Leuten zusammenleben, die sie sich ausgesucht haben, die ihre Sorgen und auch ihre Interessen teilen. *stern* 4/71

Kirchliche Positionen

Ehe und Familie werden heute immer stärker an den Rand der Gesellschaft abgedrängt. Die Trennung von Familienleben und Arbeitsstätte, von Privatsphäre und Öffentlichkeit hat der Ehe zwar die Möglichkeit der verinnerlichten Partnerbeziehung erleichtert, sie aber häufig überfordert. Dies treibt viele Ehepaare in eine Isolation, läßt ihre Funktion im Bereich der Erziehung schrumpfen und gefährdet so die Ehe und die Beziehung der Eltern zu ihren Kindern. In dieser Situation muß das neu aufbrechende Verlangen nach sozialem Kontakt, Erfahrungsaustausch und gegenseitiger Hilfe ernstgenommen werden; viele erhoffen von Familiengruppen, Wohngemeinschaften und Nachbarschaftshilfen neue Anstöße für mitmenschliche Kontakte, zusätzliche Erfahrungen und gegenseitige Hilfen.

Der Mensch ist darauf angewiesen, von anderen anerkannt zu werden. Er lebt davon, daß andere ihm bezeugen: Es ist gut, daß es dich gibt. Eine Anerkennung, die den Menschen um seiner selbst willen meint, darf nicht nur auf seine positiven Eigenschaften und Leistungen bauen. Wirklich angenommen ist der Mensch nur dort, wo jemand ihn auch in seiner Hinfälligkeit und Schwäche und mit all den Belastungen annimmt, die ihm im Laufe seines Lebens, mit oder ohne eigene Schuld, zugewachsen sind. Eine solche Annahme ist auch nicht abhängig davon, wie der andere Mensch sich entwickelt oder was ihm widerfährt. Sie gilt für immer. Wo das geschieht, wird die Annahme durch den anderen Menschen eine unbedingte. Lebenslange Aufgabe der Ehepartner ist es, diese unbedingte Annahme umfassend und einzigartig zu verwirklichen. Der Ehe kommt es zu, die unbedingte Annahme darzustellen.

11. Alte Menschen in unserer Gesellschaft

1. Problemstellung: Umgang mit dem Alter

Ziel dieses Themas ist es, die Situation der alten Menschen kennenzulernen und sich mit ihr auseinanderzusetzen. Unsere alten Menschen besser zu verstehen und ein gutes Verhältnis zu ihnen aufzubauen, darum sollten wir uns bemühen. Und wenn es uns gelingt, diesem Ziel näher zu kommen, dann haben wir damit für uns selbst einen ersten Schritt getan, uns auf unser eigenes Alter vorzubereiten. Und damit kann nicht rechtzeitig genug begonnen werden.

Alter und Tod gehören zu den absoluten Gegebenheiten unseres Lebens. Je früher wir uns auf diese Endphase unseres Lebens bewußt einstellen, um so eher gelingt es uns, sie zu bewältigen. Wer das Alter verdrängt, wird von ihm umso unvorbereiteter und härter getroffen.

Das gilt heute in besonderem Maße, da wir unsere alten Menschen vielfach nur allzuleicht abschieben und zu Außenseitern der Gesellschaft machen. Wo sind denn die Alten noch selbstverständlich in einer Familie eingebettet? Werden sie nicht als Last empfunden? Stören Sie nicht unser Ideal von Jugendlichkeit und von Leistungsvermögen?

Sich mit alten Menschen beschäftigen heißt, ihre Situation genauer kennenzulernen. Es bedeutet auch, Freuden und Leiden, Grenzen und Möglichkeiten des Alters zu bedenken. Schließlich geht es auch darum, zu fragen, wann und unter welchen Bedingungen das Alter zur Last oder aber zur Erfüllung des Lebens werden kann.

1 Zum Einstieg könnt ihr euch gegenseitig anhand von Beispielen darüber informieren, wieviel Kontakt ihr mit alten Menschen habt (Vorschlag: Rundgespräch, bei dem jeder eine kurze Stellungnahme abgibt).
Verschafft euch dabei ein Meinungsbild in der Klasse nach folgender Einteilung: wenig/viel Kontakt; guter/schlechter Kontakt; regelmäßiger/seltener Kontakt; mit vielen/wenigen alten Leuten. (Die Einteilung könnte an der Tafel notiert sein. Während des Rundgespräches gibt jeder an, wie er seine Kontakte zu alten Menschen einschätzt. Anhand der Strichliste kann man das Ergebnis diskutieren.
2 Sucht positive und negative Bestimmungsmerkmale des Alters. Geht dabei von euren Erfahrungen mit alten Menschen aus (Gruppenarbeit).

Das Alter ist positiv wenn/weil	Das Alter ist negativ wenn/weil
...	...

3 Abschließende Diskussion (Klassengespräch): *Sollen wir uns vor dem Alter fürchten oder nicht?*

2. Situationsbeschreibung alter Menschen in unserer Gesellschaft

Die nachfolgenden Texte geben Lebenssituationen der Alten in unserer Gesellschaft wieder. Vergleicht die Texte und sucht die positiven und negativen Aspekte heraus (Gruppenarbeit).

Von der Großfamilie zur Kleinfamilie

Die Veränderung unserer Familienstruktur von der Großfamilie zur Kleinfamilie hat vielfach zur Isolierung alter Menschen aus der Gesellschaft geführt. Solange diese sich selbst umsorgen können, wohnen sie allein in kleinen Wohnungen ohne direkten Kontakt zu ihren Familienangehörigen. Werden sie dann zu Pflegefällen, so verbringen sie ihren Lebensabend zumeist in Heimen. Hier verringert sich der Kontakt zur Außenwelt noch weiter und das tägliche Zusammenleben mit anderen alten Menschen läßt sie die Leiden des Alters erst recht spüren.

Der mangelnde Kontakt führt oft zu Mißtrauen und Unverständnis zwischen den Generationen. Kinder wachsen heute meistens ohne alte Leute auf. Von daher ist es auch verständlich, daß sie gegenseitig ihre Probleme nicht kennen.

Schuld an dieser Entfremdung ist einerseits der Wunsch junger Menschen, sich von den Alten in ihrer Lebensführung nicht beeinflussen zu lassen, und Schuld ist andererseits auch der Wunsch der Alten, um jeden Preis von Verpflichtungen frei zu sein und den Rest des Lebens nur noch zu genießen. Ein einseitiges Anspruchsdenken führt letztendlich beide Generationen in die Isolierung.

Gerade im familiären Bereich könnten die älteren Menschen durchaus wichtige Aufgaben übernehmen, die zur Entlastung aller Beteiligten beitragen könnten. Oft ist z. B. die menschliche Betreuung der Kinder in den Familien nicht gewährleistet. Die Voraussetzung für eine sinnvolle Einbindung alter Menschen ist jedoch, daß sie ihre Kontaktfähigkeit, ihre seelische Stabilität und ihre geistige Beweglichkeit bewahren. Diese Fähigkeiten müssen bereits in jüngeren Jahren trainiert werden, wenn sie im Alter noch vorhanden sein sollen.

Überlegt, welche Rolle eure Großeltern in eurer Familie spielen.

Lebensschicksale alter Menschen

Werner G. aus Bochum. Vor zwei Jahren traf ihn ein Schlaganfall. Er ist halbseitig gelähmt und kann nicht mehr mit seinem Gemüsekarren zum Markt fahren. Ein bewegtes Leben liegt hinter ihm. Er sollte Bauer werden, lief fort, verdingte sich bei der Reichswehr, fiel vom Pferd, wurde dienstuntauglich und mit einer lächerlichen Rente abgefunden. Nach dem Kriege mißlang der Versuch, sich als selbständiger Lebensmittelkaufmann zu behaupten. Der Gemüsekarren blieb übrig. Geklebt hat er immer nur das Notwendigste. Jetzt muß er mit DM 215.– Monatsrente auskommen. Das geht nur, weil seine Frau bei einem Butter- und Eierstand auf dem Markt aushilft. Sie ist 67 und hat Wasser in den Beinen. Wenn es gar nicht mehr geht, bleibt uns immer noch der Gashahn, sagte sie. Es klingt eher feststellend als anklagend. Kinder haben sie nicht. Die Verwandtschaft drücken eigene Sorgen.

Fritz und Martha H. Fritz H. und seine Frau wohnen seit der Pensionierung in einem kleinen Haus, das sie sich für den Lebensabend mit Hilfe eines Bausparvertrages haben renovieren lassen. Sie leben ihrer Gesundheit und ihren Interessen. Der kleine Garten sorgt für Bewegung. Die nicht sehr üppige Pension erlaubt im Frühjahr und im Herbst eine Reise nach Kärnten. Man freut sich, wenn der Sohn mit Frau und Kindern aus der benachbarten Großstadt zu Besuch kommt. Man respektiert aber auch, daß es nur einmal im Monat sein kann, da der Sohn einen anstrengenden Beruf und viele gesellschaftliche Verpflichtungen hat.

Fritz und Martha H. sprechen offen darüber, daß ihr Lebensabend befristet ist. Sie haben vereinbart: Wenn das Reisen keine Freude mehr macht, wollen sie ins Altersheim. Damit es keine trostlose Greisenverwahranstalt wird, schauen sie sich jetzt schon nach den angebotenen Seniorenzentren um. Eine Sparrücklage und die Möglichkeit, Haus und Grundstück zu verkaufen, bieten einen beruhigenden materiellen Rückhalt, der – früher vom Munde abgespart – sich jetzt auszahlt.

Karl M. ist 87 und lebt bei seiner Tochter. Mit 80 hatte der rüstige Pensionär es noch abgelehnt, in ein Altersheim zu gehen. Er könne sich in seiner kleinen Wohnung selbst versorgen.

Über Nacht wurde er sterbenskrank. Die Ärzte päppelten ihn mühsam entlassungsreif. Er wurde ein Pflegefall, den kein Altersheim mehr aufnehmen wollte.

Die Tochter, schon mit 53 Jahren verwitwet, nahm ihn zu sich in der von den Ärzten unterstützten Annahme, daß der alte Herr nicht mehr lange leben werde. Das ist jetzt sechs Jahre her. Sechs mal 365 Tage morgens waschen, Wäsche wechseln, anziehen, aus der Zeitung vorlesen, Diät kochen, zur Toilette bringen, nachwischen.

Gegen drei Uhr nachmittags beginnt Karl M. weinerlich zu werden. Phantasien plagen ihn, vielleicht drückt ihn sein Gewissen. Karl M. ist zeit seines Lebens das gewesen, was man einen krassen Egoisten nennt.

Gegen fünf wird er müde. Ausziehen, betten, Medizin verabreichen. Die Tür bleibt einen Spalt offen. Die Tochter soll stets in Rufweite bleiben. Geht sie einmal ins Kino, jammert der Vater.

Großeltern in einer Bauernfamilie

Eine Kommunalpolitikerin, selbst Landwirtschaftsmeisterin, hob als besonderes Verdienst der in der Landwirtschaft Tätigen hervor, daß die Pflege und Versorgung alter Menschen von der Familie selbst geleistet werde.

Das Leben der Familie T. aus Odorf verschafft uns einen Einblick in das Leben der Großeltern dieser Familie.

Hinrich und Emma T. beteiligen sich entsprechend ihrem Leistungsvermögen an der Arbeit des Hofes.

Emma T., 72 Jahre, übernimmt z. Zt. folgende Aufgaben:

- Wäsche zusammenlegen
- Wäsche ausbessern
- auf das Haus aufpassen
- Geschirr wegräumen
- Blumen gießen
- Kartoffeln schälen
- mit den Enkelkindern spielen
- den Enkelkindern vorlesen
- stricken
- Staubsaugen

Hinrich T. 76 Jahre, übernimmt z. Zt. folgende Aufgaben:

- den Enkel ausfahren
- Werkzeuge putzen und ordnen
- Garten sauber halten
- Rasen mähen
- einfache Reparaturen erledigen
- auf das Haus aufpassen

20 Mieter sind nun wunschlos glücklich

Stade (cy). „Dadurch, daß wir nun mitten in der Stadt wohnen, sind wir eingebunden in das pulsierende Leben." Elfriede Vagts (66) ist in ihrer neuen Wohnung in der Poststraße „wunschlos glücklich". Ebenso wie ihr geht es auch den übrigen Bewohnern der 20 Altenwohnungen in Stade: Nach den langen Querelen bei der Vergabe der Quartiere im 4,1-Millionen-Projekt haben sich die Auserwählten schnell eingelebt und – möchten so bald nicht wieder ausziehen, zumal die Angebote der benachbarten Altentagesstätte Gelegenheit zum Klönschnack geben.

Elfriede Vagts hatte sich vorher in einer Sitzung des Sozialausschusses über das Vorhaben informiert und sich dann beworben. Sie zollt den Planern ein großes Lob: „Die Wohnungen sind gut durchdacht und genau das Richtige für ältere Leute."

Die rüstige und tatenfrohe Rentnerin trinkt nicht nur mit den übrigen Senioren Kaffee in der Altentagesstätte, sie „drischt" auch einen zünftigen Skat mit ihren Alterskolleginnen.

Elfriede Vagts: „Den Stadtvätern sei empfohlen, sich auch nach anderen Wohnmöglichkeiten für alte Mitbürger umzusehen." Sie denke da an das ehemalige Finanzamtsgebäude. Freundschaften innerhalb der neuen Mietergemeinschaft hat sie noch nicht geschlossen, die „Richtigen muß die Zeit auch mit sich bringen".

Maria Graupner wohnte früher in der Nähe der Bundesstraße 73 und fühlt sich jetzt nicht mehr so isoliert. Sie nutzt die günstigen Möglichkeiten von Stadtbummeln „reichlich aus". Die Bewohnerin kocht für sich und kauft die Zutaten dazu auch noch selbst ein. Das Treppensteigen – nur im Gebäude der DRK-Altentagesstätte ist ein Fahrstuhl – bereitet Maria Graupner keine Schwierigkeiten. Ihren Nachbarinnen schenkt sie „zur Zeit noch ein freundliches Wort". Kontakte knüpfte sie bei den DRK-Gymnastik-Veranstaltungen und während der Kaffee-Nachmittage, „da kommt man mit allerhand Leuten zusammen". [. . .]

Stader Tageblatt v. 1. 8. 1980

3. Gesellschaftliche Vorurteile und Zwänge

Diskutiert folgende Aussagen über alte Menschen und formuliert eure Einstellungen dazu (Partner- oder Gruppenarbeit). Könntet ihr so von euren Großeltern sprechen.

Alte leben vom Geld der Jungen
Alte leisten nichts mehr
Sie sind freßgierig
Sie interessieren sich nicht mehr für die Gegenwart
Sie schwätzen pausenlos von früher
Sie sagen, früher war alles besser
Sie stören im Straßenverkehr
Sie sind geizig
Überall stehen sie im Wege
Überall verlangen sie Vortritt
Sie verstopfen die Wartezimmer der Ärzte
Sie hängen bloß so herum
Während des Berufsverkehrs nehmen sie in den öffentlichen Verkehrsmitteln Jüngeren den Platz weg

Sie überfüllen die Krankenhäuser
Sie sind häßlich
Sie waschen sich selten
Sie wissen angeblich alles besser
Sie nörgeln an allem herum
Sie sind lästig
Sie riechen nicht gut
Sie beneiden und hassen die Jugend
Sie sind engstirnig
Sie sind schamlos
Sie räumen nicht freiwillig ihre Wohnungen

Versucht, eine Gegenliste mit positiven Urteilen aufzustellen und vergleicht beide Listen auf Vielfalt und Länge hin.

4. Alte Menschen in unserer Umgebung – Aktionsphase

Die folgenden Arbeitsvorschläge müssen nicht alle durchgeführt werden. Je nach Neigung und möglichem Zeitaufwand kann entschieden werden, welchen ihr bearbeiten wollt. Auch eine Aufteilung auf verschiedene Gruppen ist denkbar.

1 Nehmt eine Illustrierte (am besten zwei Exemplare derselben Nummer) und schneidet die Werbeanzeigen aus. Sortiert diese dann in solche,
- auf denen junge Menschen dargestellt sind
- auf denen ältere und alte Menschen abgebildet sind
- die in bezug auf das Lebensalter als neutral bezeichnet werden können

Nun fertigt aus den drei Sorten drei Collagen und vergleicht sie. Welche Schlüsse sind zu ziehen?

2 Schneidet aus der Wochenendausgabe einer größeren Tageszeitung Stellenangebote aus, in denen ausdrücklich junge, dynamische Menschen, und solche, in denen ausdrücklich ältere Arbeitnehmer gesucht werden.
Unterstreicht die einschlägigen Begriffe, die sich auf das Alter der gesuchten Arbeitskraft beziehen. Vielleicht könnt ihr auch hier zwei Collagen kleben. Welche Schlüsse sind zu ziehen?

3 Wie ist die Situation alter Menschen in unserer Umgebung, in der wir leben? Gibt es ein Altersheim oder Altenwohnungen? Wie viele alte Menschen leben in den Familien ihrer Kinder?

a Informiert euch über die Situation alter Menschen indem ihr
- ein Altersheim aufsucht – Altenwohnungen besucht.

b Befragt dort die Leute nach
- ihrem Tagesablauf – ihrem Gesundheitszustand – ihren Tätigkeiten – ihren Kontakten zur Außenwelt – nach der Heimordnung.

c Befragt das Pflegepersonal nach seinen Aufgaben.

d Besucht alte Menschen, die in ihren eigenen Wohnungen leben. Befragt sie,
- ob sie zufrieden sind – was ihnen fehlt – was verbessert werden soll – wie ihr Tagesablauf ist – wie ihre Kontakte zur Außenwelt sind.

Entwerft aufgrund eurer Untersuchungsergebnisse ein „ideales Altersheim" oder „ideale Altenwohnungen".
Diskutiert die Pro- und Contra-Argumente für das Altersheim oder für Altenwohnungen. Vergeßt dabei nicht, eine Heimordnung zu entwerfen.

5. Einstellungen zum Alter

Nicht selten ist unsere Einstellung zu alten Menschen von Vorurteilen oder von Intoleranz geprägt. Diskutiert das folgende Textbeispiel.

Ein altes Liebespaar

Eines Tages, mit siebzig, seit Jahren verwitwet, traf er seine große Liebe. Sie war nur drei Jahre jünger, aber noch gut beieinander. Seit er seine große Liebe getroffen hatte, war er wie umgedreht. Er rasierte sich jeden Morgen, brummte nicht beim Kaffee, zog sich wieder ordentlich an, war wieder interessiert, wo er vorher nur noch rumgesessen hatte.

Er liebte sie. Er war zärtlich zu ihr, die Leute merkten das. Der in seinem Alter, sagten sie. Und sie ist ja auch kein junges Mädchen mehr, sagten sie auch. Doch die beiden störte das nicht, nein, mehr noch, es machte ihnen sogar Spaß, so Händchen-Händchen durch die Straßen zu gehen und die Blicke, die man ihnen nachwarf, die amüsierten sie.

Schließlich wurden sie sogar liebestoll. Eines schönen Tages im Herbst schlenderten sie durch einen Park. Er hatte seinen Arm um ihre Hüfte gelegt und sie den ihren um seine Hüfte. Unter einer Platane blieben sie stehen, umarmten sich, rieben die Nasen aneinander, küßten sich, schäkerten, schmusten, redeten sich mit den närrischsten Namen an, streichelten sich und schlenderten weiter. Sie kamen an eine Bank. Da ließen sie sich nieder, herzten sich. Und die Leute blieben stehen. „Der spinnt“, sagte der erste. „Die alte Kuh“, sagte die zweite. „Opa, spinnst du?“ fragte ein Jugendlicher, sein Mädchen im Arm. Die beiden ließen es sich nicht verdrießen, bis die Leute kopfschüttelnd weitergingen. Dann erhoben sie sich schmunzelnd, gar nicht bedrückt oder beleidigt, und schlenderten nach Hause.

Die beiden närrischen Alten trieben es auch weiterhin so.

Sie gingen in den Eissalon, bestellten sich den großen Fruchtbecher und hielten sich die Hände, streichelten sich, wie es Verliebte tun. „Opa“, sagte ein Gast, „hast du heute Ausgang aus dem Altersheim?“ – „Mensch, Oma“, sagte eine Frau, „du weißt auch nicht, was sich gehört.“ Ein Jugendlicher kam lässig an ihren Tisch und fragte herausfordernd: „Schämt ihr euch nicht in eurem Alter.“ Sprach's und hakte sein Mädchen unter, draußen vor der Tür knutschten sie sich.

Sie gingen ins Kino, in einen Western. Da spazierten sie Arm in Arm rein, und sie waren heiter, die beiden närrischen Alten. „Euch haben sie wohl vergessen abzuholen“, sagte der erste. „Du, das Altersheim will was erleben“, sagte die zweite. „Die depperten Alten“, schrieen ein paar andere, „die haben sich verlaufen.“

Sie gingen in ein Cafe, nachmittags, wenn die Schüler hingehen, ihre Freundin ausführen. Die beiden setzten sich an einen Tisch, studierten lange die Karte und trieben dabei Schabernack. „Hier wird nicht rumgealbert“, sagte die junge Bedienerin. „Ehe ich so senil werde, geb' ich mir die Kugel“, meinte ein Oberschüler zu seinem Mädchen und biß sie in die Wange. „Du“, hauchte sie, „Laß das.“

Die Geschichte ist erfunden, leider. Alte Leute verhalten sich nicht so. Oder, ich will vorsichtig sein, sie verhalten sich selten so, ganz verstohlen nur. Denn Zärtlichkeit ist angeblich ein Privileg der Jugend. Doch ich kann mich erinnern, in meiner eigenen

Jugend, da kannte ich so ein verliebtes altes Paar. Und die beiden haben mich empört. Ich gestehe es, es empörte mich, ich dachte, das gehörte sich nicht, in ihrem Alter macht man das nicht. Heute denke ich anders. Ich denke, warum in aller Welt sehe ich so wenige verliebte alte Paare? Warum soll Verliebtsein an ein bestimmtes Alter gebunden sein? Warum behaupten sich die Alten nicht in ihrer Umwelt? Warum gelten alte Leute als närrisch, wenn sie verliebt sind und sich benehmen wie sich alle Verliebten benehmen?

Ernst Klee

6. Filmbeispiele

Weekend Nr. 322541 (12 min., 1973)
Eine Familie fährt ins Wochenende und nimmt den gebrechlichen Großvater mit, der an seinen Lehnstuhl gebunden ist. Für alle Verrichtungen des täglichen Lebens ist er auf die Hilfe seiner Angehörigen angewiesen. Als die Familie sich zur Heimfahrt rüstet, bleibt der Großvater in seinem Lehnstuhl auf der Wiese zurück. Als das kleine Auto sich in die Verkehrsschlange einreiht, sitzen plötzlich in Lehnstühlen viele alte Menschen auf der Wiese und schauen den Autos nach. Der Film hat keinen Text, sondern lebt von seinen ausdruckstarken Bildern.

Sieben Jahre – 70 Jahre Nr. 322630 (29 Min., 1975)
Aus der Perspektive der siebenjährigen Karin wird die Umwelt eines Altenheimes, der Prozeß des Alterns, das Nachlassen der Kräfte und der Tod gesehen. Dabei wird versucht, die Vorgänge zu enttabuisieren und Wege zu freien Gesprächen zu öffnen.

Hinter dem Zaun Nr. 380202 (17 min., 1975)
In diesem Film geht es um das – oft durch Entfremdung gekennzeichnete – Verhältnis zwischen Kindern und alten Menschen. Von dem Sachverhalt ausgehend, daß in Kleinfamilien Kinder nur mehr beschränkt die Möglichkeit haben, mit alten Leuten Kontakt aufzunehmen, versucht der Film, Wege einer solchen Kontaktaufnahme zu zeigen.

7. Alte und junge Menschen

Daß Voruteile im Zusammenhang von Problemen zwischen Jung und Alt eine große Rolle spielen, ist sicherlich unbestritten. Viele junge Menschen haben massive Vorurteile gegenüber Älteren, viele ältere Menschen massive Vorurteile gegenüber Jüngeren. Auch dafür zwei Beispiele:

Bei jüngeren Menschen ist die Vorstellung weit verbreitet, daß mit dem Alter ein allgemeiner Abbau der körperlichen und geistigen Fähigkeiten eintritt. Richtig daran ist, daß die körperlichen Fähigkeiten im Laufe der Jahre nachlassen. Daß dies aber auch für die geistige Tätigkeit gilt, ist nicht mehr als ein Vorurteil. Im Gegenteil: Eine Reihe von Fähigkeiten wie Allgemeinwissen oder das Behalten von einmal richtig eintrainierten Dingen können im Alter sogar steigen, während andere Fähigkeiten, wie die, schnell etwas auswendig lernen zu können, nachlassen. Auch dies ist aber abhängig davon, ob die geistige Beweglichkeit trainiert wird oder nicht. Während lange Jahre auch die wissenschaftliche Altersforschung verkündete, daß ein allgemeiner geistiger Leistungsabbau im Alter die Regel sei, haben jüngere Untersuchungen gezeigt, daß die früheren Ergebnisse eher auf Vorurteilen und voreingenommenen Untersuchungsmethoden beruhten als auf erwiesenen Tatsachen.

Ein jeder kehre vor seiner eigenen Tür!

Mit der Veränderung der Lebensbedingungen allein ist es noch nicht getan, wenn es um die Verbesserung des Verhältnisses zwischen Jung und Alt geht. Auch die persönlichen Einstellungen müssen sich ändern, Vorurteile gilt es abzubauen und Ängste vor dem Älterwerden zu überwinden. Nach dem Motto „Ein jeder kehre vor seiner Tür!" sollten sowohl die Alten als auch die Jungen einmal über ihren Anteil an den Schwierigkeiten und Mißverständnissen nachdenken. Vielleicht können die folgenden Fragen dazu einige Anregungen bieten:

Fragen der jüngeren Generation an sich selbst:

- Wie möchte ich eigentlich selbst im Alter leben?
- Kenne ich ältere Menschen in meiner Umgebung, welche Kontakte habe ich zu ihnen?
- Welche Geschichte haben diese Menschen?
- Wie spreche ich mit alten Menschen, nehme ich sie wirklich ernst?
- Was weiß ich vom Leben meiner Eltern?
- Wie denken sie im nachhinein über ihre Kindheit und Jugend?
- Welches Verhältnis möchte ich später mal zu meinen eigenen Kindern haben?
- Was geht in mir vor, wenn ich alte Menschen sehe, die hilflos sind, zum Beispiel im Straßenverkehr?
- Was lese ich über alte Menschen in Zeitungen und Zeitschriften? Wieviel davon ist wahr?

Fragen der älteren Generation an sich selbst:

- Wie oft spreche ich eigentlich von *der* Jugend heutzutage? Müßte ich nicht öfter von einzelnen Kindern und Jugendlichen sprechen?
- Wie habe ich als Kind eigentlich ältere Menschen erlebt?
- Was lese ich in Zeitungen und Zeitschriften von der Jugend? Wieviel davon ist wahr?
- Was weiß ich vom Leben der Kinder in den Schulen heute, was von den Jugendlichen in der Ausbildung oder von den jugendlichen Arbeitslosen?
- Bestehe ich in Gesprächen darauf, als älterer Mensch ernst genommen zu werden, oder nehme ich es einfach hin, wenn jüngere über mich lächeln?
- Wie offen bin ich jungen Leuten gegenüber?
- Gebe ich mir überhaupt Mühe, mit ihnen ins Gespräch zu kommen?

Dies sind nur einige wenige von ganz vielen möglichen Fragen. Ein jeder findet für sich selbst noch viele andere. Doch mit dem Nachdenken im Stillen ist es ja noch nicht getan.

Wir alle – jung und alt – müssen uns heraustrauen mit unseren Gedanken, sie herantragen an andere Menschen.

Das bringt uns nicht nur weiter, es ist auch leichter, als mit allen Fragen allein fertig zu werden. Wenn wir über diese Fragen den Kontakt zu anderen Menschen schaffen, dann haben wir nicht nur Erkenntnisse gewonnen, sondern wahrscheinlich auch neue Bekanntschaften und Freunde.

Manfred Borchert

Es wäre schön, wenn es gelingen würde, einige alte Menschen zu einem Gespräch in den Unterricht (oder auch nachmittags) einzuladen.
Ihr könntet Ihnen den Fragenkatalog vorher geben und gemeinsam darüber sprechen.

Der alte Großvater und der Enkel

Es war einmal ein alter Mann, der konnte kaum gehen, seine Knie zitterten, er hörte und sah nicht viel und hatte auch keine Zähne mehr. Wenn er nun bei Tisch saß und den Löffel kaum halten konnte, schüttete er Suppe auf das Tischtuch, und es floß ihm auch etwas wieder aus dem Mund. Sein Sohn und dessen Frau ekelten sich davor, und deswegen mußte sich der alte Großvater endlich hinter den Ofen in die Ecke setzten, und sie gaben ihm sein Essen in ein irdenes Schüsselchen, und noch dazu nicht einmal satt, da sah er betrübt nach dem Tisch, und die Augen wurden ihm naß. Einmal auch konnten seine zitterigen Hände das Schüsselchen nicht festhalten, es fiel zur Erde und zerbrach. Die junge Frau schalt, er aber sagte nicht und seufzte nur. Da kauften sie ihm ein hölzernes Schüsselchen für ein paar Heller, daraus mußte er nun essen: Wie sie nun da sitzen, so trägt der kleine Enkel von vier Jahren auf der Erde kleine Brettlein zusammen. „Was machst du da?“ fragt der Vater. „Ei“, antwortete das Kind, „ich mach ein Tröglein, daraus sollen Vater und Mutter essen, wenn ich groß bin.“ Da sahen sich Mann und Frau eine Weile an, fangen endlich an zu weinen, holten alsofort den alten Großvater an den Tisch und ließen ihn von nun an immer mitessen, sagten auch nichts, wenn er ein wenig verschüttete.

Brüder Grimm

In diesem Text kommt deutlich zum Ausdruck, was in dem alten Spruch gesagt wird: *„Achtet und ehret das Alter!“*
Versucht zum Abschluß (im Rundgespräch) eure Einstellung zum Alter und euer Verhalten alten Menschen gegenüber zu formulieren.

8. Zum Nach-denken

Weltlauf

Ein Mensch, erst zwanzig Jahre alt,
Beurteilt Greise ziemlich kalt
Und hält sie für verkalkte Deppen,
Die zwecklos sich durchs Dasein schleppen.
Der Mensch, der junge, wird nicht jünger:
Nun, was wuchs denn auf *seinem* Dünger?
Auch er sieht, daß trotz Sturm und Drang,
Was er erstrebt, zumeist mißlang,
Daß, auf der Welt als Mensch und Christ
Zu leben, nicht ganz einfach ist,
Hingegen leicht, an Herrn mit Titeln
Und Würden schnöd herumzukritteln.
Der Mensch, nunmehr bedeutend älter,
Beurteilt jetzt die Jugend kälter,
Vergessend frühres Sich-Erdreisten:
„Die Rotzer sollen erst was leisten!“
Die neue Jugend wiedrum hält . . .
Genug – das ist der Lauf der Welt!

Eugen Roth

12. Mitverantwortung für den Lebensraum

1. Das geht uns alle an!

Unser Lebensraum ist im engeren und weiteren Sinne auf vielfältige Weise bedroht oder für den Menschen unfreundlich geworden. Verantwortung dafür trägt der Mensch selber, der durch sein Verhalten, durch sein Planen und Handeln die Natur und seine Lebensumstände, die Umwelt und das soziale Klima gestaltet und verändert.

- In der Bundesrepublik Deutschland gelangen jährlich 7 Millionen Tonnen Kohlenmonoxid zum größten Teil aus Automotoren in die Atmosphäre. Mehr als 70% aller Autofahrten sind kürzer als 5 km. Die Mehrzahl unserer Autos haben nur 1 bis 2 Insassen.
  Unsere Luftverschmutzung wird zu 60% durch den Verkehr, zu 18% durch die Industrie, zu 13% durch Kraftwerke, zu 6% durch Heizung und zu 3% durch Abfallbeseitigung verursacht.
- Lautstärke über 80 Phon führt bei längerer Dauer zu körperlichen und psychischen Schäden, wie z. B. Gehörschäden, Kreislaufstörungen, Magenschmerzen, nervösen Reizen bis zu Neurosen. Etwa 25 Millionen Menschen in unserem Land leiden nach den Feststellungen des Sachverständigenrates für Umweltfragen unter Lärm.
  Beispiele für Lautstärke:
  90–100 Phon – Starten des Motorrades, laute Fabrikhalle, Kreissäge, schwere Lastwagen in 7 Meter Entfernung
  80 Phon – Schreibmaschinensaal, verkehrsreiche Straße, laute Rundfunkmusik
  50 Phon – übliche Unterhaltungssprache
  40 Phon – mittlere Wohngeräusche
- Mehr als 80% unseres alltäglichen Abfalls könnte wiederverwertet werden. Die in Haushalts- und Gewerbemüll enthaltenen Rohstoffe werden heute je Tonne mit einem Wert von ca. DM 30.– beziffert. Da in diesem Bereich jährlich etwa 26 Millionen Tonnen anfallen, stellt dieser Müll einen möglichen Wert von etwa 800 Millionen DM im Jahr dar.
- Rund 10% der Fläche der Bundesrepublik Deutschland sind durch Überbauung (insbesondere durch Siedlung und Verkehr) in Anspruch genommen. In den letzten zehn Jahren hat die überbaute Fläche um mehr als 30000 ha jährlich zugenommen; das sind täglich 140 Fußballfelder.
- In den letzten fünf Jahren hat sich die Grundwasserentnahme der Industrie verdoppelt. Natürliches Grundwasser ist für Trinkwasser vorzüglich geeignet. Schon jetzt kann die Trinkwasserversorgung nicht mehr durch das Grundwasser sichergestellt werden. Trotzdem wird Grundwasser noch als Brauchwasser eingesetzt und teilweise durch Belastung mit Schadstoffen in seiner Qualität beeinträchtigt.
- Fast die Hälfte aller Pflanzen- und Tierarten gelten als gefährdet, weil ihnen der Schutz ihrer Lebensräume nicht mehr gewährleistet ist. Die Naturschutzfläche in der Bundesrepublik Deutschland beträgt z. Zt. einschließlich des Wattenmeeres 2%.

- In Großstädten herrscht weiterhin erheblicher Mangel an wohnungsnahen Erholungs- und Freizeitplätzen und an geeigneten Spielplätzen für Kinder und Jugendliche. Schulen und Pausenhöfe sind oftmals allzu phantasielos und nüchtern eingerichtet, so daß es schwer fällt, sich dort wohlzufühlen und eigene Wünsche und Interessen zu verwirklichen.

Wie die Beispiele zeigen, sind es nicht nur die großen Katastrophen, die uns bedrohen: ölverpestete Strände, bleivergiftete Kühe auf den Weiden, Reaktorunfälle usw. Vielmehr müssen wir uns bewußt werden,
- daß jedes Gramm Waschmittel die Umwelt belastet,
- daß jede beliebige Fahrt mit dem Auto unsere Luft verunreinigt,
- daß jede weggeworfene Dose oder Flasche eine Verschwendung darstellt,
- daß jedes achtlos vergeudete Papier dazu zwingt, Holz für die Produktion neuen Papiers aufzuwenden,
- daß jede Autowäsche mit Leitungswasser gleichzeitig Trinkwasser vergeudet,
- daß jeder lautstark aufgedrehte Plattenspieler die eigene Gesundheit und die des Nachbarn gefährdet und Zusammenleben erschwert.

Fragen wir uns: Wieviel tragen wir selbst täglich dazu bei, daß unsere Umwelt belastet, unser Lebensraum mißachtet wird? Konkret: Was können wir tun, damit unser Lebensraum geschont und geschützt wird?

2. Bewußter leben – aber wie?

Vielleicht habt ihr im Biologie-Unterricht oder in einem anderen Fach bereits über Umweltprobleme gesprochen. Ihr könnt dann die schon vorhandenen Materialien mit einsetzen.

Die folgenden Arbeitsvorschläge wollen dazu anregen, unser alltägliches Umweltverhalten bewußter wahrzunehmen und unsere Verantwortung für den Lebensraum zu erkennen (vgl. auch die Filmbeispiele unter Nr. 4).

Wählt die für euch interessantesten und am besten geeigneten Vorschläge aus.

1 Erstellung von Collagen oder Wandzeitungen

Das Thema „Unser Lebensraum" wird in Bild und Schrift dargestellt. Dabei könnte unterschieden werden zwischen natürlicher und sozialer Umwelt, zwischen regionaler und weltweiter Ausdehnung oder auch zwischen privatem und gesellschaftspolitischem Bereich. Jede Collage könnte am Ende durch eine These oder ein Motto zusammengefaßt werden.

2 Erstellung eines alltäglichen Tugend- und Lasterkataloges

Wenn ihr euren Tagesablauf in Schule, Familie und Freizeit überdenkt, gibt es gewiß Situationen, Entscheidungen und Handlungen, die für unseren Lebensraum (Umwelt, soziales Miteinander) schädlich und belastend und solche, die für ihn nützlich und förderlich sind.

Tragt in einem Tugend- und Lasterkatalog alles zusammen, was ihr bei euch selbst und bei anderen entdecken könnt.

Stellt anschließend eine Rangfolge auf.

Überlegt, was ihr tun könnt, um etwas zu verändern (z. B. Veränderungen zu Hause, in der Schule, in der Umwelt; Aktionen; Interviews mit Nachbarn oder auch mit Politikern; Zeitungsaktionen; Flugblätter usw.)

3 Aktion – Provokation

In einer Kleinstadt haben vor kurzem Jugendliche einen kleinen Wald entrümpelt, der als Naherholungsgebiet dient. Sie brachten alles, was sie fanden, auf den Marktplatz und breiteten es dort vor den Bewohnern aus: Dosen, Plastikgegenstände, ein halbes Fahrrad, verrostete Eimer usw.

Vielleicht könnt ihr eine ähnliche Aktion veranstalten und das Gebiet um die Schule herum durchforsten. Bereitet anschließend eine Aktion vor, mit der ihr auf die Mitverantwortung für den eigenen Lebensraum aufmerksam macht (Informiert euch z. B., wieviel Abfall täglich nach dem Unterricht in der Schule beseitigt werden muß; vielleicht könnt ihr den Müll eines Tages vorzeigen. Informiert euch, ob es Beschädigungen oder Zerstörungen in eurer Schule gibt; macht eine Schadensaufstellung; usw.)

4 Befragungsaktion

Stellt untereinander und bei anderen (Freunden, Bekannten) anhand eines Fragenkataloges fest, wie weit ein Umweltbewußtsein im praktischen Alltag vorhanden ist.

Versucht anschließend selbst, Konsequenzen, z. B. im Bereich der eigenen Familie oder in der Schule zu ziehen und Verbesserungen anzuregen.

Mögliche Themen und Sachbereiche:

- Umgang mit dem eigenen Müll (z. B. Recycling, Kompostanlage)
- Umgang mit dem eigenen Auto (z. B. Möglichkeiten von Fahrgemeinschaften, öffentliche Verkehrsmittel, Benutzung des Farrades)
- Konsumverhalten (z. B. Rauchen, Strom, Wasser, Heizung)
- Soziales und politisches Engagement (z. B. Bereitschaft für unentgeltlichen Einsatz beim Bau eines Spielplatzes, Mitwirkung bei Bürgerinitiativen)

5 Erkundungsaktion in unserem Lebensraum

Welche besonderen Umwelt- oder Naturschutzprobleme gibt es in unserer Umgebung?
Gibt es Mißstände im Bereich des Wohnens und der Freizeit?
Wie ist die Energie- und Trinkwasserversorgung?
Wie wird das Abfallproblem gelöst?
Welche Bürgerinitiativen gibt es, welche müßten neu eingerichtet werden?
Welche Aktivitäten zeigen die Politiker für die Verbesserung unseres Lebensraumes?

3. Nachdenken über die Zukunft

Die nachfolgenden Texte enthalten Warnungen, Hoffnungen und Forderungen, die jeweils auf ihre Weise nach einer sinnvollen Zukunft fragen:

1 Sprecht über die Texte, inwieweit sie euren eigenen Erfahrungen und Ergebnissen entsprechen oder nicht.

2 Versucht am Ende, eine neue Gebotstafel aufzustellen, in der eure Hauptforderungen für eine sinnvolle Zukunft enthalten sind.

Antischöpfung

Ölpest an schimmernden Küsten
Sterben in Flüssen in Wäldern,
Tod auf den Straßen
und hinter verriegelten Türen
keimen in unseren Herzen.
Auch wir, ohne Macht und Geld,
laufen mit im tödlichen Spiel,
wenn der Erdball
aus seinen Bahnen gehoben,
vermarktet
und gegen den Himmel
geschleudert wird:
Antischöpfung
des ausgeraubten Planeten

Im Anfang waren
der selbstverständliche
Hebeldruck
am häuslichen Abfalleimer,
der unbedenkliche Griff
zum Insektenvernichtungsmittel,
das willenlose Schwimmen
im schillernden Strom Konsum.

Es folgten
die Abfallgebirge,
die giftigen Ströme,
die todesträchtigen
Sonnen und Wolken,
genährt
aus dem großen Abfall.
Und wir
sind dabei.

Christa Peikert-Flaspöhler

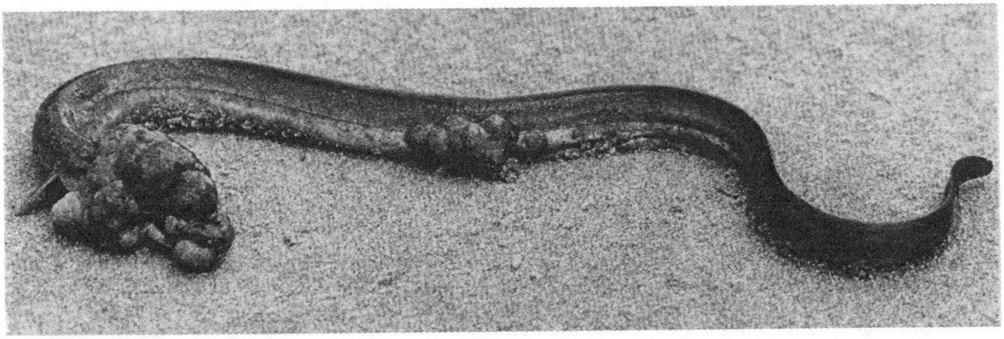

Quecksilberverseuchter Aal

„Wasser in Hamburg“

Wir werden weniger verbrauchen

... Die Verschwendungs- und Wegwerfwirtschaft, die Luxus- und Verbrauchswirtschaft, die wir aufgebaut haben, hat uns Reichtum gebracht, aber so, daß wir nun gezwungen sind, immer noch mehr zu verbrauchen, damit unser Reichtum erhalten bleibt, und so, daß darüber die Welt, in der wir leben, zugrunde geht. Sollten wir nicht neu prüfen, wozu der Mensch arbeitet und was durch die Arbeit des Menschen entstehen soll?

Ein junges Mädchen fragte mich mit dem Blick auf die politische Landschaft von heute in einem Brief: „Können Sie mir erklären, warum die Menschen so sind, wie sie sind? So unfähig, so kurzsichtig, so töricht und so gemein?“ Ich konnte es nicht, aber ich konnte mit ihr zusammen darüber trauern, daß es so ist.

Dem Ausdehnungs- und Wachstumsdrang der Wirtschaft ist künftig bewußter Widerstand entgegenzusetzen. Wir werden weniger verbrauchen. Wir werden nicht alles tun, was wir tun können. Wir werden nicht alles aus der Erde holen, was darin ist. Wir werden auf die Steigerung von landwirtschaftlichen Erträgen verzichten, wenn sie nur durch Ausrottung von Tierarten und Vergiftung des Bodens erreichbar sind.

Wir werden uns künftig nicht mehr für berechtigt halten, großtechnische und großwirtschaftliche Entwicklungen voranzutreiben, wenn sie an anderen Stellen in der Welt Ausbeutung und Zerstörung bedeuten. Wir werden weniger Energie verbrauchen. Wir werden wieder fragen, womit und wofür wir eigentlich leben und werden dem Raffen, Haben und Besitzen geringeren Rang einräumen als bisher. Wir werden den Sinn unseres Lebens nicht wie bisher in Erfolg und Leistung sondern im Sein suchen, in der Einbettung in das Ganze der Kreatur, in verantwortlichem Mitwirken im großen Zusammenhang, im Mitdenken und Mitempfinden. Sein heißt Sein mit anderen. Anders lassen sich heute keine „Grundwerte" mehr entdecken. Anders läßt sich heute keine Zukunft mehr denken, die zu erleben sich für einen jungen Menschen lohnen könnte.

Jörg Zink

Aus der Rede des Häuptlings Seattle aus dem Stamme der Duwanisch im Gebiet Washington 1855 an den Präsidenten der USA

Der große Häuptling in Washington läßt uns wissen, daß er unser Land kaufen will. Er sagt uns dazu Worte der Freundschaft und des guten Willens. Dies ist sehr freundlich von ihm, da wir wissen, daß er kaum auf unsere Freundschaft angewiesen ist. Wir werden uns aber euer Angebot überlegen, da wir wissen, daß, wenn wir es nicht tun, der weiße Mann vielleicht kommen mag, um uns unser Land mit Hilfe von Gewehren wegzunehmen. Was Häuptling Seattle sagt, kann der große Häuptling in Washington mit der gleichen Sicherheit als wahr nehmen, mit der unsere weißen Brüder mit der Wiederkehr der Jahreszeiten rechnen können. Meine Worte sind wie die Sterne, sie gehen nicht unter.

Wie kann man den Himmel kaufen oder verkaufen – wie die Wärme des Landes? Diese Idee scheint uns sehr merkwürdig. Wir besitzen auch die Frische der Luft und das Glitzern des Wassers nicht! Wie könnt ihr sie da von uns kaufen? Jedes Stück dieses Bodens ist meinem Volk heilig. Jede schimmernde Kiefernadel, jedes sandige Ufer, der zarte Dunst in der Dunkelheit der Wälder, jede Lichtung und jedes summende Insekt ist der Erinnerung und dem Erleben meines Volkes heilig. Wir wissen, daß der weiße Mann unsere Art und Weise nicht versteht. Das Schicksal seines Landes ist ihm egal wie das eines anderen, da er in der Nacht kommt und vom Lande nimmt, was immer er braucht. Die Erde ist nicht sein Bruder, sondern sein Feind. Wenn er den Grund erobert hat, zieht er weiter. Er läßt die Gräber seiner Väter zurück und zerstört rücksichtslos den Boden für seine Kinder. Sein Appetit wird die Erde verschlingen und nur eine Wüste zurücklassen. Der Anblick eurer Städte schmerzt die Augen der Rothäute, aber vielleicht nur deshalb, weil der Rote Mann nur ein Wilder ist und nicht versteht . . .

Es gibt in den Städten der Weißen keinen Ort der Stille, dem Singen der Frühjahrsblätter oder dem Knispeln eines Insektenflügels zu lauschen. Aber vielleicht deshalb, weil ich ein Wilder bin und nichts verstehe erscheint meinem Ohr der Lärm so schmerzhaft. Was ist das für ein Leben, wenn ein Mensch den lieblichen Ruf des Whippoorwill nicht hören kann oder die Stimmen der Frösche um einen nächtlichen Tümpel. Ein Indianer liebt den weichen Klang des Windes sehr, wenn er über das Gesicht eines Sees streicht und den Duft des Windes, wenn er von einem Mittagsregen reingewaschen ist oder von einer Pinonkiefer mit süßem Geschmack beladen ist. Die Luft ist dem Roten Mann teuer, deshalb, weil alle denselben Atem haben: die Tiere, die Bäume, die Menschen. Der weiße Mann scheint die Luft, die er atmet, gar nicht zu merken: wie ein Mensch, der tagelang dahinstirbt, ist er für den Gestank empfindungslos.

Falls ich mich entschließen sollte, dem Angebot zuzustimmen, werde ich eine Bedingung zu stellen haben: der weiße Mann muß alle Tiere dieses Landes als seine Brüder behandeln. Ich bin ein Wilder, und verstehe es nicht anders. Ich habe schon tausend verwesende Büffel auf der Prärie gesehen, von weißen Männern zurückgelassen, die sie von einem vorbeifahrenden Zug aus abknallten! Ich bin ein Wilder und verstehe es wirklich nicht, wie das rauchende Eisenpferd wichtiger sein kann als der Büffel, den wir nur töten, um zu leben. Was ist der Mensch ohne die Tiere? Wenn alle die Tiere nicht mehr da wären, würde der Mensch an der großen seelischen Einsamkeit sterben, denn alles, was den Tieren widerfährt, trifft auch die Menschen. Alle Dinge sind miteinander verbunden. Was immer der Erde zustößt, stößt auch den Söhnen der Erde zu.

Vielleicht könnten wir verstehen, wenn wir wüßten, was der große Traum des weißen Mannes ist, welche Hoffnungen er seinen Kindern an langen Winterabenden erzählt, welche Versionen er ihnen in den Geist brennt, daß sie es sich für morgen wünschen.

Aber wir sind Wilde. Die Träume des weißen Mannes sind uns verborgen. Und weil sie uns verborgen sind, gehen wir unsere eigenen Wege. Wenn wir zustimmen, dann nur deshalb, um wenigstens die Reservation, die ihr uns versprochen habt, zu retten. Vielleicht dürfen wir dort unsere kurzen Tage noch so verleben, wie wir es wollen. Wenn der letzte Rote Mann von der Erde verschwunden sein wird, wenn die Erinnerung nur noch dem Schatten einer Wolke gleicht, die über die Prärie zieht, werden jene Ufer und Wälder dennoch die Seelen meines Volkes festhalten, da sie dieses Land so lieben, wie ein Neugeborenes den Herzschlag seiner Mutter liebt.

Wenn wir euch unser Land verkaufen, liebt es so, wie wir es geliebt haben. Sorgt euch darum, wie wir uns gesorgt haben. Haltet fest in eurem Gedächtnis, wie das Land aussieht, wenn ihr es nehmt.

Eines wissen wir und der weiße Mann wird es vielleicht eines Tages auch entdecken: Unser Gott ist derselbe Gott. Ihr mögt jetzt denken, daß ihr ihn so besitzt, wie ihr auch das Land besitzen wollt. Aber das könnt ihr nicht. Er ist Gott für alle Menschen. Und sein Mitleid für die weißen und die roten Menschen ist dasselbe. Ihm ist die Erde wertvoll, und die Erde zu verletzen heißt, Verachtung auf den Schöpfer zu häufen. Macht weiter, euer Bett zu beschmutzen, und eines Nachts werdet ihr in eurem eigenen Müll ersticken. Wenn die Büffel alle abgeschlachtet sind, die wilden Pferde alle gezähmt, die heimlichen Winkel des Waldes schwer vom Geruch vieler Menschen und der Anblick der reifen Hügel von ratschenden Weibern verdeckt ist, wo ist dann das Geheimnis des Dickichts? Es ist fort. Wo ist der Adler hin? Er ist fort.

Mit all eurer Kraft, mit all eurem Mut und mit ganzem Herzen bewahrt es für eure Kinder und liebt es so, wie Gott uns alle liebt. Eines wissen wir: Unser Gott ist derselbe Gott. Die Erde ist ihm wertvoll!

Stellt alle Vorwürfe des Häuptlings gegen den weißen Mann zusammen. Treffen sie heute noch zu?

Die zehn Gebote des „Rebellen vom Vorgebirge"

„Rebell vom Vorgebirge" wird er genannt und nennt er sich selbst auch gern: Wilhelm Maucher, 78jähriger Obst- und Gemüsebauer aus Alfter bei Bonn. Temperamentvoll und unbeirrt hat er Zeit seines Lebens – bis heute – „für das Recht und gegen jegliche Unterdrückung" gekämpft, wie er sagt.

Um auf die Schrecken und Grauen vergangener und zukünftiger Kriege aufmerksam zu machen, ließ Maucher zehn Gebote in Steintafeln meißeln und sie auf dem Gelände seiner Brombeerfelder [. . .] aufstellen. Maucher selbst dazu: „Mögen diese zehn Gebote zum Mahnmal für alle diejenigen werden, die zu gleichgültig oder zu feige sind, den Kampf für Recht und Gerechtigkeit zu führen und denen der ‚Rebell des Vorgebirges' als Vermächtnis das hinterläßt, wofür er sein Leben lang kämpfte."

Die zehn steinernen Gebote lauten:

1. Von Atom- und Neutronenbomben befreiet uns.
2. Vor Chemiegiften, Strahlen und Napalm bewahret uns.
3. Vom Auf- und Wettrüsten erlöset uns.
4. Von Militaristen und Nazis befreit uns.
5. Von Arbeitslosigkeit und Aussperrung errettet uns.
6. Vor Volksverdummung durch Massenmedien bewahret uns.
7. Von Unrechtsgesetzen und Unrechtsjustiz erlöset uns.
8. Vor Milliarden-Steuerverschwendung bewahret uns.
9. Vor Diktaturen und Schikanen behütet uns.
10. Helft mit, durch Abrüstung und Kriegsdienstverweigerung den Frieden zu sichern.

Wie würden eure zehn Gebote lauten? Formuliert sie und hängt sie in der Klasse (in der Schule?) auf (Gruppenarbeit).

4. Filmbeispiele

Abfall – Schattenseite des Überflusses Nr. 322339 (18 min., 1970)
Der Film führt in die Fragen der Müllbeseitigung ein. Er zeigt zunächst die nachteiligen Folgen wilder Ablagerung auf und erläutert am Beispiel einer größeren schweizerischen Region die Möglichkeiten geordneter Deponien.

Das große Gleichgewicht I: Das Beste aber ist das Wasser Nr. 322265 (21 min., 1969)
Gegenstand des Films ist der Lebensraum Wasser und seine progressive Minderung durch den Eingriff des Menschen in den Kräftehaushalt in der Natur. Beispiele der Wasserverschmutzung in Seen, Flüssen und in Ozeanen machen klar, welche Aufgaben die Ökologen und Meeresforscher erwarten, um das biologische Gleichgewicht zu erhalten oder wiederherzustellen.

Das große Gleichgewicht II: Kein Leben ohne Luft Nr. 322266 (20 min., 1969)
Sind wir bereit, auf einen Teil unseres Wohlstandes zu verzichten zugunsten sauberer, atembarer Luft? Der Film zeigt, welchen Phänomenen der Luftverschmutzung wir begegnen und wie versucht wird, wirksame Gegenmaßnahmen zu entwickeln. Sein Hauptgedanke ist aber, die Zerstörung des Kräftegleichgewichts in der Natur durch unbedachte und rigorose Zivilisation aufzuzeigen.

E. Die anderen Religionen

13. Grundzüge der jüdischen Religion und das Verhältnis zwischen Juden und Christen

1. Aktuelle Nachricht

Mit einem am Galgen hängenden Davidstern, Hakenkreuz und SS-Runen haben Unbekannte in der Nacht zum Dienstag jüdische Gräber und Gedenkstätten auf drei Frankfurter Friedhöfen und in einem Park beschmiert. Außerdem stürzten die Grabschänder etwa ein Dutzend Grabsteine um und sprühten an eine Mauer des Hauptfriedhofes nahe der Gedenkstätte für die Opfer des Nationalsozialismus auf acht Metern Länge mit schwarzer Farbe „Nieder mit den Verrätern". Die Polizei sieht die Friedhofsschändungen in Zusammenhang mit dem 20. Juli, bezieht aber auch die vom Regierungspräsidenten in Darmstadt kürzlich angedrohte Schließung eines Buchladens im Frankfurter Stadtteil Bornheim, in dem rechtsextremistische Schriften vertrieben werden, als mögliches Motiv in ihre Überlegungen mit ein.

Frankfurter Allgemeine Zeitung v. 22. 7. 1981

1 Immer wieder finden sich solche Nachrichten in den Zeitungen. Sprecht darüber, was die Gründe sein können für solche Handlungen, wie sie hier berichtet werden.
Tragt weiterhin alles zusammen, was ihr über die Juden und das Judentum wißt.
***2** Sammelt zu Hause Informationen über das Judentum. Ihr könnt sie vielleicht in der kommenden Stunde gegenseitig vorstellen oder auch eine Collage anfertigen.
Erkundigt euch, ob in eurer Nähe Juden wohnen oder ob es sogar eine Synagoge gibt. Versucht dann, einen Kontakt herzustellen.

2. Allgemeine Informationen

Es leben heute etwa 12 Millionen Juden. Etwa ein Drittel finden sich in Israel, ein weiteres in den USA, der Rest ist über die Welt zerstreut. Weniger als 30 000 Juden leben heute in der Bundesrepublik Deutschland. Vor 1933 waren es über 600 000. Während der nationalsozialistischen Herrschaft wurden Millionen Juden umgebracht.

Die Geschichte des Judentums ist eine leidvolle Geschichte: Immer wieder wurden Juden vertrieben, verfolgt oder gar vernichtet – bis heute.

Wie aber kommt es dazu? Vor allem zwei bedeutende Aspekte müssen genannt werden: Juden waren immer in der Minderheit und sie waren wegen ihres Glaubens Außenseiter, Fremde. Und ist es nicht bis heute so, daß Minderheiten und Fremde auf vielfältige Weise zu leiden haben und als „Sündenböcke" herhalten müssen, besonders in schwierigen Situationen?

Je eine Arbeitsgruppe sollte sich anhand der folgenden Texte mit der Geschichte des Judentum (Kapitel 3) und der Religion und Lebensweise der Juden beschäftigen (Kapitel 4).
Stellt die wichtigsten Aussagen zusammen (evtl. mit Tabellen oder Thesen) und informiert euch anschließend gegenseitig. Vielleicht könnt ihr Bilder und Dokumente zur Ergänzung finden.

3. Zur Geschichte des Judentums

Geschichtlicher Überblick

Die frühe Geschichte (2000 v. Chr.) des Raumes zwischen dem Kaukasus im Norden – dem Zweistromland (Euphrat und Tigris) im Süden und dem Nil im Westen ist gekennzeichnet durch verschiedene Völkerwanderungen. Darunter befinden sich Stämme, die zur semitischen Sprachgemeinschaft gehören. Sie sind überwiegend Kleintiernomaden.

Im Laufe der Jahrhunderte entstanden z. B. um die Flußtäler (Jordan, Euphrat, Nil) Staaten, die auf Machtgewinn aus waren. Durch Kriege wandelten sich ständig die Herrschaftsverhältnisse in diesem Großraum. Zeitweilig herrschte Ägypten über den ganzen Vorderen Orient. Später wuchs Assur zu einer Großmacht empor (Amoszeit). Es wurde abgelöst von Babylon (Jeremiazeit). Das unterlag den Persern (Kyros – Heimkehr Israels aus der babylonischen Gefangenschaft). Die Perser wurden im 4. Jahrhundert von den Griechen besiegt (Alexander der Große). Zur Zeit Jesu beherrschten die Römer den ganzen Mittelmeerraum. (Es begab sich aber zur Zeit des Kaisers Augustus – Lukas 2.)

In das wechselvolle Kräftespiel dieses Raumes ist die Geschichte Israels eingebettet. Als Großmacht hat es nie eine Rolle gespielt. Eingekeilt zwischen verschiedenen Machtblöcken und -interessen hat es mit unterschiedlichem Geschick und Glück versucht, seine staatliche und religiöse Selbständigkeit zu wahren.

Als am Ende des jüdisch-römischen Krieges im Jahre 79 n. Chr. Jerusalem von den Römern zerstört wurde, endete für das jüdische Volk jede Form von staatlicher Selbständigkeit für fast 1900 Jahre. Zwar gab es schon zur Zeit Jesu in allen größeren Städten des Mittelmeerraumes jüdische Gemeinden (Athen, Korinth, Rom, Alexandria), von diesem Zeitpunkt an aber lebten und leben die Juden über die ganze Welt verstreut.

Mit der Gründung des Staates Israel im Jahre 1948 erfüllte sich eine jahrhundertealte und weltweite Hoffnung vieler Juden: die Heimkehr ins Land der Väter. Aber es entstanden neue politische Spannungen, die uns heute als „Nahostkonflikte“ bekannt sind.

Juden in der Fremde

Lange vor Beginn der Entstehung einer deutschen Sprache, einer deutschen Kultur oder gar des geographisch-politischen Begriffs „Deutschland“ waren Juden in den germanischen Provinzen heimisch und bildeten dort einen festen, oftmals vorherrschenden Bestandteil der Bürgerschaft römischer Städte an Rhein und Mosel, Main und Donau. Dabei mag es dahingestellt bleiben, wie viele dieser in Germanien lebenden Juden auf Vorfahren zurückblicken konnten, die aus Palästina stammten.

Das älteste Dokument, das das Vorhandensein einer größeren Anzahl fest ansässiger jüdischer Bürger in den Mauern einer später deutschen Stadt belegt, ist ein Edikt Kaiser Konstantins vom 11. Dezember 321, die städtischen Ehrenämter der Juden von Köln betreffend. Im Verlauf des ersten nachchristlichen Jahrtausends, das die große Völkerwanderung, den Untergang Westroms, die Bildung germanischer Staaten, die Entstehung des Heiligen Römischen Reiches deutscher Nation und die allmähliche Kolonisierung Nord- und Mitteldeutschlands brachte, wurden die Juden ein wesentliches Element städtischen Lebens in Mitteleuropa. Als waffenfähige, zu Grunderwerb berechtigte Freie nahmen sie an allen kommunalen Angelegenheiten mit den gleichen Rechten und Pflichten teil wie die christlichen Bürger, mit denen sie – mancherlei Versuchen der Konzile zum Trotz, solche vom Standpunkt der Kirche aus bedenklichen Kontakte zu verhindern – in gutnachbarlichen, oftmals freundschaftlichen Beziehungen standen, von gemeinsamen geschäftlichen Unternehmungen ganz zu schweigen.

Juden waren unter den Pionieren der ersten deutschen Siedlungen an Elbe und Saale. Auch an der Erhebung von Worms zugunsten Heinrichs IV., dem ersten stelbständigen Eingreifen einer deutschen Stadt in die politischen Geschicke der Nation, hatten die Wormser Juden wesentlichen Anteil. So kommt es, daß der Vertrag, der 1074 zwischen dem Kaiser und der Stadt geschlossen wurde, mit den Worten beginnt: „Den Juden und den übrigen Bürgern von Worms . . .“

Jüdische und christliche Bürger verteidigten gemeinsam ihre Heimatstädte gegen Angreifer, feierten zusammen Siege oder betrauerten Niederlagen, spielten miteinander Schach oder sangen zur Laute dieselben Lieder, zechten gemeinsam oder hielten ritterliche Turniere ab, nahmen es auch in der „Minne“ nicht gar so genau mit dem Glaubensunterschied und mußten erst durch kirchliche Verbote daran gehindert werden, gemeinsam die Badehäuser zu benutzen. [. . .]

Das zweite Jahrtausend christlich-jüdischen Zusammenlebens in Deutschland war im ganzen entschieden weniger harmonisch und friedlich als das erste. Die wachsende weltliche Macht der Kirche, aber auch feudalistische Ausbeutung, religiöser Fanatismus und finsterster Aberglaube waren die wesentlichen Faktoren, die die Epoche vom Beginn der Kreuzzüge bis zur Französischen Revolution für die deutschen Juden verhängnisvoll machten. Aber sie waren wahrlich nicht die einzigen, die Verfolgungen zu erdulden hatten! Betrachtet man ihr Schicksal nicht isoliert, sondern im Zusammenhang mit der gesamten Entwicklung und der Lage anderer, der Willkürherrschaft des mittelalterlichen, dann des feudalabsolutistischen Establishments ausgelieferter Gruppen, so waren die deutschen Juden weder die am meisten noch gar die am grausamsten verfolgten Opfer. Sie waren vielmehr die Leidensgenossen der meisten anderen Deutschen, und sie unterschieden sich von den übrigen Unterdrückten, Ausgebeuteten und blutig Verfolgten allein durch ihr religiöses Bekenntnis.

Die grausamen Gemetzel im Gefolge meist vergeblicher Bekehrungsversuche, zunächst durch die immer neuen Scharen von Kreuzfahrern, die von Frankreich her nach Deutschland einfielen, bewirkten eine starke Abwanderung, mitunter eine Massenflucht nach Osten, vor allem nach Polen, dessen Herrscher die deutschen Juden – ebenso wie andere Flüchtlinge aus Deutschland – mit offenen Armen aufnahmen, denn sie brauchten gewerbetreibende Bürger für ihre neuen Städte.

Bei den in Deutschland verbliebenen Juden führten die ihnen auferlegten Berufs- und Niederlassungsbeschränkungen zur Entstehung von Gettos, deren Bewohner auf Handel und Geldverleih als die beinahe einzigen ihnen noch verbliebenen Erwerbsmöglichkeiten angewiesen waren. Natürlich gab es weiterhin jüdische Ärzte und Gelehrte, Geistliche und Gemeindebeamte, Handwerker und Hausangestellte, aber da sich deren Wirken vornehmlich auf das Getto beschränkte, während sich die wirtschaftlichen Beziehungen zur christlichen Umwelt auf Handel und Geldgeschäfte konzentrieren, entstand neben dem religiösen Gegensatz nun auch ein ökonomisches Spannungsverhältnis.

Judenverfolgung im Nationalsozialismus

Mit einer massiven rassistischen Kampagne versuchten die Nationalsozialisten das Judentum und die Juden als Wurzel aller möglichen Übel hinzustellen. Ein Beispiel ist das folgende Dokument aus dem SS Hauptamt:

... Als besonders verwerflich erwies sich in Europa der zersetzende Einfluß der Rassenvermischung mit den Juden. Diese Parasiten der Menschheit haben es wohl verstanden, bis zum heutigen Tage eine Vollvermischung mit ihren Wirtsvölkern zu vermeiden ...

Darüber hinaus bestand eine besondere Gefahr darin, daß das Judentum mit den Mitteln der seelischen Zersetzung das artbewußte Handeln und Denken der Völker systematisch auszuhöhlen begonnen hatte, um sich auf dieser Grundlage politisch und wirtschaftlich zum Herrn überall aufzuschwingen. Dazu kam noch, daß sich diese rassische Vermischung vornehmlich in den geistig führenden Schichten der europäischen Völker ausgebreitet hatte. Die Juden machten jedes echte Gefühl verächtlich, und ihre ganze Propagandaarbeit zielte bewußt auf eine innere Aushöhlung und Aufsplitterung der Volkskörper hin. Die Nachwirkungen dieser vor 1933 zersetzenden jahrzehntelangen Infektion sind sogar noch bis heute in den Völkern zu spüren. Es bedarf einer angestrengten Arbeit, um auch die letzten Spuren dieser Seuche auszumerzen und Europa auf die natürliche und einzig richtige Bahn des Lebens zurückzuführen.

Die Lösung der Judenfragen ist daher über die Grenzen des Reiches hinaus heute eine Lebensfrage der Völker Europas geworden ...

Auf der Grundlage solcher rassistischen Ideen begann mit dem Machtantritt Hitlers 1933 eine Verfolgung der Juden, die jedes bisher bekannte Ausmaß übertraf. Ihre Stationen schildert der folgende Text.

Am 29. März 1933 verfügte die Parteileitung der NSDAP im „Völkischen Beobachter" einen Generalboykott aller jüdischen Ärzte, Rechtsanwälte und Geschäfte in Deutschland, der laut Paragraph 8 dieses minuziös ausgearbeiteten Einsatzbefehls schlagartig Samstag, den 1. April, Punkt 10 Uhr vormittags, begann. Vor allen Geschäften, Kanzleien und Praxen zogen SA- und SS-Männer auf und drängten jeden, der sich in die Häuser begeben wollte, auf die Straße zurück.

Am 1. April 1933 leitete Joseph Goebbels, der inzwischen zum Reichspropagandaminister ernannt worden war, den Boykott jüdischer Geschäfte in Berlin ein. Die ersten Juden verschwanden bei Nacht und Nebel und wurden in neu ausgebauten Konzentrationslager gebracht.

[. . .]

Am 7. April 1933 erließ die Reichsregierung das „Gesetz zur Wiederherstellung des Berufsbeamtentums". Das bedeutete praktisch, daß Beamte jüdischen Glaubens oder jüdischer Abstammung kurzfristig entlassen werden konnten. Hindenburg setzte aber noch durch, daß wenigstens Schwerkriegsbeschädigte und Frontkämpfer im Amt blieben.

[. . .]

Am 15. September 1935 erließ Hitler die „Nürnberger Gesetze". Das „Gesetz zum Schutze des deutschen Blutes und der deutschen Ehre" verbot Juden die Ehe und den außerehelichen Geschlechtsverkehr mit „Staatsangehörigen deutschen oder artverwandten Blutes" schloß nun auch die letzten jüdischen Beamten und Angestellten von jeglicher Behördentätigkeit aus, einschließlich der Frontkämpfer und Schwerbeschädigten.

[. . .]

In der Nacht zum 10. November 1938 brachen zu gleicher Zeit in ganz Deutschland Männer in Braunhemden die Synagogen auf und legten Feuer. Sie schlugen die Schaufensterscheiben jüdischer Geschäfte ein, plünderten, zertrümmerten die Einrichtungen, und wenn ihnen jemand entgegentrat, verprügelten sie ihn. 91 jüdische Todesopfer dieser Aktion gab das Oberste Parteigericht der NSDAP zu. Unzählige Schwerverletzte blieben in den Trümmern liegen. Diese Nacht ging unter dem Namen „Kristallnacht" in die Geschichte ein. Offiziell wußte die oberste Führung der Partei, die ja nun den Staat repräsentierte, nichts von alledem. Verstört und entsetzt standen viele Deutsche am anderen Morgen vor den Trümmern und sahen, was geschehen war. Kaum jemand erfuhr, daß in derselben Nacht Polizei und Hilfspolizei mehr als 25 000 Juden festgenommen und in die drei Konzentrationslager Buchenwald, Dachau und Sachsenhausen verschleppt hatten. So etwas wurde wegen der Wirkung auf das Ausland geheimgehalten.

Nach der Kristallnacht mußten die Juden eine „Buße" von einer Milliarde Mark zahlen und für die Schäden selber aufkommen. Außerdem wurden sie durch eine Verfügung gezwungen, alles, was sie an Edelmetallen, Juwelen und Kunstwerken besaßen, zu verkaufen und den Erlös auf ein Sperrkonto einzuzahlen. Ihre Führerscheine und Kraftfahrzeuge wurden eingezogen. Sie durften von nun an weder Kinos noch Theater oder Konzerte besuchen.

[. . .]

Der Krieg begann. Die Juden in Polen gerieten im September 1939 in den Machtbereich des Nationalsozialismus, die in Dänemark und Norwegen, in Holland, Belgien und Frankreich im Frühjahr 1940, die in Jugoslawien und Griechenland im Frühjahr 1944 und die fünf Millionen Juden, die in Rußland lebten, im Sommer desselben Jahres.

[. . .]

Am 31. Juli 1941 erteilt der Reichsmarschall Hermann Göring, den Adolf Hitler mit dieser Sache beauftragt hatte, dem SS-Obergruppenführer Reinhard Heydrich einen schriftlichen Befehl, der mit folgendem Satz endete: „Ich beauftrage Sie weiter, mir in Bälde einen Gesamtentwurf über die organisatorischen, sachlichen und materiellen Vorausmaßnahmen zur Durchführung der angestrebten Endlösung der Judenfrage vorzulegen".

[. . .]

Heydrichs Plan war, Europa von Westen her zu durchkämmen und alle Juden immer weiter nach Osten zu treiben, den Vernichtungslagern zu, die schon ausgebaut wurden, in Treblinka und Belzec, in Auschwitz und Sobibor. Alle lagen in dem für den normalen Deutschen nicht zugänglichen Generalgouvernement im besetzten Teil Polens. Der Abtransport der deutschen Juden in die Vernichtungslager vollzog sich schrittweise und möglichst unauffällig. In allen Einsatzbefehlen wurde immer wieder auf strengste Geheimhaltung hingewiesen, um Unruhe in der Bevölkerung zu vermeiden.

[. . .]

Am 1. Januar 1943 lebten nur noch 51 257 deutsche Juden in Deutschland, ein Zehntel derer, die vor Hitlers Machtübernahme im Reich gelebt hatten.

Und dieses Leben sah so aus in jener Zeit: Sie durften keine Straßenbahn benutzen und keine Grünanlagen betreten. Sie mußten Fahrräder und Elektrogeräte abgeben, durften keine Pelze und nicht einmal Wollsachen haben, weder Hunde noch Katzen, noch Kanarienvögel halten. Auf ihre Lebensmittelkarten bekamen sie weder Milch noch Fisch noch Fleisch, kein Obst, keine Rauchwaren, keine Rasierseife. Sie wohnten zusammengepfercht in sogenannten „Judenhäusern". Ihre Wohnungen hatten sie längst verlassen müssen und nichts, woran sie hingen, hatten sie mitnehmen dürfen: keine Möbel und keine Bücher, weder Musikinstrumente, noch Bilder. Wenn die Bomben fielen, durften Juden nicht in die Luftschutzkeller. Und jederzeit mußten sie damit rechnen, daß Männer mit Nagelstiefeln die Treppen heraufkamen und sie abholten. Da durften sie dann einen Koffer mitnehmen und ein Bündel als Handgepäck, mit einer Decke und Nachtzeug.

So lebten sie mit ihrer Angst und warteten. Einige wenige hatten Freunde, bei denen sie Unterschlupf fanden und die sie auf ihrer Lebensmittelkarte mit durchschleppten. Manchmal nahmen aber auch ganz fremde Leute einen Juden bei sich auf und versteckten ihn. Es waren etwa 3000, die auf diese Weise in der Illegalität überlebten. Viele hielten das einfach nicht aus. Sie gingen freiwillig aus der Welt, bevor man sie holte, sehr viele.

[. . .]

Obwohl einzelne Konzentrationslager genau Buch führten, sind die Zahlen der Toten nur zu schätzen. In Auschwitz waren es mehr als eine Million, in Treblinka 700 000, in Belzec 600 000, in Chelmno 300 000, in Sobibor 250 000 und in Majdanek 200 000. Parallel mit diesen Mordmaschinen liefen spontane Racheakte großen Umfangs: Nahe Kiew ließ der SS-Standartenführer Blobel zur Strafe für einen Partisanenüberfall auf die Ortskommandantur am 29. und 30. September 1941 beim Hügel Babij Jar 33 771 Juden erschießen.

Am 1. April 1943 lebten noch 31 807 deutsche Juden in Deutschland, dem Land, das seit vielen Generationen ihre Heimat gewesen war. Am 1. September 1944 waren es noch 14 574. Danach wurde nicht mehr gezählt. Die Funktionäre des Tötungsapparates waren dann nur noch damit beschäftigt, ihre Spuren zu verwischen. Es gelang ihnen nicht. Überall, wo Engländer, Amerikaner und Sowjet-Soldaten in eines der geräumten Konzentrationslager eindrangen, stießen sie auf Berge unverbrannter Leichen.

1 Arbeitet die Stationen der Judenverfolgung aus dem Text heraus.
Welche Methoden wurden angewandt? Versucht die Lebenssituation der Juden zu begreifen.
2 Gibt es heute Gruppen in unserer Gesellschaft, die aus rassischen Gründen diskriminiert werden? Wenn ja: was wäre dagegen zu unternehmen?

4. Jüdische Religion und Lebensweise

Das Gebot (Tora) und der einzige Gott – Was religiöse Juden glauben

Das religiöse Judentum sieht sich durch Glauben und Geschichte mit dem Volk Israel aus der Zeit der Väter verbunden. Es bekennt sich zu dem Gott Abrahams, Isaaks und Jakobs. Seine Prägung empfängt es bis heute durch seine Heilige Schrift, das „Alte Testament" der Christen. Dessen Sammlung ist zum Abschluß gekommen, als in der christlichen Gemeinde die Schriften des Neuen Testamentes entstanden, im 1. Jahrhundert nach Christus. Eduard Lohse, ein Fachmann für diese Geschichtsepoche, schreibt über das damalige Judentum:

So vielfältig und bunt das Bild ist, das die Gruppen und Bewegungen innerhalb des Judentums in der Zeit des Neuen Testamentes bieten, sind doch bestimmte Züge des Lebens und Glaubens der Juden zu erkennen, die allen gemeinsam waren und sie von der nichtjüdischen Umwelt unterschieden. Das Bekenntnis zu dem einen Gott, der der Herr der Welt und der König seines Volkes ist, sollte im Gehorsam gegen seinen Willen sichtbar werden.

Auch nach der Zerstörung Jerusalems im Jahre 70, als die schriftgelehrte Richtung die geistliche Führung in Israel übernahm, waren beide Momente für das Judentum maßgebend: Das eine ist der Gehorsam gegen Gottes Willen. Er ist in der „Tora", die wir häufig mit „Gesetz" bezeichnen, besser aber mit „Wegweisung" wiedergeben sollten, niedergelegt. Die schriftliche Tora enthält das Alte Testament; die mündliche Tora enthält die Erläuterungen dazu, die bis zum 5. Jahrhundert n. Chr. zu einem feinmaschigen Netz von Einzelbestimmungen angewachsen waren und nun schriftlich fixiert wurden. Das andere Moment des jüdischen Glaubens ist das Bekenntnis zu dem einen und einzigen Gott, wie er sich in der Tora offenbart (5 Mose 6,4). Man kann nicht einfach von einer „Gotteslehre" des Judentums reden. Im Judentum geht es niemals um Dogmen, sondern stets um ein Handeln. Daher heißt von Gott reden auch, von seiner Tora reden. Dazu ist Israel aufgrund des Bundesschlusses erwählt, daß es die Tora zur Bezeugung des hinter ihr stehenden Gottes in der Welt verwirkliche. Im Laufe der Zeiten bis heute hat das Judentum bei allem Wandel und bei aller Vielfalt der Entwicklung diese beiden Momente als seine religiöse Mitte festgehalten.

Jüdische Frömmigkeit

Der *Tempel* in Jerusalem war für Israel das Heiligtum Gottes, der Sammelpunkt allen Glaubens und Hoffens, der Ort der Anbetung. In ihm wurden unter Gebeten und Liedern (Psalmen) bei den religiösen Erinnerungstagen Gott Opfer dargebracht.

[. . .]

Das Leben in der Zerstreuung hat es mit sich gebracht, daß im religiösen *Leben der jüdischen Familie* Formen entwickelt wurden, die symbolhaft an die heiligen Handlungen im Tempel erinnern. So ist über die Jahrhunderte hinweg und trotz Zerstreuung und Verfolgung die Anbetung Gottes im Tempel von Jerusalem in den Herzen der Juden lebendig geblieben.

Der *Sabbat* ist der höchste Festtag der Juden und beginnt am Freitagabend. „Gedenke des Sabbattages, daß du ihn heiligst, . . . denn in sechs Tagen hat der Ewige Himmel und Erde gemacht, das Meer und alles, was darinnen ist, und ruhte am siebenten Tag. Darum segnete der Ewige den Sabbattag und heiligte ihn.“ (2. Mose 20,8 11). Am Sabbat ruht alle Arbeit.

Am Freitagabend versammeln sich die Männer zum Gebet in der Synagoge, um den Sabbat zu begrüßen. Vorher hat die Hausfrau ein besonderes Mahl zubereitet und den Familientisch festlich gedeckt. Am Platz des Hausherrn liegen unter einer Decke zwei Sabbatbrote. Sie sollen an das Manna erinnern, das für die Juden vom Himmel fiel, als sie, aus Ägypten kommend, durch die Wüste zogen (2. Mose 16,12–15). Neben die Brote hat sie einen Krug mit Wein gestellt als ein Zeichen der Freude. Als Zeichen für die Helle des Sabbattages segnet sie die Sabbatkerzen. Dabei spricht sie: „Gepriesen seist du, Ewiger, unser Gott, der du uns durch deine Gebote geheiligt und uns befohlen hast, das Sabbatlicht zu entzünden.“ Kommt der Hausherr aus dem Gottesdienst nach Hause, segnet er seine Söhne und Töchter mit besonderen Sprüchen. Dann grüßt die ganze Familie mit einem Lied den Sabbat als einen Tag des Friedens. Daran schließt sich, vom Vater und den Kindern gesungen, das Lob der Hausfrau an. Sie wird als Erzieherin der Kinder und Priesterin des Hauses besonders geehrt. Dann spricht der Hausherr den Sabbatsegen über einem mit Wein gefüllten Becher und läßt alle daraus trinken. Nachdem er sich die Hände noch einmal gewaschen hat, spricht er den Brotsegen. Dann beginnt die feierliche Sabbatmahlzeit. Zu dieser Sabbatfeier der Familie werden Arme eingeladen, damit sie an diesem heiligen Tag auch fröhlich sein können.

Am nächsten Morgen treffen sich Männer, Frauen und Kinder in der Synagoge zum Gottesdienst. Der Gottesdienst verläuft nach einer vorgeschriebenen Liturgie, die an alte Tempelbräuche erinnern soll. Seit es keinen Tempel gibt, wird der Tora (5 Bücher Mose) größte Ehrfurcht entgegengebracht. Das zeigt sich im Gottesdienst an verschiedenen feierlichen Handlungen beim Öffnen des Toraschreines, den Enthüllen der Torarollen, dem Ausheben der Rollen aus dem Schrein, dem Tragen der Torarolle durch die Synagoge. Am Sabbatnachmittag treffen sich die Kinder zu fröhlichen Gesellschaftsspielen, um sich so mit Lied und Tanz über den Sabbat zu freuen. Fromme Erwachsene „lernen“ am Nachmittag, d. h. sie studieren die heiligen Bücher, um sich so für den Alltag zu stärken.

Wenn am Samstagabend „3 Sterne am Himmel erschienen sind“, wird der Sabbat in der Familie mit dem Unterscheidungssegen beendet, den der Hausvater spricht: „Gelobt sei Gott, der scheidet zwischen Heiligem und Weltlichem, zwischen Licht und Finsternis, zwischen Israel und den Völkern, zwischen dem Siebenten Tag und den Werktagen." Eine kleine Büchse mit edlen Gewürzen ist das Zeichen des Unterscheidungssegens. Alle Familienmitglieder genießen die Wohlgerüche der Gewürze wie einen Abglanz des Sabbattages. In einer Schüssel mit einigen Tropfen Wein löscht der Hausvater die Sabbatkerze. Der Alltag beginnt wieder.

Der Gottesdienst

Um einen jüdischen Gottesdienst abhalten zu können, bedarf es der Anwesenheit von 10 religiös-mündigen Männern. Im Alter von 13 Jahren wird der jüdische Junge in einer feierlichen Zeremonie in die Gemeinde aufgenommen, er gilt als Erwachsener und kann von nun an „zur Tora gerufen" werden. In orthodoxen Gemeinden finden sich die Männer auch an den Wochentagen zum dreimaligen Pflichtgebet in der Synagoge ein. Im Gegensatz zum christlichen Gottesdienst ist der jüdische ein reiner Gebetsgottesdienst. Der Vorbeter, der zumeist im synagogalen Gesang besonders geschult ist, und die Gemeinde lesen, und singen in einer Art Wechselgespräch aus dem Gebetbuch.

An den Morgen- und Nachmittagsgottesdiensten des Sabbats und der Festtage wird in feierlicher Form die Lesung aus der Tora durchgeführt, ebenso wie bei den Morgengebeten am Montag und Donnerstag. Der Text der Tora ist in Abschnitte eingeteilt, die man an den einzelnen Sabbaten nacheinander liest. Im Verlaufe eines Jahres wird so die ganze Tora verlesen. Meistens ist es ein Vorbeter, der die Lesung aus der Torarolle in der korrekten Intonation vornimmt. Im Anschluß an die Toralesung wird ein bestimmter Abschnitt aus den Propheten-Büchern verlesen.

Zu besonderen Gelegenheiten und nicht regelmäßig findet eine Predigt statt, die meist der Rabbiner hält. Der Rabbiner ist zunächst einmal der Kenner des religiösen Gesetzes, der den Ritus überwacht und die religiöse Gerichtsbarkeit leitet. In neuerer Zeit hat er auch seelsorgerische Aufgaben übernommen. Seine Funktionen entsprechen heute weitgehend denen des Pfarrers in einer christlichen Gemeinde. Hierzu gehört dann auch, daß er die Gläubigen durch sein Wort belehrt und unterweist. Die Predigt ist zumeist in der Landessprache abgefaßt. Die Teilnahme des Geistlichen am jüdischen Gottesdienst ist nicht notwendig.

5. Juden und Christen

Die mannigfaltige Unterdrückung und Verfolgung der Juden im christlichen Abendland (siehe Kap. 3) wurde in vielen Fällen religiös gerechtfertigt und dadurch noch verschärft. Jahrhundertelang beherrschten Überlegenheitsgefühle und Vergeltungsdenken (Rache für Golgatha) das Verhältnis der Christen gegenüber den Juden. Dieser religiös begründete Antisemitismus begünstigte den Nazi-Terror gegenüber den Juden erheblich. Wenn auch die feindselige Haltung den Juden gegenüber nicht ohne Ausnahmen war – eine grundlegende Neubesinnung, die die Gemeinsamkeiten stärker betont, hat sich erst nach 1945 angebahnt.

„Gottesmörder"?

Der jüdische Theologe *Pinchas E. Lapide* erzählt:

„Der Sohn unserer Nachbarn ist neun Jahre alt, in Israel geboren und besucht seit vorigem Jahr eine Gemeinschaftsschule in Köln. Vor einigen Wochen kamen drei seiner Klassenkameraden zum Spielen. Die Tür zum Kinderzimmer stand offen, ich hörte folgenden Dialog zwischen Hannelore, seiner besten Freundin, und Dan aus Jerusalem. Anscheinend hatte er sich geweigert, ihren Ballon aufzublasen, denn plötzlich wurde sie zornig und rief: ‚Ihr habt ja auch den Herrn Jesus umgebracht!'

. . . ‚Umgebracht? . . . Davon wußte ich gar nichts', erwiderte Dan voller Staunen.

‚Jawohl, umgebracht, bei euch zu Hause in Jerusalem!' Dan war sehr aufgebracht, denn er stotterte: ‚Das . . . muß in Ost-Jerusalem gewesen sein, bei uns in West-Jerusalem ist so was sicher nicht gewesen!"

Diese kleine Begebenheit zeigt schlaglichtartig, wie sehr uns das Erbe der Vergangenheit immer noch belastet. Fast die ganze Kirchengeschichte hindurch ist die Stellung der Christen gegenüber den Juden durch Vorurteile, Mißverständnisse, Hochmut, Bedrükkung und sogar Verfolgung gekennzeichnet gewesen. Immer wieder tauchte der Vorwurf auf, das jüdische Volk habe den Herrn Jesus umgebracht, die Juden seien, weil Jesus der Sohn Gottes ist, „Gottesmörder". Die Juden galten darum als verflucht und von Gott verworfen. Wenn ein Unglück geschah, dann gab man gern den Juden die Schuld daran. Von solcher Einstellung ist auch Luther nicht frei gewesen. Obgleich der moderne Antisemitismus die Juden nicht aus religiösen, sondern aus rassischen Gründen anfeindet, ist doch die Christenheit durch ihr ungerechtes Verhalten mitschuldig geworden an dem, was dann – losgelöst von jeder christlichen Bindung – in den Vernichtungslagern des „Dritten Reiches" geschah. Daß der Vorwurf einer Kollektivschuld der Juden am Tode Jesu historisch falsch ist, haben wir bereits festgestellt. Aber auch aus einem anderen Grunde ist er widersinnig: Die Christen haben im Grunde immer gewußt, daß – religiös gesehen – jeder Mensch mitschuldig ist an der Abwendung von Gott, die im Tode Jesu gipfelt. Passionslieder bringen dies zum Ausdruck:

„Nun, was du, Herr, erduldet,/ ist alles meine Last;/ ich hab es selbst verschuldet, /was du getragen hast./ Schau her, hier steh ich Armer,/ der Zorn verdient hat; /gib mir, o mein Erbarmer,/ den Anblick deiner Gnad!" (Paul Gerhardt, EKG 63,4). Hätten die Christen dies stets beherzigt, dann wäre jener böse Vorwurf gegen die Juden gar nicht aufgekommen.

Wie dieser Text von Pinchas E. Lapide deutlich zeigt, hat der Antisemitismus, die ablehnende Haltung gegenüber den Juden und die Judenverfolgung, seine Wurzel auch im christlichen Denken der Vergangenheit.
Was ist die religiöse Ursache?
(Hinweis für literarisch Interessierte: Die Erzählung von Heinrich Heine, Der Jude von Bacharach, berichtet von Judenhetze durch Christen.)

Vergleicht jetzt die folgenden Texte aus unserer Zeit.
Welcher grundlegende Wandel in der christlichen Einstellung gegenüber den Juden ist festzustellen?
Was ist der heutige Gegenbegriff zu „Gottesmörder"?

Eingeständnis der Schuld

Wir sind das Land, dessen jüngste politische Geschichte von dem Versuch verfinstert ist, das jüdische Volk systematisch auszurotten. Und wir waren in dieser Zeit des Nationalsozialismus, trotz beispielhaften Verhaltens einzelner Personen und Gruppen, aufs Ganze gesehen doch eine kirchliche Gemeinschaft, die zu sehr mit dem Rücken zum Schicksal dieses verfolgten jüdischen Volkes weiterlebte, deren Blick sich zu stark von der Bedrohung ihrer eigenen Institutionen fixieren ließ und die zu den an Juden und Judentum verübten Verbrechen geschwiegen hat. Viele sind dabei aus nackter Lebensangst schuldig geworden. Daß Christen sogar bei dieser Verfolgung mitgewirkt haben, bedrückt uns besonders schwer. Die praktische Redlichkeit unseres Erneuerungswillens hängt auch an dem Eingeständnis dieser Schuld und an der Bereitschaft, aus dieser Schuldgeschichte unseres Landes und auch unserer Kirche schmerzlich zu lernen: Indem gerade unsere deutsche Kirche wach sein muß gegenüber allen Tendenzen, Menschenrechte abzubauen und politische Macht zu mißbrauchen, und indem sie allen, die heute aus rassistischen oder anderen ideologischen Motiven verfolgt werden, ihre besondere Hilfsbereitschaft schenkt, vor allem aber, indem sie besondere Verpflichtungen für das so belastete Verhältnis der Gesamtkirche zum jüdischen Volk und seiner Religion übernimmt.

Gerade wir in Deutschland dürfen den Heilszusammenhang zwischen dem altbundlichen und neubundlichen Gottesvolk, wie ihn auch der Apostel Paulus sah und bekannte, nicht verleugnen oder verharmlosen. Denn auch in diesem Sinn sind wir in unserem Land zu Schuldnern des jüdischen Volkes geworden. Schließlich hängt die Glaubwürdigkeit unserer Rede vom „Gott der Hoffnung" angesichts eines hoffnungslosen Grauens wie dem von Auschwitz vor allem daran, daß es Ungezählte gab, Juden und Christen, die diesen Gott sogar in einer solchen Hölle und nach dem Erlebnis einer solchen Hölle immer wieder genannt und angerufen haben. Hier liegt eine Aufgabe unseres Volkes auch im Blick auf die Einstellung anderer Völker und der Weltöffentlichkeit gegenüber dem jüdischen Volk. Wir sehen eine besondere Verpflichtung der deutschen Kirche innerhalb der Gesamtkirche gerade darin, auf ein neues Verhältnis der Christen zum jüdischen Volk und seiner Glaubensgeschichte hinzuwirken.

Gemeinsame Synode der katholischen Bistümer

Dokument eines neuen Anfangs

Bei ihrer Besinnung auf das Geheimnis der Kirche gedenkt die Heilige Synode des Bandes, wodurch das Volk des Neuen Bundes mit dem Stamme Abrahams geistlich verbunden ist.

So anerkennt die Kirche Christi, daß nach dem Heilsgeheimnis Gottes die Anfänge ihres Glaubens und ihrer Erwählung sich schon bei den Patriarchen, bei Moses und den Propheten finden. Sie bekennt, daß alle Christgläubigen als Söhne Abrahams den Glauben nach in der Berufung dieses Patriarchen eingeschlossen sind und daß in dem Auszug des erwählten Volkes aus dem Lande der Knechtschaft das Heil der Kirche geheimnisvoll vorgebildet ist. Deshalb kann die Kirche auch nicht vergessen, daß sie durch jenes Volk, mit dem Gott aus unsagbarem Erbarmen den Alten Bund geschlossen hat, die Offenbarung des Alten Testamentes empfing und genährt wird von der Wurzel des guten Ölbaums, in den die Heiden als wilde Schößlinge eingepfropft sind. Denn die Kirche glaubt, daß Christus, unser Friede, Juden und Heiden durch das Kreuz versöhnt und beide in sich vereinigt hat.

Da also das Christen und Juden gemeinsame geistliche Erbe so reich ist, will die Heilige Synode die gegenseitige Kenntnis und Achtung fördern, die vor allem die Frucht biblischer und theologischer Studien sowie des brüderlichen Gespräches ist.

Obgleich die jüdischen Obrigkeiten mit ihren Anhängern auf den Tod Christi gedrungen haben, kann man dennoch die Ereignisse seines Leidens weder allen damals lebenden Juden ohne Unterschied noch den heutigen Juden zur Last legen. Gewiß ist die Kirche das neue Volk Gottes, trotzdem darf man die Juden nicht als von Gott verworfen oder verflucht darstellen, als wäre dies aus der Heiligen Schrift zu folgern. Darum sollen alle dafür Sorge tragen, daß niemand in der Katechese oder bei der Predigt des Gotteswortes etwas lehre, das mit der evangelischen Wahrheit und dem Geiste Christi nicht im Einklang steht.

Im Bewußtsein des Erbes, das sie mit den Juden gemeinsam hat, beklagt die Kirche, die alle Verfolgungen gegen irgendwelche Menschen verwirft, nicht aus politischen Gründen, sondern auf Antrieb der religiösen Liebe des Evangeliums alle Haßausbrüche, Verfolgungen und Manifestationen des Antisemitismus, die sich zu irgendeiner Zeit und von irgend jemandem gegen die Juden gerichtet haben. Auch hat ja Christus, wie die Kirche immer gelehrt hat und lehrt, in Freiheit, um der Sünden aller Menschen willen, sein Leiden und seinen Tod aus unendlicher Liebe auf sich genommen, damit alle das Heil erlangen. So ist es die Aufgabe der Predigt der Kirche, das Kreuz Christi als Zeichen der universalen Liebe Gottes und als Quelle aller Gnaden zu verkünden.

Konzilserklärung „Nostra Aetate“

14. Grundzüge der islamischen Religion

1. Muslime sind unter uns – Fakten und Zahlen

In der Bundesrepublik Deutschland leben heute nach Schätzungen mehr als 1,5 Millionen Muslime, Anhänger der Weltreligion des Islam. Weit über eine Million sind Türken. Etwa 100 000 kommen aus Jugoslawien. Der Strom hält an, auch wenn inzwischen aus wirtschaftlichen Gründen Einwanderungsbarrieren errichtet wurden. So suchen aus politischen Gründen Afghanen, Pakistanis und Tunesier Asyl bei uns.

Eine Untersuchung über das Nebeneinander von Deutschen und Ausländern in den Ballungszentren der Bundesrepublik Deutschland zeigt folgendes Ergebnis:

Drei von vier hier lebenden Ausländern wollen nicht mehr in ihre Heimat zurück, sondern auf Dauer bleiben. Mit 83% liegt der Anteil der Türken am höchsten unter den Gastarbeitern. Das bedeutet, daß in unserer Gesellschaft die islamische Bevölkerung einen festen Platz einzunehmen beginnt.

Wie die Untersuchung weiter ergeben hat, halten insbesondere die Moslems streng an ihren Sitten, Gewohnheiten und Gebräuchen fest. Sie sind fest verwurzelt in der isalmischen Religion. So ist es kein Wunder, wenn sich in Städten islamische Gemeinden bilden mit eigenen religiösen Zentren, zu denen immer häufiger auch eine Moschee gehört. Daneben gibt es Koran-Schulen, in denen die Kinder zu gläubigen Anhängern des Islam erzogen werden. Auch haben bereits einige Großbetriebe, in denen Muslime arbeiten, Gebetsräume eingerichtet und den Arbeitsrhythmus den islamischen Gebetszeiten angepaßt.

Und noch eines ist interessant: Es gibt bereits Stadtteile in den Ballungszentren, in denen in der Grundschule der Anteil ausländischer und besonders türkischer Kinder ebenso groß, manchmal sogar größer ist als der deutschen Kinder. In Berlin z. B. waren im Herbst 1980 von den ca. 235000 Schülern 30000 (12,8%) Ausländer. Mit fast 20000 Schülern halten die Türken die Spitze. Etwa zwei Drittel von Ihnen besuchen die Grundschule.

Sucht in Zeitungen und Zeitschriften nach Informationen über Muslime oder allgemein über den Islam.

2. Zwischen Kiel und Köln: Ohne Türken geht nichts mehr

HENK OHNESORGE, Bonn

In Frankfurt sind 60 Prozent der Toilettenreiniger, 52 Prozent der Arbeitnehmer der Müllabfuhr, 93 Prozent der Straßenreiniger Ausländer – meist Moslems.

Im Einzugsgebiet des Arbeitsamtsbezirks Frankfurt stellen Ausländer 30 Prozent der Beschäftigten im Hoch- und Tiefbau, 25 Prozent in der Kunststoff-, Asbest- und Gummiverarbeitung, mehr als 20 Prozent im Stahl-, Maschinen- und Fahrzeugbau und fast 40 Prozent in der Leder-, Textil- und Bekleidungsbranche. Von ihnen wiederum ist ein großer Teil Türken, Männer ebenso wie Frauen.

So wie die Gastarbeiter nach Deutschland strömten, so zogen sich die Deutschen aus den rauhen, dreckigen und mit geringem Sozialprestige behafteten Jobs zurück. Allein von 1961 bis 1973 (und die Entwicklung hat angehalten) sind 1,5 Millionen Deutsche über die innerbetriebliche Leiter nach oben geklettert und haben ihre Arbeitsplätze Ausländern überlassen.

Die Folge dieser Entwicklung: Ohne Türken geht nichts mehr. So sind in Salzgitter sieben Zehntel aller dort ansässigen Ausländer Türken. Ähnliches gilt für Gelsenkirchen, Hamm, Herne, Duisburg und Kiel.

Das hinterläßt in vieler Hinsicht Spuren: Für die 1,5 Millionen Türken unter den etwa 4,2 Millionen Ausländern hierzulande bieten Textil-Reihenläden spezielle billige, ihrem Farb- und Sittenempfinden entsprechende Konfektion an. Der Import türkischer Lebensmittel floriert. Überall, wo damit Geld zu verdienen ist, stellt man sich auf die Türken ein, die zu siebzig Prozent ihre Familien bei sich haben.

Die andere, die nicht-kommerzielle Seite, ist weniger erfreulich. Mehr als alle anderen Ausländer stehen Türken Schwierigkeiten gegenüber, die sich vor allem aus ihrer Religion, ihren Speisegeboten, ihrer Sprache und ihrer Mentalität ergeben. Dazu kommen sie zum überwiegenden Teil vom flachen Land. Sie sehen sich oft, in Denkweisen vergangener Jahrhunderte großgeworden, mit einer modernen Industriegesellschaft konfrontiert. Das Zivilisationsgefälle ist unübersehbar. Das Unverständnis für die reglementierte Welt der „DIN-A-4-Menschen“ (so eine türkische Sozialarbeiterin) ist es nicht minder.

Eine Untersuchung des Münsteraner Professor Günter Wiegelmann unter Türken ergab, daß 22 Prozent der befragten Türken überhaupt an einem deutschen Sprachkurs teilgenommen hatten, davon die Hälfte weniger als einen Monat lang. Die Doppelbelastung von Arbeit und Schule war zu groß. Gewiß: Am Arbeitsplatz gibt es kaum Konflikte. Die Türken sind zumeist mit den Bedingungen zufrieden, sie haben nicht das Gefühl, diskriminiert zu werden.

Außerhalb der Arbeitswelt jedoch, etwa im „Türkenzentrum“ Berlin (jeder 20. Einwohner ist ein Türke), sieht es völlig anders aus. Berlin ist heute nach Istanbul, Ankara und Izmir die Stadt mit der viertgrößten türkischen Bevölkerung. Nach Erhebungen will jedoch nur jeder 25. türkische Berliner die deutsche Staatsangehörigkeit erwerben.

Und hier in Berlin, konfrontiert mit der Türken-Konzentration, zeigt das Ergebnis einer Befragung unter Deutschen, daß nur neun Prozent der Befragten die Türken „am sympathischsten“ unter den Gastarbeitern, 41 Prozent jedoch „am unsympathischsten“ finden. (Griechen: 15 und drei Prozent).

DIE WELT v. 18. 6. 1981

3. „Ich trage zwei Welten in mir“

Versucht, die Stimmung wiederzugeben, die in den folgenden Gedichten von türkischen Landsleuten enthalten ist.
Wie fühlen sie sich? Welche Erfahrungen machen sie?
Was können wir dagegen tun?

Dazwischen

Jeden Tag packe ich den Koffer
ein und dann wieder aus.

Morgens, wenn ich aufwache,
plane ich die Rückkehr,
aber bis Mittag gewöhne ich mich mehr
an Deutschland.

Ich ändere mich
und bleibe doch gleich
und weiß nicht mehr,
wer ich bin.

Jeden Tag das Heimweh
unwiderstehlicher,
aber die neue Heimat hält mich fest
Tag für Tag noch stärker.

Und jeden Tag fahre ich
zweitausend Kilometer
in einem imaginären Zug
hin und her,
unentschlossen zwischen dem Kleiderschrank
und dem Koffer,
und dazwischen
ist meine Welt.

Alev Tekinay

Reserviert

Ich steige
in den Zug ein,
suche mir einen
freien Platz,
setze mich nieder,
kommt der Schaffner,
sagt: „Der Platz ist reserviert!“

Ich gehe
ins Restaurant,
suche mir einen
freien Tisch und
setze mich hin,
kommt der Kellner,
sagt: „Der Tisch ist reserviert!“

Manchmal
stelle ich mir vor:
Wenn ich eines Tages
aus diesen Träumen erwache,
dann wird jemand
vor mir stehen
und sagen:
„Schlaf weiter!
Die Wirklichkeit ist reserviert!“

Hasan Dewran

'schuldigung

entschuldigen sie bitte
daß wir noch hier sind
verzeihen sie uns
daß wir hier arbeiten
wir bitten um entschuldigung
daß unsere frauen kinder gebären
ich bitte inständigst um etwas nachsicht
daß unsere kinder in die schule gehen
ich appelliere an ihre großmütigkeit
bitte drücken sie ein auge zu
und übersehen sie es
daß wir ein dach brauchen über dem kopf
haben sie geduld mit uns
wir wollen nicht gehen
vor dem aufstehen

Kemal Kurt

Doppelmann

ich habe meine Füße auf zwei Planeten
wenn sie sich in Bewegung setzen
zerren sie mich mit
ich falle

ich trage zwei Welten in mir
aber keine ist ganz
sie bluten ständig

die Grenze verläuft
mitten durch meine Zunge

ich rüttele daran wie ein Häftling
das Spiel an einer Wunde

Zafer Senocak

4. Orientierungen über den Islam

Ist es bei der beschriebenen Situation nicht wichtig und notwendig, sich über die Lebensweise der Moslems zu informieren, ihre Kultur und Religion kennenzulernen, um damit auch ihr Verhalten besser zu verstehen? Nur so lassen sich Vorurteile abbauen und immer wieder auftretende Aggressionen gegen unsere ausländischen Mitbürger verhindern. Und was noch wichtiger ist: Nur wenn wir die Moslems mit ihren Eigenheiten anerkennen, können sie unsere gleichberechtigten Partner und Mitbürger werden. Allerdings ist es bis dahin noch ein langer Weg.

Um uns über den Islam zu informieren, können wir verschiedene Wege einschlagen:

1 Wenn Moslems in der Nähe wohnen, erkundigt euch bei ihnen
– wie sie bei uns leben (Wohnverhältnisse, Arbeitssituation, Kontakt mit unserer Bevölkerung, Sprachkenntnisse)
– wie sie untereinander leben (Sitten, Gebräuche, religiöse Feste, Gebetszeiten, Gottesdienste, Feiern)
Zur Vorbereitung eurer Erkundigungen ist es notwendig, daß ihr euch vorab informiert über die Grundzüge der islamischen Religion. Dazu kann der folgende Text hilfreich sein. Ihr könnt euch aber auch selbst Informationen beschaffen. Wichtig ist, daß ihr euch einen Fragenkatalog erstellt. – Überlegt auch, ob ihr vielleicht Kontakte und Begegnungen herstellen könnt.

2 Stellt anhand der nachfolgenden Texte Grundzüge der islamischen Religion dar; erklärt die Begriffe „Allah", „Islam", „Moslem", „Koran", „Sure".

Stichworte zum Islam

Islam

Den Namen „Islam“ hat Mohammed, der Gründer der Religion, selbst gewählt. Er bezeichnet die „vollkommene Hingabe an Gott“. Damit wird zugleich ein wesentlicher Unterschied zwischen Islam und Christentum sichtbar: Mohammed spielt in seiner Religion in keiner Weise die gleiche Rolle, die Jesus von Nazareth in der christlichen Religion spielt. Dennoch ist der Prophet zutiefst mit seiner Bewegung verbunden.

Mohammed

Mohammed wurde um 570 n. Chr. in Mekka geboren. Nach einer harten Jugendzeit trat er in den Dienst einer reichen Witwe, die ihn später heiratete. Im Alter von etwa 40 Jahren hatte er ein eigentliches Berufungserlebnis, das in ihm das Sendungsbewußtsein wachrief. Über Inhalt und Weise dieser Offenbarung gibt es vielerlei Meinungen. Aus dem Koran werden vor allem die Anfangsverse der beiden Suren 96 und 74 in diesem Zusammenhang zitiert. *Sure 96, 1–5,* lautet: „Rezitiere im Namen deines Herrn, der erschaffen hat aus einem Embryo! Rezitiere! und dein Herr ist der edelmütigste, er, der gelehrt hat, das Schreibrohr zu gebrauchen, der den Menschen gelehrt hat, was er nicht wußte.“ *Sure 74, 1–7,* sagt: „Du, der du dich eingehüllt hast! Steh auf und warne! Und deinen Herrn, den rühme! Und deine Kleider, die reinige! Und die Unreinheit, die meide! Und erweise keine Wohltat in der Absicht, als Gegengabe mehr zu bekommen! Und im Hinblick auf deinen Herrn sei standhaft!“

Der Aufruf, den Mohammed verspürte, ging dahin, daß er seinen arabischen Landsleuten heilige Texte, Trostworte, Ermahnungen und Warnungen, Lobpreisungen Gottes und Ankündigungen des jüngsten Tages vortrage. Von diesem „Rezitieren“ spricht auch der Name, der später die Sammlung der Texte bezeichnet: *Koran (Qur'an).* Was Mohammed geoffenbart wurde und was er dann verkündigte, fand in diesem Buch seinen literarischen Niederschlag. Es ist in arabischer Reimprosa abgefaßt und in 114 *Suren,* Kapitel oder Abschnitte, eingeteilt, die ihrer Länge nach geordnet sind. Auf eine kurze Einleitungssure folgt die längste mit 286 Versen. Die Lektüre des Korans wird daher nicht notwendig in der Reihenfolge der Suren erfolgen. Da man heute vielfach annimmt, daß die kürzeren Texte die ursprünglicheren sind, legt es sich nahe, am Ende zu beginnen.

Nach seinem Berufungserlebnis gelang es Mohammed zwar, seine Frau und seine Familie zu überzeugen. Doch die Juden suchte er vergebens zur Anerkennung seines Offenbarungserlebens zu bewegen. Auch die führenden Leute Mekkas wollten ihn nicht hören. Die religiösen Führer waren zu sehr in ihren Polytheismus und die wohlhabenden Händler in ihre weltlichen Angelegenheiten verstrickt, als daß sie ihn ernst genommen hätten. So kam es im Jahre 622 zur berühmten *Hidschra,* der Flucht oder dem Auszug Mohammeds aus Mekka nach Medina; dieser Zeitpunkt gilt heute als Beginn des Islam.

Mit dem Auszug des Propheten aus Mekka wurde aus dem religiösen Führer eine politische Gestalt. In Medina gelang es ihm, die Zwistigkeiten innerhalb der Stadt zu schlichten. Das wiederum führte nach kurzer Zeit dahin, daß er einen Heerzug zur Wiedereroberung Mekkas organisieren konnte. 630 nahm er schließlich die Stadt ein. Er zerstörte die heidnischen Götzenbilder im Zentralheiligtum, der *Ka'aba,* baute den Tempel wieder auf und machte ihn zum Mittelpunkt seiner neuen Religion. Die Richtung der Gebetshaltung änderte sich fortan von Jerusalem nach Mekka. Die Einwohner von

Mekka fanden sich mit der neuen Entwicklung ab. Die Zahl der arabischen Staaten, die sich unter der Herrschaft Mohammeds stellten, nahm ständig zu. Mohammeds erste Frau war inzwischen gestorben. Er heiratete von neuem und hielt sich der Landessitte entsprechend einen Harem, der bei ihm selbst noch etwas größer ausfiel als bei den übrigen Gläubigen. Am 8. Juni 632 starb er in den Armen seiner Lieblingsfrau Aischa, der Tochter seines späteren Nachfolgers Abu Bekr.

In 20 Jahren entstand der Koran

Die Sammlung aller Offenbarungen Mohammeds ist der Koran (= Lesung, Rezitierung). Er besteht aus 114 Abschnitten unterschiedlicher Länge, den in Verse unterteilten Suren. Nach Mohammeds Vorstellung ist er Teil einer himmlischen Schrift, der „Mutter des Buches", die sich bei Gott befindet und ihm wie auch den jüdischen Propheten und Jesus nur in Auszügen offenbart ist. Während die Bibel in einem Zeitraum von mehr als tausend Jahren entstand, sind es für den Koran nur zwanzig Jahre; kennt die Bibel viele literarische Gattungen – Prophetien, Geschichtsbücher, Lieder, Briefe und Gebete –, steht im Koran nur das, was der Prophet selbst überliefert. Dabei ist es eigentlich Gott, der spricht. Doch bildet der Koran keine inhaltliche Einheit. Es gibt glutvolle prophetische Aufrufe zur Bekehrung aus den ersten Jahren und mehr praktische Regelungen aus späterer Zeit für die Gemeinschaft in Medina. Nicht wenige Teile sind polemischer Art, anfangs gegen das heidnische Mekka gerichtet, später gegen Juden und Christen, die dem prophetischen Anspruch Mohammeds mit Ablehnung begegnen. Da der Koran biblische Erzählungen in stark abgewandelter Form enthält, ist dies verständlich. Mohammed entwickelt die Theorie von der „Verfälschung" der heiligen Schriften, von Thora und Evangelium, durch Juden und Christen.

5. Einheit von Glaube und Leben

Die folgenden Texte zeigen auf, wie sehr das alltägliche Leben der Moslems von ihren religiösen Grundlagen her bestimmt ist. Daraus werden manche für uns fremde Verhaltensweisen der Mohammedaner besser verständlich.

Untersucht die Texte unter den Gesichtspunkten
- welchen Einfluß die Religion auf das Privatleben der Muslims hat (Familie, Rolle der Frau, Situation der Kinder)
- welchen Einfluß die Religion auf Gesellschaft und Staat hat.

Vorschlag: je eine Gruppe bearbeitet einen Text.

Lebensordnung: Die fünf Säulen

Der Islam will die Herrschaft Gottes auf dieser Erde verwirklichen. Deshalb ist das ganze Leben des Moslems und der moslemischen Gemeinschaft geordnet durch feste Gesetze, Regeln und Sitten, deren Wurzeln das ewige Gotteswort des Koran ist. Es wird ergänzt durch weitere Gesetzesquellen, die daraus fortentwickelt wurden: die Überlieferung der Taten und Aussprüche Mohammeds, die Auslegungen der islamischen Koran- und Rechtsgelehrten usw.)

Mitte dieser Lebensordnung sind die „fünf Säulen" des Islam:

- Das Bekennen des islamischen Glaubens: „Ich bezeuge, daß kein Gott ist außer Gott und Mohammed ist der Gesandte Gottes."
- Das Gebet, das in arabischer Sprache nach genauen Vorschriften und mit festgelegten Texten täglich fünfmal zu verrichten ist (verbunden mit bestimmten rituellen Waschungen).
- Das Almosengeben, eine jährliche Beitragsleistung für religiöse und mildtätige Aufgaben.
- Das Fasten im Monat Ramadan zwischen Morgendämmerung und Sonnenuntergang.
- Die Pilgerfahrt nach Mekka, wenn man es sich leisten kann.

Von dieser Mitte aus ordnet sich der Alltag nach den Vorschriften des islamischen Gesetzes. So beachtet der Moslem gewisse Speisegesetze. Er soll nur rituell geschächtetes Fleisch essen und Schweinefleisch sowie alles Blut meiden. Alkoholische Getränke sind ihm verboten. Eine große Rolle spielen detaillierte Vorschriften für die körperliche Reinigung. Da die Familie in der islamischen Welt ganz besonders wichtig ist, gibt es eine Fülle von Gesetzen und Regeln für das Zusammenleben der Ehepartner, der Eltern und Kinder, des Familienverbandes.

Bis heute ist die islamische Familie und Gesellschaft im allgemeinen patriarchalisch orientiert, wie es auch oft in der christlichen Welt der Fall gewesen ist. Der Mann nimmt den ersten Platz ein. Er bestimmt auch über die Kinder, tritt öffentlich auf, ist rechtsfähig. Die Frau bleibt im Hintergrund, ist weitgehend von ihm abhängig. Ihr Lebensbereich ist das Haus und die Familie. Das wirkt sich natürlich überall aus: von den Bestimmungen des islamischen Ehe- und Familienrechts bis zu den praktischen Einzelheiten des täglichen Lebens.

Mann und Frau sind eingegliedert in den Verband der Großfamilie. Sie ist der selbstverständliche Lebensraum für den Moslem. Sie gibt menschlichen und materiellen Rückhalt, sie bestimmt aber auch über den einzelnen. Das Empfinden, Verhalten und Denken ist im Islam gemeinschaftlich orientiert und nicht individualistisch.

Familienleben der Muslime

Am anschaulichsten läßt sich die traditionelle türkische Lebens- und Gemeinschaftsform aus der Perspektive der Frau schildern. Ihr alltägliches Leben spielt sich innerhalb des Wohnviertels ab, wo sie weithin von den Bereichen der Öffentlichkeit (Markt, Verwaltung usw.) abgeschirmt ist. Nur ein solcher geborgener Raum ermöglicht es der türkischen Frau, die religiösen und kulturellen Verhaltensregeln zu erfüllen. Nach diesen Regeln muß sie jeden Kontakt mit fremden Männern vermeiden und sich daher aus der Öffentlichkeit fernhalten. Läßt sich das nicht verhindern, so hat sie die Pflicht, ihren Körper so weit wie möglich zu verhüllen. Auch wenn der Schleier weithin verschwunden ist, bestehen teilweise noch strenge Vorschriften für das Bedecken der Arme und Beine, besonders auch der Haare.

Innerhalb des geschützten Wohnbereiches kann sich die Frau relativ frei bewegen und ihrer Arbeit nachgehen. Während der Abwesenheit der Männer verbringen Frauen und

Kinder den größten Teil der Zeit zusammen. Arbeiten werden gemeinsam oder mindestens in der Gemeinschaft anderer Frauen erledigt, meist im Freien, zumal die Wohnräume oft sehr klein sind. In dieser Gemeinschaft der Frauen besteht ein enger Zusammenhalt, der das Gespräch über alle Lebensfragen ermöglicht und selbstverständlich gegenseitige Hilfe in besonderen Situationen oder Notfällen einschließt.

Traditionell gilt der Mann als Ernährer, Beschützer und Repräsentant der Familie. Er hat den Lebensunterhalt zu sichern, vertritt den Haushalt nach außen bei Dorfversammlungen, vor Ämtern usw., sorgt für den Kauf und Verkauf von Waren. Einkaufen ist traditionell eine männliche Angelegenheit. Die Öffentlichkeit erwartet Entscheidungen allein vom Mann, andernfalls verliert er an Prestige.

Die Frau trägt die Verantwortung für den inneren Bereich des Hauses. Sie sorgt für den Haushalt und die kleinen Kinder. Außerdem wird von ihr erwartet, bei der Feldarbeit mitzuhelfen; daneben verrichtet sie häufig noch Heimarbeit. In der Kindererziehung ist auch die Nachbarschaft eine wesentliche Hilfe. Sobald die Kinder laufen, können sie sich frei bewegen und finden auch außerhalb des Hauses immer Geborgenheit und Zuspruch, da sich jeder für sie verantwortlich fühlt. Die Frau ist dadurch entlastet und die Kinder werden frühzeitig selbständig.

Nicht nur in der Arbeit ist die Welt streng zwischen Mann und Frau aufgeteilt. Sie leben gleichsam in verschiedenen sozialen Räumen. Männer treffen sich im Kaffeehaus, Frauen treffen sich zu gemeinsamer Hausarbeit. Die Frauenwelt ist auf den häuslichen Kreis beschränkt, die Männerwelt umfaßt auch die politische Sphäre und die Kontakte zur größeren Gesellschaft. Wenn Frauen in die Moschee gehen, sind sie meist nur in abgesonderten Räumen oder Emporen zugelassen. Das Verhalten der Frau dem Mann gegenüber soll durch Respekt geprägt sein. Deshalb geht sie zum Beispiel meist einige Schritte hinter ihm her. Ähnliche Regeln gelten auch beim Essen. In vielen Familien, auch in der Bundesrepublik, kann man beobachten, daß bei Anwesenheit männlicher Gäste die Frau ihr Essen für sich und nach der Bewirtung der Männer einnimmt.

Äußere Anzeichen einer partnerschaftlichen Ehe oder gar der gegenseitigen Zuneigung zu zeigen, ist undenkbar. Das Gelingen einer Ehe wird nicht so sehr an der Harmonie im Zusammenleben gemessen, sondern an der Arbeitsgemeinschaft und der Hervorbringung gesunder Kinder.

Als Kleinkinder werden Jungen und Mädchen gleich behandelt. Aber schon frühzeitig werden die Mädchen von ihren Müttern zur Arbeit herangezogen und auf ihre zukünftige Rolle als Frau und Mutter vorbereitet. Mit Beginn der Pubertät müssen sie sich in den häuslichen Bereich zurückziehen und die vielfältigen Verhaltensnormen zu erfüllen suchen, die man von einer Frau und Schwiegertochter erwartet: an erster Stelle steht dabei Sittsamkeit und Ehre; außerdem soll sie gesund sein und hart arbeiten können; dazu sollte sie geschickt und gutmütig sein und sich gut einordnen können. Während der Zeit des Heranwachsens verbindet Mutter und Tochter oft ein besonders enges Verhältnis.

Die Jungen bewegen sich sehr viel freier. In welchem Alter sie vom Vater herangezogen werden, ist abhängig von seinem Beruf. Besonders in armen Bauernfamilien stellen sowohl Jungen als auch Mädchen schon frühzeitig eine unentbehrliche Arbeitskraft dar. Auch die völlig ungesicherte Situation städtischer Familien der Unterschicht führt häufig zu Kinderarbeit. Sie ist in der Türkei weit verbreitet.

In der Erziehung wird auf die Anerkennung der elterlichen Autorität und auf Gehorsam großer Wert gelegt. Andere Erziehungsziele sind Erfüllung religiöser Pflichten, Achtung gegenüber Älteren, Nationalstolz. Von den Mädchen wird in besonderem Maße Unterordnung erwartet. Die Erziehung erfolgt weniger durch bewußte und gezielte Förderung als vielmehr durch Vorleben und Einordnen in festgelegte Rollen und Verhaltensmuster.

Eine türkische Familie in Deutschland

Herr Üzok lebt mit seiner Familie in einer mittelgroßen süddeutschen Industriestadt. Die Altbauwohnung ist eng, dunkel und doch teuer. Der Vater ist Arbeiter in einer Metallfabrik, die Mutter ist als Putzfrau tätig. Der 17jährige Sohn Hassan hat einen Gelegenheitsjob, die 16jährige Tochter Aysche hat die Schule ohne Hauptschulabschluß verlassen, die 10 Jahre alte Keziban schwänzt die Schule, da sie auf den kleinen Bruder Mustafa – 4 Jahre alt – aufpassen muß.

Der Weg nach Deutschland führte Familie Üzok über verschiedene Stationen. Zunächst zogen sie für einige Zeit in eine nahegelegene türkische Kleinstadt. Wegen der besseren Verdienstmöglichkeiten in der Großstadt zogen sie dann dorthin weiter, bis sich die Gelegenheit zur Einreise nach Deutschland bot. Aus ihrer bäuerlichen Tradition her versteht sich die Familie als Arbeits- und Versorgungsgemeinschaft. Der Vater trifft die Entscheidungen. Er vertritt die Familie nach außen und nimmt Kontakte zur Umwelt und zu den Geschäften wahr. Die Mutter arbeitet im Haus und versorgt und erzieht die Kleinkinder und Töchter.

Die Mädchen orientieren sich schon von klein auf an der Mutter. In der Türkei halfen sie beim Wasserholen und beim Brotbacken, sie lernten stricken und bei Tisch bedienen. Jedes Kind hat seinen Platz in der Familie, der nach Geschlecht und Alter eingestuft und von allen respektiert wird. Auch wenn sich das Zusammenleben der Menschen durch die zunehmende Industrialisierung in der Türkei verändert hat, so bringen die türkischen Eltern den Erziehungsstil mit, den sie vor 20 Jahren selbst erlebt haben.

Vater Üzok möchte seine Familie zusammenhalten. Seine Töchter werden sittlich streng erzogen. Sie zu behüten ist eine seiner vornehmsten Aufgaben. Mutter Üzok hat in Deutschland die gleichen Pflichten wie in der Türkei: die Wohnung muß versorgt, die zeitraubenden Speisen müssen zubereitet und die Kinder betreut werden. Dazu kommt nun die ungewohnte Tätigkeit als Putzfrau außer Haus, wo sie keine Kontakte findet und meist allein bleibt, da sie trotz längerem Aufenthalt in Deutschland kaum deutsch versteht. Ihr fehlen die in der Türkei üblichen Gespräche mit den Frauen im Backhaus, die gemeinsame Arbeit mit den Nachbarinnen, die selbstverständliche Geborgenheit in der Gruppe der Frauen. Sie ist unsicher in der Beurteilung der Wünsche ihrer Töchter und dem Lebensstil ihres Sohnes. Frau Üzok war selbst nur wenige Jahre in der Schule und kann bei Schulaufgaben nicht genügend behilflich sein. So wird auch der Schulbesuch der 10jährigen Tochter nicht ernst genommen, da Mädchen nicht zuerst an ihrem Schulwissen gemessen werden. Man kann sie vielleicht früh verheiraten.

Der kleine Mustafa genießt die Liebe aller und nützt das entsprechend aus. Da Kindergärten in der Türkei unbekannt sind, wird er auch hier nicht in den Kindergarten geschickt, wodurch man noch dazu Kosten sparen kann. Auch fürchtet sich Mustafa vor den Kindern, die er nicht versteht. Wie es später mit dem Schulbesuch werden soll, daran denkt niemand.

Die 16jährige Aysche und der 17jährige Hassan versuchen ihr eigenes Leben aufzubauen. Hassan hat von der Schule her vielerlei Freunde, mit denen er oft unterwegs ist und einen großen Teil seiner Zeit verbringt. Hassan spricht deutsch und hat sich in seiner Kleidung den deutschen Jugendlichen angepaßt. Er möchte wie ein Deutscher leben, aber er fühlt sich von seinen Kameraden nicht angenommen.

Aysche blickt mit Neid auf die Freiheit, die Hassan genießt. Die Eltern schirmen sie vor allen Einflüssen ab. Sie darf nur mit der Familie ausgehen. Aus der Schulzeit hat sie einige türkische Freundinnen, denen es ähnlich geht. Aysche will etwas lernen oder wenigstens in einer Fabrik arbeiten. Die Eltern stehen diesem Wunsch ratlos gegenüber. Aysche ist mit ihrer Situation unzufrieden.

Mutter Üzok hat sich bei den anderen Frauen Rat geholt, die ihr empfohlen haben, Aysche in die Türkei zurückzuschicken und zu verheiraten. Die Mutter leidet darunter, daß ihre Tochter darüber nicht offen mit ihr sprechen will. Sie versteht nicht, daß sie den Kindern durch die Übernahme der Verhaltensweisen aus der Türkei das Leben in der Bundesrepublik erschwert.

Wer muslimischen Familien mit ihren vielen Schwierigkeiten richtig begegnen will, sollte über die Gründe der Auswanderung informiert sein und etwas von der Welt wissen, aus der sie kommen und die ihr Denken, Empfinden und Verhalten geprägt hat. Die meisten von ihnen kommen aus der Türkei. Man darf jedoch nicht übersehen, daß viele Muslime auch aus anderen Regionen, vor allem aus Jugoslawien kommen.

6. Weiterführende Hinweise

Nachdem wir uns einige grundlegende Informationen über den Islam verschafft haben, besteht jetzt die Möglichkeit, sich mit einzelnen Aspekten dieser Religion genauer zu beschäftigen. Insbesondere könnten folgende Themen behandelt werden:

a) Religiöses Leben und Feste
b) Muslime in der Industrie und Arbeitswelt
c) Reinigungs- und Speisevorschriften

Über diese Themen könnte in kurzen Referaten informiert werden. Als Grundlage ist die Schrift *Zusammenleben mit Muslimen – Eine Handreichung* (Verlag Otto Lembeck, Frankfurt, 1981) zu empfehlen, in welcher die genannten Themenvorschläge behandelt sind.

7. Filmbeispiele

Der Muezzin ruft Nr. 320549 (10 min., 1959)
Durch Darstellung des Gebetslebens der Mohammedaner soll der Zugang zum Verständnis der Welt des Islams geöffnet werden.

Sie dienen Allah und den Deutschen Nr. 322536 (25 min., 1974)
Der Film zeigt die Anwerbung türkischer Arbeiter in ihrer Heimat für die Arbeit in einer Gießerei, ihre Gewöhnung an neue Arbeits- und Lebensumstände. Mit Zuschüssen der Werksleitung bauen sie schließlich eine Moschee.

Textquellen

S. 8 „Schöne Buchstaben“ aus: Hans-Joachim Gelberg (Hg.), Geh und spiel mit dem Riesen. Erstes Jahrbuch der Kinderliteratur. Beltz, Weinheim/Basel 1981, S. 162 – S. 9 „Von dir habe ich schon gehört“ aus: Hans Helmut Beiersdorf, Außenseiter. In: Religion heute. Informationen zum Religionsunterricht. 6. Jahrgang, Heft 4/1974, S. 8 – S. 17 „Arbeit – edle Himmelsgabe“ aus: Oskar Maria Graf, Wir sind Gefangene. Süddeutscher Verlag, München 1978. – S. 18 „Im Haus sind die Kinder, in der Fabrik ist die Arbeit . . .“ aus: Vorwärts – und nicht vergessen. Arbeitskultur in Hamburg um 1930, S. 38 f. – S. 19 „Damals und Heute“ aus: Vorwärts – und nicht vergessen. A.a.O., S. 29 – „Am Fließband“ nach Wallraff: Industriereportagen. Als Arbeiter in deutschen Großbetrieben. Reinbek 1970, rororo sb 6723 – S. 27 „Das menschliche Schaffen in der Welt“ aus: Gaudium et spes (1965) Nr. 33 u. 34 Pastoralkonstitution des 2. Vatikanischen Konzils über die Kirche in der Welt von heute – „Arbeit als göttlicher Auftrag“ aus: Evangelischer Erwachsenenkatechismus. Gütersloh 1975, S. 694 – S. 33 „Die Kunst, Zeit zu haben“ aus: Evangelischer Erwachsenenkatechismus. A.a.O., S. 680 – S. 34 „Brudermord im Altwasser“ aus: Georg Britting, Erzählungen 1920–1936. Nymphenburger, München 1958, S. 84–86 – S. 36 „Das neue Geschirr“ aus: Shaftel/Shaftel-Weinmann, Rollenspiel als soziales Entscheidungstraining. UTB 270, Stuttgart 1973, S. 145 f. – „Verantwortlich“ aus: Herausforderungen Bd. 2. Crüwell, Dortmund 1975, S. 58 – S. 37 „Was kannst denn du dafür?“ aus: Herausforderungen Bd. 2. A.a.O., S. 58 – S. 38 „Es wird nichts passieren“ aus: Herausforderungen Bd. 2. A.a.O., S. 52 – „Volkers Go-Cart“ aus: Shaftel/Shaftel-Weinmann, a.a.O., S. 171 – S. 41 „14jähriger erstach seine Klassenkameradin“ aus: Nordwest-Zeitung (Oldenburg) v. 13. 5. 1970 (Ernst Kramer) – S. 42 „Fahrgast hinterließ ein Trümmerfeld“ aus: Neue Illustrierte Nr. 43 v. 26. 10. 1969 – S. 43 „Blutige Fußball-Schlacht . . .“ aus: Bunte Illustrierte Nr. 41 v. 4. 10. 1967 – S. 44 „Die Apfelsinen“ aus: Immer ist etwas los. Loewes, Bayreuth – S. 46 „Verzeiht“ aus: Unser Hausbuch der schönsten Geschichten. Bardtenschlager, München – S. 51 „Die Bonbontüte“ aus: Shaftel/Shaftel-Weinmann, a.a.O., S. 162 – S. 58 „Konflikte in der Schule“ aus: Ein ganz normaler Vormittag in der Schule. In: Bedies/Fleischmann/Holtkamp, Gesamtschule in Nordrhein-Westfalen Fachbereich Gesellschaft/Politik. Themenkreis Schule. Dortmund/Münster 1971, S. 136/136a – S. 61 „Der Marsch der Fischer“ aus: Hildegard Groß-Mayer, Die Macht der Gewaltlosen, Graz 1968 – S. 66 „Zwei Freunde“ aus Shaftel/Shaftel-Weinmann, a.a.O., S. 161 – S. 67 „Freund, Freundin“ aus: Martin Goldstein, Lexikon der Sexualität. Jugenddienst, Wuppertal 1970, S. 80 – S. 68 „Jenö war mein Freund“ aus Wolfdietrich Schnurre, Als Vaters Bart noch rot war. „Die Arche“, Zürich 1958, S. 208–212 – S. 71 „Ranghipar und seine Freunde“ aus: Horst Hachmann, Leben, Liebe, Langeweile. Signal, Baden-Baden 1966, S. 169–174 – S. 74 „Chronik des Salimbene von Parma“ zitiert nach: Horst Wetterling, Behütet und Betrogen. Nannen, Hamburg 1966 – S. 75 „Die Kaulquappe und der Weißfisch“ aus: Wolfdietrich Schnurre, Der Spatz in der Hand. Langen-Müller, München 1971, S. 135 – „Morgens und abends zu lesen“ und „Wenn Herr K. einen Menschen liebte“ aus: Bertolt Brecht, Gesammelte Werke Band 12. Suhrkamp, Frankfurt 1967, S. 386 – S. 76 „Entwicklung der Liebe“ von Gerhard Kraft aus: Heinz Schmidt (Hrsg.), Kursbuch 9/10. Calwer/Diesterweg, Stuttgart/Frankfurt 1979, S. 18 – „Die Liebe ist langmütig und freundlich . . .“ aus: Neues Testament, 1. Brief an die Korinther 13,4 ff., übertragen von Jörg Zink. Kreuz, Stuttgart 1965, S. 398/399 – S. 78 „Wie ich mir meine Frau vorstelle“ aus: Almanach 11 für Literatur und Theologie. „Der Mann“. Peter Hammer, Wuppertal 1977, S. 114 – S. 79 „Sexualität“ aus: Papa, Charly hat gesagt, Band 2. Rowohlt Taschenbuch (rororo 4071), Reinbek – S. 83 „Zwei Meinungen über Sexualität“ – „Heute“ aus Ernst Ell, Dynamische Sexualmoral. Zürich/Einsiedeln, Köln 1972, S. 75 – „Die Sexualität gehört . . .“ aus: Gemeinsame Synode der Bistümer in der Bundesrepublik Deutschland. Freiburg 1976, S. 433 – „Sexualität“ klingt . . . aus: Evangelischer Erwachsenenkatechismus. A.a.O., S. 551 – S. 85 „Begegnung“ aus: Heinrich Böll, Im Tal der donnernden Hufe. Kiepenheuer & Witsch, Köln 1962 – S. 91 „Mit der blauen Schürze – Mein erster Tag in Bethel“ aus: Lesebuch für den Religionsunterricht. Stuttgart/München 1969, S. 117 f. – S. 92 „Die Chance trotzdem weiterzuleben“ aus: *stern*/ März 1973; zitiert nach: Behinderte Menschen in unserer Umwelt, hrsg. v. Verband Katechetischer Ämter u. Religionspädagogischer Institute Norddeutschlands Nr. 4/1975, S. 18/19 – S. 99 „Hans im Glück“ aus: Ludwig Marcuse, Philosophie des Glücks. Diogenes, Zürich 1972 – S. 101 „Ich war in einem Bauernhaus“ aus: Erhart Kästner, Aufstand der Dinge. Insel, Frankfurt 1978, S. 122/123 – S. 102 „Brot, Orangen, Schokolade“ aus: Michel del Castillo, Elegie der Nacht. Hoffmann und Campe, Hamburg 1958, S. 84–86 – S. 103 „Inga und ich machen Menschen glücklich“ aus: Astrid Lindgren, Mehr von uns Kindern aus Bullerbü. Friedrich Oetinger, Hamburg 1964, S. 120/121 – S. 104 „Die Fabel vom Seepferdchen“ zitiert nach: Lernziele und programmierter Unterricht. Julius Beltz, Weinheim 1965 – S. 108 „Fan-Dasein“ aus: *stern* 6/1979, S. 64 (Hans Heinrich Ziemann) – „Barry Ryan: Alle meine Träume“ aus: BRAVO 19/1969 – S. 109 „Popmusik“ aus: Werner Hahn/Hermann Rauhe, Aktuelle Popmusik im Unterricht. Breitkopf und Härtel, Wiesbaden 1970 – S. 111 „Vorbild sein – muß das sein?“ aus: spielen und lernen/ Juni 1981. Velber, Seelze 1981 – S. 112 „Es gibt doch noch viel Schlimmeres . . .“ aus: Stader Tageblatt v. 24. 12. 1979 (Peter Prior) – S. 114 „Berechnung“ aus: Rudolf Kirsten, Hundertfünf Fabeln. Logos, Zürich 1960 – „Märchen vom winzig kleinen Mann“ aus: Frederik Hetmann, Wer bekommt das Opossum. Paulus/Bitter, Recklinghausen 1969, S. 17–20 – S. 122 „Sieht so die Zukunft aus?“ aus: Arbeitshilfen des katechetischen Amtes der Evangelisch-Lutherischen Landeskirche in Braunschweig v. 14. 4. 1971 – S. 123 „Wie sich Mädchen und Jungen ihre Ehepartner vorstellen“ aus: Brigitte 6/ 1970 – S. 124 „Erziehung“ aus: Dieter Haas u. a., Unterrichtsmodell Familie. Kaufmann, Lahr 1976 – S. 132 „Einzelgänger und Paare in der Gruppe“ aus: *stern* 4/ 1971 – S. 140 „Ein altes Liebespaar“ aus Publik-Forum vom 1. 1. 1980 – S. 142 „Ein jeder kehre vor seiner eigenen Tür“ aus: Borchert/Derichs-Kunstmann/Hermann, Un-Ruhestand, rororo-sachbuch 7306, Rowohlt Taschenbuch, Reinbek 1980 – S. 143 „Weltlauf“ aus:

Eugen Roth, Mensch und Unmensch, Heitere Verse, Carl Hanser, München 1960 – S. 147 „Antischöpfung“ aus: Christa Peikert-Flaspöhler, Stellenangebot, Lahnverlag, Limburg 1980 – S. 148 „Wir werden weniger verbrauchen“ aus: Publik-Forum 1/1981 – S. 149 „Aus der Rede des Häuptlings Seattle . . .“ zitiert nach dem Text des Dokumentarfilms „Home“, USA 1979. Deutscher Titel: „Söhne der Erde“ – S. 150 „Die zehn Gebote . . .“ aus: Publik-Forum 3/1981 – S. 153 „Geschichtlicher Überblick“ aus: Anpassung oder Wagnis. Moritz Diesterweg 1974, S. 178 – S. 154 „Juden in der Fremde“ aus: Bernt Engelmann, Vorwort zu: Henryk Broder u. a., Fremd im eigenen Land. Juden in der Bundesrepublik. Fischer TB 3801, Frankfurt 1979, S. 15–17 – S. 155 „Judenverfolgung im Nationalsozialismus“ aus: Leo Sievers, Juden in Deutschland. *stern*-Buch, Goldmann, Sachbücher 11 239, München 1979 (© Gruner & Jahr, Hamburg 1977) – S. 158 „Das Gebot (Tora) und der einzige Gott – Was religiöse Juden glauben“ aus: Baltz/Buschbeck/Veidt/Wibbing, Wegmarken Religion, Hirschgraben, Frankfurt 1981, S. 191 – S. 159 „Jüdische Frömmigkeit“ aus: Große fremde Religionen. Crüwell, Dortmund 1977, S. 21 – S. 161 „Gottesmörder“? aus: Evangelischer Erwachsenenkatechismus. Gütersloher Verlagshaus, Gütersloh ³1977, S. 1020 ff. – S. 162 „Eingeständnis der Schuld“ aus: Gemeinsame Synode der Bistümer in der Bundesrepublik. Beschlüsse der Vollversammlung, Herder, Freiburg ²1976 – S. 163 „Dokument eines neuen Anfangs“ aus: Konzilserklärung „Nostra Aetate“ (II. Vatikanum), zitiert nach: K. Rahner/H. Vorgrimler (Hrsg.), Kleines Konzilskompendium. Herder, Freiburg 1966, S. 357–359 – S. 167/168 „Ich trage zwei Welten in mir“ aus: Erwachsenenbildung 31. Jahrg. 1985, H. 1, S. 20 – S. 169 „Islam“ und „Mohammed“ aus: Hans Waldenfels, Hinduismus, Buddhismus, Islam. Butzon & Bercker, Kevelaer 1969, S. 24–26 – S. 170 „In 20 Jahren entstand der Koran“ aus: Klemens Richter, Der Sturm aus der Wüste. In: Kontraste 1/1981. Herder, Freiburg, S. 28/29 – „Lebensordnung: Die fünf Säulen“ aus: Moslems in der Bundesrepublik, hrsg. vom Kirchlichen Außenamt der EKD. Otto Lembeck, Frankfurt 1974, S. 9–10 – S. 171 „Familienleben der Muslime“ aus: Jürgen Micksch (Hrsg.), Zusammenleben mit Muslimen. Eine Handreichung. Otto Lembeck, Frankfurt 1980, S. 15–16 – S. 173 „Eine türkische Familie in Deutschland“ aus: Jürgen Micksch (Hrsg.), a.a.O., S. 7–9

Bildquellen

S. 6: Hans Lachmann, Düsseldorf – S. 14: Werner Siemens AG, München – S. 15: foto-present, Essen (Herzog) – S. 24: Antrazit, Essen (Wolfgang Staiger) – S. 45: foto-present, Essen (Herzog) – S. 54: foto-present, Essen (Knodt) – S. 55: KNA, Frankfurt – S. 64: F. Höhle, Wuppertal – S. 65 oben: Keystone, Hamburg – S. 54 unten: Hans Lachmann, Düsseldorf – S. 107: foto-present, Essen (Stark) – S. 119 oben: aus: „Das Ludwig Richter Hausbuch“, Rogner & Bernhard, München – S. 119 unten links: KNA, Frankfurt – S. 119 unten rechts: J. Walter Thompson GmbH, Frankfurt – S. 134: alpha-press, Garching (Udo Schneider) – S. 135: Bavaria, Gauting (Ulrich P. Wienke) – S. 147: Dirk Eisermann, Hamburg – S. 148: Der Spiegel 35/1981, S. 69, Spiegel-Verlag, Hamburg – S. 164: KNA, Frankfurt – S. 165 Henning Christoph, Essen – S. 166: Kurt Weiner, Frankfurt.